后浪出版公司

科幻、经济学和未来世界
星际迷航经济学

TREKONOMICS: THE ECONOMICS OF STAR TREK

by Manu Saadia [法] 马努·萨阿迪亚 著 李永学 译

四川人民出版社

谨以此书献给我们的总工程师拉扎尔（Lazare），

和我的父亲约瑟夫·萨阿迪亚（Yossef Saadia）

民主国家的人民决不留恋既往，而愿意梦想未来。他们一想到未来，想象力便驰骋起来而不可遏止，并逐渐扩大和升高。这便给诗人提供了广阔的天地，并使诗人扩大了他的视野。民主为诗关闭了面向过去的大门，同时为诗敞开了指向未来的坦途。

——亚力西斯·德·托克维尔,《论美国的民主》(*Democracy in America*)

目 录

序　言

布拉德·德隆

"生生不息，繁荣昌盛。"（Live long and prosper.）"把我传送上去，史考提（Scotty）。""多数人的需要应该压倒少数人或一个人的需要。""令人神往。""就这样定了。""逻辑是智慧的开始，而不是终结。""我是个医生，不是泥瓦匠。""极端不合逻辑。""你可以停下吧！""停下？我全靠它呢！"

在过去半个世纪中，《星际迷航》（Star Trek）融入了美国的社会文化DNA。它提供了一套强大、令人吃惊且大有裨益的想法，帮助我们改进了对文明的思考。受此影响的甚至包括经济学家。

为什么科幻作品的想象幻梦能够帮助我们改进思考呢？

远在1759年，年轻的亚当·斯密还是一位正在成长中的苏格兰道德哲学家，而且将成为有史以来第一位经济学家。在题为《道德情操论》（Theory of Moral Sentiments）的书中，他这样写道："一个不熟悉人类天性的陌生人，看到人们对地位低下的人的不幸漠不关心……就会产生这样的想法：地位较高的人同地位较低的相比，前者对痛苦更难忍受，他们在死亡时的痉挛也更令人可怕。"

这样格格不入的外星陌生人并不存在。斯密向我们讲述的是一个不存在的人。这是一个非常短小的 18 世纪的科幻故事。为什么呢？因为我们热衷于讲述虚构的故事，谈论想象中的人物，无论是在哲学论文或是在电视连续剧中。人类热衷于此。

▲

如果有一位体型庞大、冷酷而又毫无同情心（或者是体型同样庞大，但热情洋溢而又充满同情心）的外星智慧生物，在遥远的地方仔细审视我们，它不可避免地会得出这样的结论：相互讲述虚构故事是人类的一个重大特点。而且它会仔细思索：为什么人类会以这种方式交流信息，或者说交流错误信息。每个人都在聊着自己臆想出来的朋友。有的人提出，主观能动性、主体性、个人智慧全都是幻象，都是由强大无形的社会力量所决定的，而社会力量不过是从无数分散的人际交往中浮现出来的特定性质。另外一些人则用笔或摄像机描绘虚构的世界。总的来说，虚构作品是人类的白日梦。我们用这些梦自娱自乐，而当我们梦醒时将更为清醒。

因此，毫不奇怪，当发明家与经济学家试图了解"资产价格"时，他们会虚构出来一系列朋友、亦敌亦友与非朋友，它们的名字是"市场女士""信心"和"全球风险承受能力"。他们也在造梦。

但在某种意义上，最深刻的思维，即最深沉的梦，是由科幻作品创造的。因为科幻作家和爱好者们清楚地知道，他们正沉湎于整个人类的梦幻。

《星际迷航：原初系列》（*Star Trek: The Original Series*）的基本意图是排解美国 20 世纪 60 年代在越南的失利。在第 18 集《竞技场》结尾时，柯克（Kirk）既没有杀死葛恩人（Gorn）舰长，也没有向葛恩推行民主，将其带入文明社会，而是让这个种族自行寻找它们的命运，这使我第一次认识到，《星际迷航》在 20 世纪 60 年代是一部相当与众不同的影视作品。

▲

吉恩·罗登伯里（Gene Roddenberry）最想做的，是找一种方法让人们出钱赞助他写故事，这样他就可以不必做重体力劳动。但他也想写特定的故事。他想写的故事是那些关于美好未来的梦境。

他想写一些关于人类进步的故事。在那些故事中，人们生活在更美好的未来，那时候的政府机构足够智慧，能够远离越南，人们不必受房屋破损和食物短缺的困扰。他想在故事中表达，种族偏见确实像事实上那样愚蠢可笑。他想刻画一位女性星舰大副的形象，告诉人们女性也能担当重要角色。他想写下这样的情节：每一个人都是军官，是受过正规训练与良好教育的专业人士，同事与上下级之间相互尊敬与尊重，即使出场不久即告毙命的红衣战士也不例外。

与此类似，吉恩·罗登伯里的后继者们也秉承着同样的宗旨：为更美好的未来创作幻梦。这些后继者包括但不限于戏剧策划者、作家、演员、布景设计者。就在北大西洋文明在历史机遇面前躁动的时刻，《星际迷航6：未来之城》(*Star Trek VI: The Undiscovered Country*)和《星际迷航："深空"九号》(*Star Trek: Deep Space Nine*)为人们指引了更好的方向。吉恩·罗登伯里让《星际迷航》变成了广大人民关于更美好未来的一个集体幻梦，而不仅仅是点缀着光剑、呼啸的太空船和爆炸行星的西方或者中世纪探险故事。

400年前，在几乎所有人类社会中，要是你比你的邻居有钱，那可是一件有重要意义的事。如果你不富裕，你就会营养不良，也就无法让你的免疫系统得到足够的养料来保持良好功能，无法摄入必需的卡路里来保证可靠排卵，又或许会让你在每一个婴儿出世的时候失去至少一颗牙齿，而且你会身材矮小。18世纪，亚当·斯密所在的英格兰是世界上最富有的社会。即便如此，与前往桑德赫斯特英国皇家陆军学校、即将成为未来军官的贵族子弟相比，由慈善机构送去充当水手的孤儿的身高差不多要矮20厘米之多。而且，你的屋顶会漏雨。

今天，在富裕的北大西洋地区，与食品有关的主要公众健康问题已经不再是营养不良与热量不足，而变成了过分丰裕。并且，对于处身发达世界泡沫中的美国来说，过分丰裕问题还不仅仅在于食品。只需前往长滩一行，亲眼看看从集装箱船上卸下的货物，你便能够确信，我们当前的经济问题并不是稀缺。

罗登伯里的梦，《星际迷航》的梦，让我们看到了一个富足且具有逻辑与理性的包容社会应有的样子。在这样的世界中，令人恐惧的葛恩人或许是个好家伙，不共戴天的死敌也能成为同盟军。就像艾尔伯恩在《仁义之师》一集中向柯克舰长预言的那样："你们将与克林贡人（Klingons）成为亲密朋友。你们将一起工作。"①

对于迷航迷，这是一场狂热的 50 年历程（且仍在继续）。对于非迷航迷，我相信，聆听一下《星际迷航》的幻梦，参与这一进行了 50 年的谈话也很重要。

因此，我满怀热情与赞美，向你们推荐马努·萨阿迪亚以及他的《星际迷航经济学》。

布拉德·德隆

2016 年 1 月，写于伯克利

---

① 《星际迷航：原初系列》，1×26："仁义之师"（1×26，指第 1 季的第 26 集）。

引　言

"皮卡德先生，勿梦今朝。"[1]

　　我在恐惧中长大。核战争与集中营是我儿时的恐怖怪物。今天听起来似乎有些夸张，但害怕和忧虑是非常真切的。那时，即将发生的灾难是永恒的主题。我生于1972年，是在冷战与石油危机中诞生的孩子。连续不断的经济危机和华沙条约组织的导弹在我们心里投下了长长的阴影。就连在巴黎受到保护的飞地中，战争、核武器或其他各种威胁都近在眼前。这就像嗡嗡作响的背景音，不尖利刺耳，但也让人无法忽略。有些人的感受比其他人更深。孩子们更会把它记在心中。

　　我9岁那年，祖父决定把他被盖世太保逮捕以及在布痕瓦尔德集中营的经历告诉我。用不着说，我的恐惧并没消解半分。故事的细节人人都能想象得到：刑讯、运畜车、饥饿、寒冷、强迫劳动、死亡。这都需要时间去理解、接受。

---

[1] 《星际迷航：下一代》，6×20："追逐"。

在我过分活跃而又有些早熟的心灵中，我得到了一个清醒的结论：无论我的父母或者亲人，甚至法国和它强大的核武库，都无法保护我，使我不至于在"确保相互毁灭"的战争中受到伤害。在对抗这个世界的滚滚惊雷时，他们和我一样软弱无力。而且我是对的。

在你八九岁的时候，你不会希望在这种事情上是对的。

很容易理解，为什么我不喜欢死星①。它与现实生活中的威胁太相像了。《星球大战》（Star Wars）太危险，反派角色太多。

然而，《星际迷航》不同。8岁时，我第一次在巴黎看了《星际迷航：无限太空》（Star Trek: The Motion Picture）。如果有机会，我会毫不犹豫地生活在《星际迷航》的世界中。观看影片《星际迷航》就像让我走进了一个庞大的空间实验室，成人们在那里做着极为神奇又重要的事情。"进取"号舰员举止从容、理性，笼罩着科技的光环。在某种意义上，观众更容易走近他们的生活与工作了。在《星际迷航》中，科学与理性战胜了危险。与我们的世界相比，他们的世界更为和谐。

对于我这样一个在恐惧中长大的8岁孩子来说，《星际迷航》给出了一个让我极度兴奋的想法，即未来会比现在更美好。《星际迷航：无限太空》是我的起点，就在我的头脑终于清醒，认识到

---

① 死星（Death Star），全称DS-1轨道战斗太空站（DS-1 Orbital Battle Station），是《星球大战》系列电影中的虚构太空要塞，银河帝国制造的终极武器。

这个世界存在着各种可能性时，它及时告诉我，有东西值得期待，比如未来。

在我童年时代的一切事物中，这是让我一生感触最深的东西。当我与妻子成婚的时候，我们说服那位茫然的司仪牧师在誓词里加了一句："生生不息，繁荣昌盛。"直至今日，《星际迷航》让我觉得最神奇的不是其中的星舰与群星，也不是里面的新生活与新文明，而是它对永不妥协的人道主义全星系乌托邦社会的描摹。

于是，从我还是一个孩子的时候起，就有一个重大问题困扰着我。《星际迷航》的世界可能实现吗？

我很早就怀有以某种方式加速实现《星际迷航》的世界的微弱希望，并开始全力依照《星际迷航》的方式生活。这种投入并不难，因为《星际迷航》能够毫不费力地与我父母传给我的世俗犹太教融合。尽力学习、为他人解决问题、随时随地尽力与非正义斗争，努力成为一个高尚的人。拯救世界，或者像我们在希伯来语中说的那样：*Tikkun olam*（意为"修复世界"）。

事实证明，这一任务比我所能想象的更复杂，更令人生畏。比如说，与无数前人一样，我没办法发明超光速引擎。然而我仍旧确信，一个更美好的世界确实可以实现，而《星际迷航》为我们共同的未来指引了方向。实际上，其中的一些部分现在已经在我们的生活中实现了。

《星际迷航》已走进现实

人人都知道《星际迷航》，人人都曾听到过伦纳德·尼莫伊（Leonard Nimoy）的瓦肯人（Vulcan）致意和传送器（transporter）的声音（"把我传送上去，史考提。"）。即使你不是参加大会、身穿剧中服装的粉丝，你也会熟悉《星际迷航》。在美国全国广播公司（NBC）首次播出之后的 50 年间，这部 716 集的电视剧成了一具圣像、一块通俗文化的基石、一座纪念碑。

我们从《星际迷航》中受益良多。它极大地冲击了现实世界，它让这个世界变得更好。你很难说其他大多数电视剧和电影也能有如此的地位。《星际迷航》对这个世界的影响是独一无二的。

《星际迷航》首创的实用科技名单几乎无穷无尽：离子推进、远程呈现、便携式诊断传感器、无创医学成像与手术、透明铝器、人类与计算机之间的自然语言互动、实时翻译、程控假体植入……每个月都会有某个研究团队或者创业公司声称制成了《星际迷航》中的这台或者那台仪器。

非常著名的一点是，《星际迷航》促成了手机的问世。摩托罗拉公司的马丁·库珀（Martin Cooper）博士是《原初系列》的粉丝，他非常想要一个柯克舰长使用的那种随身通信器。世界上第一架航天飞机"进取"号的名字就来自《星际迷航：下一代》（*Star Trek: The Next Generation*）。软件定义的触屏用户界面产品最早登场的舞台也包括《星际迷航：下一代》，这种产品用大白话被称作iPhone。所有这些都发生在20世纪80年代后期。

一直让我感到吃惊的是，《星际迷航》仅是一档电视娱乐节目，即便我们不把它归为纯粹的搞笑剧，人们起码也大都认可它被归入青少年节目，然而正是这样一部作品却在工程方面引发了这么多改变世界的壮举。在最辉煌的时期，《星际迷航》是一方激发工程师、科学家和企业家们创新想象的源泉，是一台真真切切驱动人类进步的引擎，以及最重要的，是让世界变得更加美好的原动力。这还没有考虑所有《星际迷航》思考中最深刻的部分。而这一点尽管是最明显的，但也最不受人注意，因为它最不容易在实验室中创造或者作为产品进行开发。这就是我所称的星际迷航经济学（trekonomics）。

何为星际迷航经济学？

《星际迷航》的世界是一个经济乌托邦。

经济学是关于社会管理、生产与交换资源的艺术与科学。

因为产品与资源永远不能无穷地供给，所以经济学应运而生。于是，个人与作为整体的社会必须在分配有限的产品与资源方面做出选择。这些选择可以通过多重机制实现，例如价格、市场或者中央计划。但无论采取何种形式或体系，命定的事实依然存在：

人们必须做出选择。这正是英国著名经济学家约翰·梅纳德·凯恩斯提到的"经济问题"，或者以另一位著名的英格兰人的话来说就是：你无法总能得到你想要的东西。

尽管只是虚构作品，但星际迷航经济学解决了凯恩斯的经济问题。在《星际迷航》的宇宙中尽管有特例，但绝大多数让现实世界出现经济行为的条件都消失了。在《星际迷航》的世界中，货币已经不再作为交换的媒介，劳动与休闲已经无法区分，几乎所有产品的普遍丰裕让追求财富变得无关紧要，迷信、犯罪、贫困和疾病也已经根除。总而言之，星际联邦（United Federation of Planets）就是一块天堂乐土。

在荧屏上出现的《星际迷航》世界，富足得令人忘忧，这一令人吃惊的世界是无法想象的科技进步的副产品。超光速星舰、传送器、复制器、全息投影和类人机器人是《星际迷航》繁荣的豪华武库。然而，从经济学的角度看，这些都不值一提。

让《星际迷航》成为独特乌托邦的真正重要的东西，是这些令人动容的科技的社会分配。让星联独树一帜的不是它发明的复制器（尽管这种神奇机械几乎可以复制所需的任何东西），而是复制器是公共物品，任何人都能免费使用。让我们这么考虑：如果通过复制器在金钱或其他方面获益的只有它们的拥有者与操作者，那么《星际迷航》也就不是《星际迷航》了。

由于缺乏更好的词汇，我们暂且说星际迷航经济学的另一个惊人的方面属于人类学范畴。这一点再次回到了凯恩斯的经济问题。一个丰裕富足的世界，将平均分配既作为准则规范又作为实际政策，将会深刻地改变其居民。正如金钱已经消失，被迫工作以保证生存的压力已然完全不存在。由于机器人劳动者的免费存在，人类的劳动已经不再是必需的。《星际迷航》深入探讨了这种后稀缺时代的人类动机与心理。

　　其中一种探讨是，人与人之间的竞争完全变了样。名声与荣誉、同侪之间的赞美与承认，这些东西取代了经济财富，成为公众地位的标志。但这些基本上是人们自行选择的，对那些无意追求更高地位或在竞争中失利的人来说，并不存在物质损失或者压制因素。在《星际迷航》中，我们通常看到的是这个社会中最美好的亮点，是作为英雄和佼佼者存在的一小部分精英，他们勇敢地探索人们前所未至的地方。不过可别上当，星际舰队舰长和他们的顶级助手可不是一般人。正是因此他们，剧集才能表现得如此令人兴奋和一往无前。然而，在我们看不到的后台，星联的大多数公民完全没有如此上进，或者如此异乎寻常。也许他们也有一颗积极向上的心，但并不会表现得如此强烈。在日常生活中，他们没有多少可以担心的问题。他们习以为常的观念是，自己永远不会缺少任何东西。

　　《星际迷航》构筑的世界提出了各种经济问题。例如，如果不寄希望于获得金钱奖励，创新与科学进步会如何发展？类似地，在一个一切资源都可以免费获取的社会里，人们应该怎样避免公地悲剧（tragedy of the commons），即因为无限度地过分消费而造成资源枯竭的陷阱呢？《星际迷航》没有回避这些问题，有不少剧集都公开讨论了管理与规制这样一个经济乌托邦所面临的挑战。

发明星际迷航经济学

星际迷航经济学并非一经登场便已成形。透过经济学的棱镜观察，实际上存在两种不同版本的"星际迷航"。其中一种"星际迷航"包括了《原初系列》电视剧集，以及直至《星际迷航3：石破天惊》（*Star Trek III: The Search for Spock*）的各部电影；另一种"星际迷航"是《星际迷航4：抢救未来》（*Star Trek IV: The Voyage Home*）中，用无拘无束的喜剧手法描述的后资本主义乌托邦世界，而之后的电视剧和电影则让这一世界变得更加有血有肉。我们不妨称第一种"星际迷航"为"星际迷航"1.0版，它在很大程度上受惠于科幻作家罗伯特·海因莱因（Robert Heinlein）；而2.0版的"星际迷航"，即包括了《下一代》及其之后的作品，则从艾萨克·阿西莫夫那里得到了许多基本元素。

两个版本的"星际迷航"差别在于宇宙自身的虚构年代史。电视连续剧的最后一个系列是《星际迷航："进取"号》（*Star Trek: Enterprise*），它的时代背景设在22世纪。20世纪60年代首次推出系列电视剧《原初系列》时，剧中的时代背景设在 23 世纪；而在 20 世纪 80 年代与 90 年代制作的《下一代》《"深空"九号》和《"航海家"号》（*Star Trek: Voyager*）则全都发生在 24 世纪。

在所有这些未来传奇故事中，科技创新的步伐并未减慢。我们从早期星舰上做工粗糙的住舱区和舰上厨房发展到了文明家庭、酒吧、全息娱乐（全息甲板），而在《下一代》里，皮卡德舰长的"进取"号甚至有了一个植物园。那艘"进取"号是一艘星际巡航舰，负有一些科学、外交与治安职责。它是太空中的"爱之船"①，也带有星系巡逻的使命。这些故事中有紧张时刻也有英雄行为，但大部分时候太空航行都是轻松愉快、波澜不惊的。

"进取"号装备了一种以前剧集中没有的设备：复制器。仅仅这一项改变，便让它与其他剧集大为不同。复制器能够在人们需要的时候，在虚空中创造任何东西。应有尽有，完全免费。它们能够生产食品、服装、各种实体，甚至当星舰的防务系统失灵时，它们还可以生产武器。它们是终极的经济机器，是对机器人和自动化的隐喻。复制器的存在说明，到了《下一代》的年代——或者在每一集开始时如舰长日志的画外音宣告的那样，到了"星空年代"——社会中人类劳动的份额已经缩减到了几乎为零。让－卢克·皮卡德（Jean-Luc Picard）所处的世界是 24 世纪的星际联邦，

① 《爱之船》（*Love Boat*）是一部 249 集的美剧，讲述几位游客在一艘游船上的故事，风格浪漫而幽默。该剧于 1977 年在美国首播。

它与柯克和史波克（Spock）的世界已经不可同日而语。

因此，本书的重中之重是 24 世纪的《星际迷航》。这不是低估《原初系列》的重要性，它是开创性的工程，为星际迷航经济学这座大厦提供了关键的砖瓦：人物的利他主义精神和他们的科学倾向，以及整个电视系列独一无二的乌托邦基调，即认为人类最终会太平安定的乐观主义想法。

乌托邦之岛

2016 年，《星际迷航》迎来了 50 周年纪念，也迎来了托马斯·莫尔（Thomas More）的《乌托邦》（Utopia）发表 500 周年的纪念，这是年份上的幸运巧合。后者是一部短小的书信体小说，孕育了以"乌托邦"为名的文学传统。科幻作品正是它的遗产，《星际迷航》自然也不例外。

从文义上说，"乌托邦"在希腊语中有"乌有之地"或者"不存在的地方"的意思，这便说明了这部著作和这一文学题材的假想性质。在托马斯·莫尔的里程碑式著作中，乌托邦是大西洋中部的一个虚构岛屿。居民们在这个组织完善的假想国中过着幸福的生活。与文艺复兴时代的哲学程式相一致，托马斯·莫尔重新审视了柏拉图的《理想国》（Republic）并加以改写，以适应他所处的时代。然而，与柏拉图的经典作品不同，《乌托邦》是一部小说，而不是深奥抽象的哲学论集。

乌托邦岛上居住着虚构的人,他们是作者观点的体现者。托马斯·莫尔用叙事的外衣隐藏了他有关和谐政体的蓝图,让读者去认同人物与他们的环境。可以说,他让读者走遍了岛上的虚构社会,而不是向他们提供一份现成的理想社会一览及实施计划。尽管故事中隐藏着莫尔有关理想政府的观点,但读上去,它首先是一部写给同代人的讽刺文学和批评作品。

托马斯·莫尔的永恒发明,是将乌托邦岛描绘为一个令读者留恋不舍的好地方,大多数时候它只是读者心中的一种潜在想象。通过莫尔天才的发挥,这部作品构筑了一种新的叙事传统,并延续了几个世纪。在思想史上,这种传统创造了一些最富刺激性且脍炙人口的作品。从它启动的时日起,《星际迷航》便具有与过去那些故事相同的灵动与幽默。它确实属于那种贵族文学的传统。

尽管《星际迷航》从乌托邦题材中受益匪浅,但它首先是科幻作品。让它举世闻名的是其中的星舰、外星人和它对科技发展的推断。它与观众最主要的约定,是去探索进步带来的结果。

《星际迷航》的问题是,尽管科学幻想作品是乌托邦文学的延续,但它从一开始便与其睿智的祖先乌托邦分道扬镳。玛丽·雪莱(Mary Shelley)的《科学怪人》(Frankenstein)便是科幻作品从乌托邦的田园牧歌中脱胎而出的一个缩影。在工业革命的拂晓,《科学怪人》把握了机器人向整个世界释出的威吓与恐怖。直到今天，雪莱的作品仍然具有如此威力，它让"坏地方"反乌托邦（dystopia）持续主宰着科学幻想作品。

雪莱作品的范式持续不断地回响于世，这解释了科幻作品本身少有构建"星际迷航"式经济乌托邦的原因。《星际迷航》呈现了具有明确益处的智能机器和科技变革，而不是威胁和末日灾难。因此，它作为科幻作品，在同题材作品中反其道而行，并在许多方面独立于其他通俗文化的潮流。

24世纪的资本

科幻作品与经济学之间存在着一个经常为人忽略的共同点。两者都沉浸在变化和对变化的预测之中。未来是它们的领域，但并非任何未来，只是社会的未来。科幻作品通过描摹繁荣图景接近未来，而经济学则通过数学工具探索未知。然而，它们都通过对真实世界的细致观察来得出自己的结论，而且它们的预测通常都会失败。原子物理学家尼尔斯·玻尔（Niels Bohr）曾经说过，预测是不容易的，特别是对于未来的预测。但它们失败的方式很重要，因为它们迫使我们以新的眼光审视当前的情况。

像《星际迷航》这样的优秀科幻作品非常有趣。与此同时，它也像经济学一样，寓意极其严肃。它的使命是探索我们前方遥遥在望的"新生活与新文明"。科技变化会造成什么样的经济、社会甚至心理后果呢？我们人类会变成什么样子？在一个自动化大行其道的世界中，我们能够成为什么？

确实，我们日常生活中的自动化急速增加，也带来了深切而合理的忧虑。近来有不少书籍研究了智能机器人投入应用会带来的经济后果。它们的结论充满苦恼，令人担忧。无数人因为自动化而失去生计。甚至更专业化的职业，从医生和外科医生到金融分析师和工程师，都面临着被无情取代的危险，因为机器正在爆发式地改进这些职业。

这些忧虑完全是关于科技进步的政治经济学。谁会因为这种神奇的发明而得益呢？我们真的正在走向一个更加不平等和寡头统治的社会吗？《星际迷航》暗示，在通向未来的许多潜在道路中，至少有一条并非完全的暗淡与反乌托邦。《星际迷航》提出了一种社会范本，在那里，人类劳动已被取代，财富实现了平均分配。为达到这样一种和谐而又让人欣喜的结果需要奉行何种政策，这部作品给出的回答一直模糊不清。关于如何实现这样的愿景，在《星际迷航》中没有一份循序渐进的指南，如果说其中有什么指导，那就是建造一艘超光速的太空船，并与长着尖耳朵的外星善人，即瓦肯星人相遇。接着就万事大吉了！

无论是剧迷还是有兴趣的观察者，他们的第一个冲动就是填上剧里缺失的那个窟窿，这一点与马丁·库珀博士对手机的处理完全相同。这是热情分子的进取精神。现在就让我们用已有的手段试试看。考虑到科技领域中这种方法已经取得的成功，这一点并非不合逻辑。但不幸的是，给社会开政策药方完全不像发明新机器那样直截了当，这不仅是因为全球经济是一个非常复杂与动态的系统。人们无法像对待小玩意或者小发明那样，简简单单就设计出未来社会的模样。

这本书讲了什么？

《星际迷航》的各个方面都已经被写透了。《星际迷航》的物理学、科技、宗教、哲学、政治科学、不同剧集的历史、演员、吉恩·罗登伯里等。有关这个系列影视剧的每一个微小方面都有成百上千部书。然而，令人吃惊的是，尽管书籍多如牛毛，但迄今为止却很少有人注意《星际迷航》未来观点背后的经济理论。这是我真正想读的书，但哪里也找不到。

所以，我的首要目标是叙述《星际迷航》的经济学。我的想法是先退后一步：我不打算逐一对未来科技或社会政策进行逆向设计，而是试图从《星际迷航》本身出发，让其中的经济想象力发声。如果我们对抵达未来之后的图景缺乏一个明确构想，那么大谈如何抵达未来便几乎没有意义。

而且，让我非常吃惊的是，在研究与撰写这部书的过程中，可能性的问题逐步得到了解决。《星际迷航》的主要经济观点是机器能够最终让我们从工作的苦差中解放出来，而这一观点几乎与工业革命本身一样古老。对此我也没有完全地感到吃惊。与此相反，考虑到过去两个世纪的历史进程，这一点似乎相当有道理。人类的行为迅速地从单纯体力劳动转向智力性与象征性劳动。与此同时，自动化机器多多少少承担起了巨大规模的原材料加工任务。《星际迷航》中的乌托邦无非是这种即将到来的巨大社会质变的另一种样子，只要我们能够将我们在这种社会新质变中得到的自由进行平均分配，避免把我们的星球搞砸。

第 1 章讨论在《星际迷航》的宇宙中明显不存在的货币。不存在价格机制的情况下，星际联邦是如何运作的呢？放弃作为记账单位和信息信号的金钱有何得失呢？在一个已经克服了"经济问题"的社会里，金钱只有非常有限的作用。

第 2 章着重探讨人类劳动在《星际迷航》中的地位。它描述了一个有些自相矛盾的事实：尽管在《星际迷航》的乌托邦中人们不需要工作，但人人似乎都忙得不可思议。当有感知能力的机器物种可以在一切方面干得比人类更好、更高效时，人们能从工作中取得什么样的存在感呢？

第 3 章专注于成就了《星际迷航》的后稀缺时代的复制器。

复制器就是自动化的形象隐喻和替身,同时也是工业革命的虚构终点。复制器在《星际迷航》社会中的地位完全取决于一个政治决策,即为了公众的益处所有人都可免费使用。

第 4 章讨论的是经济发展的自然限制问题。按照我们当前的理念,自然资源是有限的。如果存在着社会无限富足的后稀缺时代,这样一种状态如何能与前述理念有哪怕一点点相容呢?一些著名的技术替代实例可供说明,《星际迷航》的社会并没有违反经济理论。

第 5 章研究的是负外部性问题。尽管《星际迷航》的社会确实能够驾驭普通资源问题,但大多数异族物种完全无法做到这一点。这一章分析了《星际迷航》版本的囚徒困境博弈,用以证明即使最有理性、管理最完善的社会,也会在遭遇不合作的陌生参与者时无能为力。

第 6 章能让读者喘口气了。本章是一份《星际迷航》与星际迷航经济学的科幻思想简史。奇怪的是,除了艾萨克·阿西莫夫的全部作品,科幻作品很少以消除人类劳动作为主题。从本质上说,星际迷航经济学完善并深化了阿西莫夫的主要原创思想(1941 年,年仅 21 岁的阿西莫夫便首创了著名术语“机器人学”[robotics])。

第 7 章讨论人类行为与人类本性。史波克和皮卡德舰长等《星际迷航》中的人物与 21 世纪的人类毫无共同之处。他们可以自由地把自己的生命贡献给科学与正义,因为他们丝毫不受经济必需品的羁绊。人们深爱剧集中的主要人物，他们具有引人注目的怪异之处，这些怪异之处描述了在后稀缺时代中，大多数现有的经济行为与心理是如何消失的（许多人天真地认为，这些行为与心理是不变的、自然的）。

第 8 章和《星际迷航》中最大的外族物种有关：可憎可恶的佛瑞吉人（Ferengis），其实说的就是我们自己。佛瑞吉人是《星际迷航》星系中的资本家和商人。然而，即使对于他们这样最顽固的唯利是图者来说，变化也有可能发生。整个《星际迷航》第三个系列——《"深空"九号》，讲的都是佛瑞吉人怎样弃绝了自己的旧有传统，变成了凯恩斯主义的社会民主主义者的故事。

第 9 章揭示了《星际迷航》的富饶社会已经存在于我们的世界中，尽管只是局域的且分布不均衡。繁荣正在日趋增长，全球范围内的公共物品，即"免费的"物资也在扩散。这两者相结合，让我们的世界越来越接近星际迷航经济。我们面临的挑战是分配而不是技术。

一位年轻迷航迷的自述

很少会有谁在年纪比较大时开始热爱科幻作品。或许这是因为科幻作品能够对孩子们施加特别的、持久的魔力。对于幼年时便被这一魔力吸引的人来说，我们今后会成长为怎样的成年公民，科幻作品在其中起到了关键作用。它就像一位老师，也是一枚道德指南针。它参与塑造了我们毕生的追求。

介绍我接触《星际迷航》与科幻作品的，是成年时期才成为迷航粉丝的少数人之一。如前所述，我的这份迷恋可以一直追溯到 1980 年巴黎的某一天，当时我父亲的一位朋友带着我与她一起前去观看新近上映的《星际迷航》影片。她的名字是迪娜·格特勒（Dina Gertler）。她是一位精神病学家，是我父亲的同事。与我父亲一样，她的家庭也是从以色列移民来巴黎的，但取道匈牙利。她是一位二战大屠杀幸存者。科幻作品并没有从小塑造她的心灵，但她声称，它挽救了她的生命。

我的父母没有因此大为激动。他们认为，任何以"星"字开头的节目都必定是超级暴力的美国渣滓。这就是我 5 岁时他们禁止我去看《星球大战》的原因。而《星际迷航》与前者大不相同，这一点还有待说服他们。对我来说，幸运的是，他们信任迪娜的专业判断。作为心理医师，她深思熟虑的意见是：《星际迷航：无限太空》不会造成任何持续的心理创伤。与此相反，她的观点是，它会对我有很大的好处，会让我进一步发展对于科学技术初露萌芽的兴趣。她还说《星际迷航》会对我的学业大有好处，基本上是这一点说服了我的父母。我还记得，她后来开玩笑说，我的父母很乏味，对事物缺乏见解。

在此之前，我对科幻作品的接触极为有限，只限于法国国宝级作家儒勒·凡尔纳的作品和游乐场里的《星球大战》元素。《星际迷航：原初系列》没有在法国电视台播放，而且我们家里也没有电视机，这是我父母抵制美帝国主义的另一条法令。

于是，《星际迷航：无限太空》成了我与柯克、史波克与星舰本身的第一次邂逅。通过道格拉斯·特朗布尔（Douglas Trumbull）和约翰·戴克斯特拉（John Dykstra）的特技，"进取"号展现了它的辉煌形象，那是我在银幕上看到的最令人震惊、最庄严的星舰。（当然，我的父母禁止我观看《星球大战》三部曲，因此未受其对感官冲击的荼毒。）

当影片结束的时刻，我真的非常非常不想离开"进取"号的舰桥。我一定要让这种体验持续下去。我现在还能清楚地记得当时的感觉，它可以平分为神往、认同与忧伤几个部分：这就是我一直在寻找的地方，这就是我想要生活的地方，我属于这里；我终于找到了我的期许之地；遗憾的是，这全都是虚构的，是在演戏。

后来，看到我对这部影片不加掩饰的热情之后，迪娜时常为我推荐科幻作品。它们要么是法文的，要么是英文的，无论封面或者书名都很花哨，看上去就不像孩子们在学校里应该读的书，尤其不像是想当好学生的孩子该读的书。

这并不是说，科幻作品让我逃避日常生活的现实环境。作为巴黎的知识分子和专业人士，我的父母稳稳立足于中产阶级阵营。他们当然有些怪癖，对我有些荒唐的要求。但所有的家长无不如此，孩子们遵守这些规矩，哪怕仅仅是为了完成一些任务可以轻松下来。但我的日常生活没问题，波澜不惊。我没什么可逃避的。

问题是，我们作为犹太人却不信教，属于异端分子，在一个两位家长都是弗洛伊德派精神分析师的家庭，这种现象再正常不过。但我们毕竟是犹太人。我的父亲来自以色列，是个外国人，是移民，是异乡异客。我们身上没有打上耻辱的烙印，也没有遭受过公开的种族歧视，特别是在我们这个城市的高雅社区更是如此。但我仍然有一个与众不同的名字，而且我看上去就是个地中海地区的男孩，这让我没法不引人关注。每当一位老师或者哪位同学的母亲读错我的名字，或者让我大声地读出这个名字，都像是一种提醒，宣告我并不属于这里，哪怕他们的做法是出于最纯真的好意。

对于成年人来说，这种事情听起来似乎不合逻辑，但孩子们对于言辞特别敏感，而且他们会为每一个毛病寻找原因。因此，如果我的名字让许多当地人感到惊诧，按照逻辑，我就认为我的名字确实有些古怪不合群。而且如果我的名字受到了如此待遇，那其他方面又会如何？微小事件的日积月累确实是一种教化。它扭曲你的思维，正如偏见对你造成正面、直接的打击伤害。从这种经历当中，你逐渐成长，明确地看到了两种真实却互相矛盾的现实：我是此间的一员，但同时也不是；这是我的故乡，但同时也不是；这是我的文化和国家，但同时也不是。

对于我来说，一头扎入《星际迷航》与科幻作品，不是逃避现实。这是一种复仇幻想，孩子们和少数族裔用它来对付世界的不公。正是因为科幻作品，我可以放弃我的一切法国属性，它不过是一纸公文。我决心效忠未来。血统、肤色、耳朵的形状，所有这一切在"进取"号的舰桥上都毫无意义。有意义的只有你的头脑和你的天分。国家？去他的。在《星际迷航》或者阿西莫夫的作品中根本没有什么国家！这只是过时的不相干的东西，是野蛮人的想法，是暂时的烦恼。而且我的根并不扎在这里，我来自未来，那是一个比这里不知好多少倍的地方。你也许会说它并不存在，那又怎么样？法国人用他们的自以为是、庸常的种族偏见，稀里糊涂地将某块异域故土加在我的身上，但那个地方不也是不存在的吗？至少未来是我可以自己选择的。那是我的想象之乡。

从一开始，《星际迷航》就是一处避风港，沉浸其中是对付不合群的一种方法，是解决成年后依然与其他人有些格格不入的方法。我只能假定这是一种常有的现象，但沉溺《星际迷航》确实不是一种社交行为，我没法通过它交到新朋友。那是 80 年代初，我身处法国，科幻作品完全处于边缘地带。除了《星球大战》，我那个年纪的孩子对其他的科幻作品都不屑一顾，而我的父母则对它嗤之以鼻。

我认识的仅有的另一位迷航迷是迪娜。我觉得她是个神秘人物。她前额上有刺青，因此我略知她是战争和集中营的幸存者，但我不知道详情。我知道这种刺青，我的祖父也有一个，尽管他根本不是科幻作品迷。

迪娜来自布达佩斯，这一点我知道。她能说好几种语言，而且似乎每种语言都能流畅阅读。她很爱笑。她的笑声很悦耳，很奔放，很天真。每次她到我们家里吃饭，都会给我带来新书。

很久之后，她告诉了我她生命中的更多往事。原来，她的出身与你我都不相同。她是个超级英雄，真正的英雄，不是某些夸张的连环画里杜撰的那种。

她出生在一个奇特的族群：匈牙利犹太人。没有任何社区像战前的布达佩斯犹太群体那样，尽管人数很少，却培养出了如此之多的诺贝尔奖得主、艺术与科学巨擘。这是一个非常古怪的现象：从原子弹、航天学到博弈论，再到现代计算机，现代世界有如此之多的东西都是极少人的心血结晶。

迪娜只是个心理医师。她没有带来核时代，也没有开创崭新的艺术领域，但她确实和她的那些匈牙利伟人同胞一样，有着超脱尘俗的生活愿望和智慧。作为一位十几岁的少女，她没有在布达佩斯的战火中丧生，从奥斯威辛集中营的死人堆里活了下来。作为一个护士，她曾在第一次中东战争中经历过前线的炮火。她曾在美国住了一段时间，然后在法国定居。在这些动荡的岁月中，她仍然抽出时间与精力阅读各种书籍，成了一位精神病学家。就不屈地生活而言，没有任何人像她那样坚强。

但这不能解释为什么她是这样一位科幻作品迷，是什么导致她这样做。科幻作品本身无法补偿她身受的苦难，也无法让这些苦难消失于无形。是什么东西让这样一位上层文化人士、一位纳粹大屠杀幸存者，在《星际迷航》中找到了希望和智慧？

我对此百思不得其解，或许这与希望全然无关。她多年前便已去世，我从来没有机会向她提出这个问题。这部书关注的是一个虚构出来的更好的世界，但也是围绕这个已然无法回答的问题的一种为时未晚的思索。

第 1 章

《星际迷航》中不存在金钱

The absence of money in Star Trek

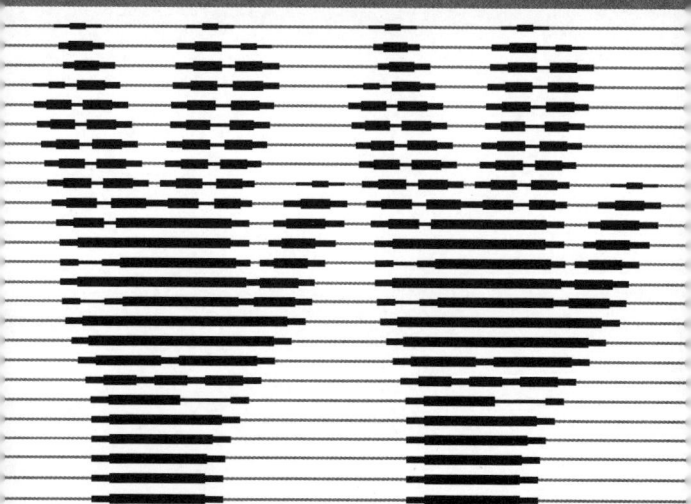

"……金钱像恐龙一样灭绝了。"①

乘坐一艘笨重的克林贡猛禽型飞船，柯克、史波克、麦科伊（McCoy）和他们的同伴正从瓦肯星飞返地球。他们将在星际舰队的军事法庭上受审，控罪为藐视命令。他们还被指控对上部影片营救史波克的远征中联邦星舰"进取"号受损负有责任。就在接近01号区域即太阳系之际，他们接到了一份从地球发送的全波段呼救信号。一台神秘的外星探测器正在破坏地球的电力网，并发射威力强大无比的电磁脉冲，缓慢地蒸发各大洋。

史波克立即到科学控制台投入工作，并迅速发现这台探测器发送的失真呼喊声其实是来自某种宇宙鲸，这头宇宙鲸试图通过呼喊与当地座头鲸联系。麻烦的是，早在几百年前，座头鲸便因过度猎杀而灭绝，因此没有鲸类能够回答来自外太空的呼唤。十万火急！为使23世纪的地球免遭灭顶之灾，"进取"号星舰穿梭时空，

① 《星际迷航："航海家"号》，5×15："暗黑前线，上集"。

飞返 1985 年的旧金山，寻找几头座头鲸样本。

这就是《星际迷航 4：抢救未来》的故事开头。不需要对付恶棍，没有星空大战，《星际迷航》中通常都会出现的星际科技在这部片子里也很少见。实际上，这是一部以"如鱼离水"（或者不如说是"如鲸离水"）为笑点的喜剧片。在落入这群野蛮人——也即我们——中间后，柯克和他的舰员迷惑不解，不明方向，几乎无能为力。更甚者，因为担心对人类历史进程造成致命影响，他们接到禁令，不能使用他们手中的大部分强大装备。《抢救未来》是现代版的《格列佛游记》。它重拾了启蒙时代的旧有叙事套路：善心的探险家遭遇了某些族群部落，虽说这些部落也绝非稀奇的异族，但探险家定然是与部落的独特古怪之处撞了个正着，发生了冲突。柯克和他的舰员是我们爱戴的 23 世纪虚构人物，他们用催人奋进的目光审视着我们这个社会的习俗。这个故事让我们发现，柯克、史波克、麦科伊与其他人对我们究竟有什么样的感触。或者说，透过一双更为美好、聪明且更具社会进步性的眼睛，我们如何看待自己的世界。

与柯克、史波克一起，我们遇到了一位年轻的海洋生物学家，吉莉恩·泰勒（Gillian Taylor）博士，她在虚构的索萨利托海洋研究所中照顾座头鲸。他们是在她忧虑之时巧遇的。因为资金短缺，两头座头鲸即将被放归大海，而其中一头已经怀孕。从那时起，吉莉恩便牵动着观众的心，并且成了我们的代言人，我们的另一个自己。她是一位可爱的失败者：一位聪颖、诚恳、热情的科学家，因为她同代人的盲目与无知而走投无路。在真实世界中，她本人准是一位《星际迷航》戏迷。

她与两位自愿提出帮助她拯救鲸鱼的陌生人建立了友谊。她厌倦了空洞的许诺，她也经历过苦涩的失望。要她认真对待柯克和史波克十分不容易。不管怎么说，他们的举止行为实在太与众不同了。他们似乎住在金门公园（他们降落隐藏星舰的地方）。史波克穿了一件白色长袍，用束发带来隐藏他外星人的尖耳朵，而且他说话做事就像一个怪人。只需要几个字就能概括他的一切：失败者；在生活中碰得头破血流，就和她一样。

吉莉恩带柯克出去，到一家意大利餐馆吃饭。柯克舰长使出了他的招牌式魅力，这种魅力往往对那些不怀疑他的异族女性才会施展。他不顾一切地说服她同意让他带走这两头鲸。他甚至不顾最高指导原则 ①，向吉莉恩道出了全部真相：他是来自未来的一位太空飞船舰长，必须将座头鲸带到 23 世纪，拯救世界。然而，到了付账的时候，尽管那位舰长大人极具骑士风度（或者说虚情假意也罢，取决于你对沙特纳［William Shatner］演技的评价），却不

---

① 最高指导原则（Prime Directive），《星际迷航》虚构宇宙中星际舰队的最高指导原则。要求星际舰队下属星舰不得干涉任何有知觉、有正常文化发展与自我慎思能力的外星种族生活与文化发展。若该文明尚未发展出曲速航行能力，星际舰队旗下星舰不得对其原始文明有任何影响，也不得干涉其固有演化道路。本书第 7 章第 5 节对此会有专门论述。

过是另一个星际流浪汉。"你难道真的要告诉我,你们在 23 世纪不用钱了吗?"①

我们确实不用钱了。笑一个吧。

星联信用点

这是喜剧的大好素材,也标志着《星际迷航》正典在认识上的转变。在《星际迷航 4:抢救未来》之后,未来不存在金钱成了《星际迷航》宇宙的基石。这是《星际迷航》在里根时代和冷战行将结束时的关键要点,它成了真正的乌托邦。它或许是随着影片中斯威夫特式的插科打诨氛围而出现的,只为博取观众一笑,但这其实并非无关紧要的笑话。这是最受推崇的科幻节目,是电视辛迪加黄金时段的中流砥柱,是通俗文化的象征。这个节目中的人物随意地说:"是的,未来世界中,自由市场资本主义及其标志——金钱——已经被废弃,只是作为怪诞并多少有些逆时代潮流的风俗出现在历史书中。"

事情并非完全如此。《原初系列》经常间接提到货币与以货币为基础的交易。最初"进取"号舰员们的月薪是以星联信用点(Federation credits)支付的,他们有机会在不同的停靠港与星际基地消费他们的工资。他们可以在整个星系的酒吧中购买罗慕兰

---

① 《星际迷航 4:抢救未来》。

（Romulan）啤酒，而且，有时甚至可以购买叫作毛球（Tribbles）的烦人的毛茸茸小宠物。

这种前后不一致在《星际迷航》正典中显得相当不方便，这个问题一直延续到《"深空"九号》的第 6 季，最后通过一个短小辛辣的场景得到了解决。空间站司令官的儿子杰克·西斯科（Jake Sisko）宣布，他刚刚把他的第一部书卖给了星联新闻服务处。佛瑞吉酒吧和蔼的主人兼商人夸克（Quark）问杰克，售卖此书得到了多少钱。杰克回答："这只是比喻而已。"①这种文绉绉的说法是"星际迷航"宇宙中一切"吃书"（追溯修订）的起源，用以追溯性地对《星际迷航 4：抢救未来》前后说法的矛盾加以统一。这是一段亲切的对话，将过去在电影和《原初系列》中各种关于金融、舰员工资、货币和星联信用点的说法都归于"只是比喻而已"。

如果"星联信用点"听上去像是星际货币单位的通用术语，这是因为它本来就是。它看上去是各部《星球大战》影片中选择的硬币。在小酒店里，卢克（Luke）和欧比旺·克诺比（Obi-Wan Kenobi）向韩·索罗（Han Solo）支付"信用点"，作为送他们偷渡到千年隼号上的报酬。在《宇宙威龙》（Total Recall）中，阿诺德·施瓦辛格也对"信用点"有类似的用法。在 J. 迈克尔·斯特拉辛斯基（J. Michael Straczynski）的《巴比伦 5 号》（Babylon 5）中，商业活动以地球联盟信用点实施。"信用点"在艾萨克·阿西

---

① 《星际迷航："深空"九号》，6×07："诚挚地邀请你"。

莫夫的许多小说中发挥了重大作用，包括《基地》(*Foundation*)三部曲（偶然的是，这部作品的主角不是别的，恰是整个星系的经济体系）。这个术语本身暗示着联合的政治实体：星际联邦、地球联盟，这个或那个星系帝国。与此同时，它也类似于占位符，好像没有什么人费心去考虑这个问题，尽管真实世界中的货币确定具有深刻的历史与经济意义。美元(dollar)这个词本身就注入了美国起源与转化的大量含义。这个词来自西班牙语的 Thaler，是德国从文艺复兴时代直至第一次世界大战期间使用的银币，与捷克语的 Tolar 与荷兰语的 Daalder 类似。然而，对于科幻作品来说，作者为了塑造虚构的文明已经投入了那么多艰苦的努力，将其中的货币区区命名为"信用点"可实在让人感觉泄气。这些故事中有着各种复杂的科技、神气活现的英雄、精心炮制的政治阴谋和高潮迭起的对抗，其中的金钱居然冠以一个老掉牙的平凡字眼"信用点"？如果有什么意义的话，不过是暴露了他们在经济力量会如何塑造这些假定的文明时缺乏钻研精神的弱点。

"信用点"这个术语在经典科幻作品中得到了广泛使用，这就像是在提醒人们注意，尽管《星际迷航》在通俗文化中具有独一无二的地位，但它仍然异乎寻常地大胆。与现实世界完全一样，金钱在科幻作品中无处不在。它的存在很少受到质疑，或者像《星际迷航》在《抢救未来》之后做的那样被直接宣之于口。

没钱，没问题

在《迷航 4：抢救未来》中，有关金钱问题的阐释不过是几个搞笑的场景加上人物脱口而出的妙语，而《下一代》则全面展现了这一概念，甚至在这一问题上另加猛料。在《下一代》第 1 季的最后一集中，"进取"号偶然在深空中发现了一艘飞船，上面携带着来自 20 世纪后期的人类。他们在临终时被低温冷藏，寄希望于未来医学治愈他们的疾病。他们中有一位名叫拉尔夫·奥芬豪斯（Ralph Offenhouse）的人。莫里斯·赫尔利（Maurice Hurley）在剧本手稿中对他做了精炼的总结："两大海岸的能源掮客。"[1] 本集于 1988 年 10 月走上荧屏，仅比奥利弗·斯通（Oliver Stone）的《华尔街》（Wall Street）首映和 1987 年 10 月的股市崩盘晚了几个月。奥芬豪斯是《星际迷航》中十足的戈登·盖柯[2]式人物。他刚被唤醒便立即询问，要怎样才能与他的法务公司联系，而且他还喋喋不休地狂侃他的投资组合规模，他觉得在太空冷藏期间，投资规模必定变得更为庞大了。贪婪确实是件好事。

在剧集收尾时，皮卡德给了这个吹牛大王一顿理所应当的训斥。如果不是帕特里克·斯图尔特（Patrick Stewart，扮演皮卡德舰长的英国演员）令人称道的表演，舰长的这番抨击听上去会显

---

[1]　莫里斯·赫尔利，"中间地带"（未发表的手稿，2nd rev. final draft, March 17, 1988），Text file, accessed March 2, 2016, p. 19。

[2]　戈登·盖柯（Gordon Gekko），《华尔街》的男主角，叱咤金融界的股市大亨。

得十分僵硬与自以为是。在一个引人入胜的灾难性场景中，他以厌恶与怜悯的语气驳斥道："人们现在已经不再热衷于囤积财富了。我们已经扫除了饥饿、贫困以及对财产的需要。我们已经长大成人了。"① 随后遭受惩罚的奥芬豪斯对舰长说："我的钱无影无踪，我的办公室也没了。我怎么办？我该如何生活？"

> 皮卡德：现在是24世纪。已经不再有物质需要了。
>
> 奥芬豪斯：那什么才是对人的挑战呢？
>
> 皮卡德：奥芬豪斯先生，挑战就是要提高你自己。让你自己变得更加丰富。好自为之吧。

几年之后，在《星际迷航：第一次接触》(*Star Trek: First Contact*)（与《迷航4：抢救未来》一样，《第一次接触》也是一出绝佳的时间旅行喜剧片）中，皮卡德甚至更为有力地再次阐明了这一理念。莉莉·斯隆（Lily Sloane）是一位21世纪的工程师，曾帮助季弗兰·寇克瑞恩（Zefram Cochrane）建造了第一艘具有曲航能力的星舰，她与皮卡德一起被困在遭受博格（Borg）感染的"进取"号上。她对这艘星际级别的飞船的大小表示惊讶："要花多少钱才能造这么一艘船啊？"

---

① 《星际迷航：下一代》，1×26："中间地带"。

　　皮卡德：未来的经济有些不同。你知道吗？钱在24世纪已经不存在了。

　　莉莉：钱不存在了？你的意思是，你连工资都没有？

　　皮卡德：在我们的生活中，驱使我们奋斗的动力已经不是物质财富了。我们是为改善我们自己与整个人类而工作的。[①]

　　这段简洁有力的对话是由《下一代》的主创布兰诺·布拉加（Brannon Braga）和罗恩·摩尔（Ron Moore）写下的，是我能想到的对星际迷航经济学最直接、最令人信服的阐述之一。只不过短短的几句话，金钱、市场和盈利动机——简言之构筑起我们日常生活的砖瓦——就被丢出了船舱。全靠帕特里克·斯图尔特的表演魔力，才让这一切显得如此真实。

　　可别搞错。取消金钱可不是寻常小事。这意味着取消文明中最有用的工具，没有之一。取而代之的事物不但应该抵得上金钱的地位，还要比金钱强好多个数量级。

　　金钱是物品的通行媒介物。金钱起着桥梁作用。它让我们得以交换相互间不等价的物品。也就是说，它让物品的价值能够以数字表达，如果没有金钱，要想以公平而且可预测的方式交换这些物品将会非常困难。金钱也是选择定价的手段，是反映与解决供需不平衡问题的通用数学工具。如果为《星际迷航》的曲速引擎提供

_____

① 《星际迷航：第一次接触》。

动力的双锂（dilithium）不足而苹果过剩，则购买双锂所需的苹果数量就会大为增加，这就如同用货币表达的情况。

　　金钱的主要优点，是让我们避免了易货交易的低效率。你想用苹果交换一磅重的双锂晶体，这可能无法成交。因为双锂卖主根本不需要苹果，而且那么多苹果你种不出来，也运不过来。最重要的是，如果你用来交换的东西只有苹果，那你将寸步难行。但如果你的苹果太多了怎么办呢？剩下的那些你准备拿来做什么？

　　现在考虑卖掉你全部的苹果以取得现金。更好的做法是：假设有一位星际苹果供销商，你以较低的价格向他提前售卖你未来五季的苹果收成。这样一来，你手头将会有一大笔金钱，你可以用其中的一部分购买双锂，也可以用其余的部分购买物有所值的克林贡血酒和罗慕兰啤酒。

　　在某种意义上，金钱是让苹果变为双锂，让铅变为黄金以及让它们变回原样的唯一行之有效的方法。既然有了金子，何必再去理会什么炼金术士呢？事实上，金钱如此有用，说它是人类最基本的科技突破之一也完全没有半点夸张。它与文字和数学一起，出现在新月沃地^①第一批商业大帝国中，最古老的楔形文字泥板大多数是会计记录。

　　尽管如此，和其他科技一样，金钱也无法做到全无缺点，有

---

① 指横跨中东地区两河流域、北非尼罗河流域地区的新月形肥沃土地，历史上曾在此出现过辉煌的古埃及文明和美索不达米亚文明。

时还会造成巨大的破坏。在最极端情况下，它会通过恶性通货膨胀和金融泡沫造成社会的大规模崩溃。在日常生活中，金钱往往在人类之间不断滋生各种非理性、低俗且令人不快的行为。除了少数情况之外，这些麻烦事似乎是可以接受的代价，因为金钱的关键作用无可替代。通过市场定价机制，金钱为稀缺物品的分配和归属提供了合适的解决方法。

《星际迷航》正典清楚地告诉我们，24 世纪已经不再存在稀缺问题了。星联不需要金钱。如果杜撰一个新词，那就是一个无钱币社会，因为任何东西都大量存在，任何人都不需要为任何东西付账。在星联中，物品、食物、劳务、医疗服务、教育、娱乐、星际旅游，以及任何你能想到的东西，都像万事达卡那样，是非卖品。

这是如何做到的呢？

首先，除了异己的佛瑞吉联盟（Ferengi Alliance）之外，对于 α 象限① 中其他重要的《星际迷航》文明来说，金钱和财富似乎并非当务之急。克林贡人似乎还在使用金钱，② 但无可否认的是，他们的价值系统依据的是非常抽象的准则。卡达西（Cardassia）是一

---

① 银河系象限在《星际迷航》中表示的是银河系的一片区域，其将银河系分为了四个象限系统，并分别以希腊字母 α、β、γ 和 δ 表示，分别对应第一至第四象限。星际联邦在 α 象限一侧的领空较大，在 β 象限里也有部分领空；而克林贡帝国与罗慕伦帝国是 β 象限的主要势力，但也渗入了 α 象限（见《星际迷航百科全书》[The Star Trek Encyclopedia]）。

② 见夸克与一位克林贡贵族之间的婚姻，《星际迷航："深空"九号》，3 × 03："夸克的宫殿"。

个官僚独裁国家，而罗慕兰星球帝国（Romulan Star Empire）则是一个谜。说到主要的反派，自治同盟（Dominion）和博格很明显没有因为在商业利益上的发展而更加活跃。

无论电视连续剧或者电影都从来没有真正正视物品分配问题。似乎物资的绝对丰裕解决了大部分潜在的分配问题。在星联中，一切都如此充足，即使货物或者商品偶然发生供给不足现象，也总会有大量替代品涌上市场。因此，你不会执着于现在以最佳价格购买物品。星际迷航经济体系基于的是物质供给接近绝对丰裕，这个体系不再用金钱或市场价格机制来分配稀缺物品。因为没有任何东西，或几乎没有任何东西是稀缺的。

什么都不像真的

尽管物资供给接近绝对丰裕，但还是有少数稀缺的东西涉及金钱。是哪些东西呢？人们又是如何分配的呢？

《星际迷航》正典告诉我们，在星联内部有两种稀缺物资。用经典的经济学术语表达，它们的供给缺乏弹性，即它们的供给大体上不随其价格的变化而变化。一方面，存在着某些可以称之为战略物资的东西，即少数几种对保持星联政体与居民生活方式至关重要的物资：双锂晶体、星舰和人。另一方面，则有一系列范围宽泛的独特货物，包括独一无二的定制品：大部分是经验产品与服务，例如皮卡德家族的波尔多葡萄酒、丽莎欢乐行星 [①]（pleasure planet Risa），还有西斯科的克里奥尔餐厅。

在不存在金钱，因此也没有市场与价格的情况下，你怎样才能在丽莎星上一个人人梦寐以求的度假景点享受假期呢？或者你怎样才能保证拿到几瓶皮卡德城堡的葡萄酒呢？是先来先得吗？各种家庭关系与社会网络，例如昔日苏联的"后门"（blat）和中国的"关系"会在 24 世纪有一席之地吗？星舰军官能插队获得丽莎星上的性服务扎玛哈伦（jamaharon）吗？换言之，对于这几种差不多算是稀缺物资的分配，社会是怎样安排的呢？

在这些问题上，正典是相当含糊的。你永远不会看到人们为得到最后一瓶皮卡德城堡葡萄酒相互搏斗的场面。影视中从来也没有播出过这种下三滥的冲突。这不仅是因为《星际迷航》中从来见不到星联成员之间的这种低级冲突，而且因为好的电视节目不应该表现奢侈品购物的焦虑（"跟着罗珊娜·特洛伊 [②] 学穿搭"或者"丽莎星上真正的家庭主妇"，这种口号是不可能出现的）。人们必须假定，某些独特产品的稀缺从来没有导致冲突或者竞争。在星联内，通过拥有某些产品彰显社会地位的动机早已不存在了。

[①] 丽莎行星是某几集电视剧的背景地点，其中包括《星际迷航：下一代》，3×19："舰长的假期"；《星际迷航："深空"九号》，5×07："令其成为无罪者"；《星际迷航"进取"号》：1×25："两天两夜"。

[②] 罗珊娜·特洛伊（Lwaxana Troi），《星际迷航：下一代》中的角色，驻舰心理顾问狄安娜·特洛伊（Deanna Troi）的母亲，在剧中的扮相夸张华丽。

在我们这个不那么进步的社会中，人们主要为显示地位与财富而获得、消费奢侈品：这就是社会学家托尔斯坦·凡勃伦（Thorstein Veblen）描述的"炫耀性消费"。[1] 不妨以汽车为例。并非每个人都买得起宝马车，而且如果不是为了炫耀，也没有人会去买。

一切迹象都说明，星际迷航经济体系成功地免除了炫耀性消费。高尚的利他主义星联公民们完全没有通过奢侈品消费来显示其地位的意思。在星联中，谁也不会在乎你的 LV 包或者宝马车，而且也不会有人在乎跟什么人的风。在这种意义上，稀缺相对不存在也是个人选择和整体人民道德观念的结果。如果你无法拿到最后一瓶 2378 年出产的皮卡德城堡葡萄酒，那也无所谓，不是什么大问题。差不多可以说，好像就是因为没有金钱，所以那些非必需品、非战略品也就没有了稀缺问题。

对于那些因为本身性质独特而稀缺的物品（如皮卡德城堡葡萄酒和在西斯科餐厅里吃饭的机会），人们对炫耀这种机会也没有什么可兴奋的，因为谁也不在乎，所以那些独特的物品也就没有了作为地位标志的吸引力。人们可以说，甚至在供给有限的情况下，需求也不存在。这简直就算不上什么大问题。而且，最后一点是，可以免费获得数不清的潜在替代品。经济学家们把这种现象描述为"局部非餍足"（local nonsatiation）。你的酒窖里搞不到今年

---

① Thorstein Veblen, *The Theory of the Leisure Class* (New York: B.W. Huebsch, 1924).

的最佳新酿皮卡德城堡葡萄酒？那就从"进取"号上的克林贡人安全官沃尔夫（Worf）中尉家族酒庄里搞一瓶精装克林贡血酒作为替代好了。

在星际迷航经济体系中，不存在金钱暗示着社会地位和经济财富与可以随意支配的购物资金无关。炫耀性消费和奢侈品无法在人们心中激起遐想。在我们当前的条件下，丰裕和稀缺之间的对立，决定了大部分价格与购买行为，而在迷航经济学中他们毫不相干。

对于星联公民，奢侈品本身的理念已经进化，包含了类人种族的所有经验。或许可以预想，那时的人们追求独特而难忘的人际关系和瞬间的心灵开悟，而不是追求物质享受。寻找与收集艺术珍品，无论古代的或者当代的，似乎是人们可以在其中展示其渊博学识并炫耀品位的少数几个领域之一。

每个人的命运都得到了终极改善

战略性的不可替代的资源又如何呢？这里主要以双锂晶体为例，但这一模式可以应用于其他类似物品。尽管供给有限，但双锂晶体并没有想象中那样缺乏。必须重申，劳力、勘探和萃取技术几乎是免费的。因此，几乎最微不足道、最难得到的资源也可以开采出来，因为开发成本一直接近底线：零。

然而，如果没有足够的人愿意在一颗矿产小行星上花费宝贵的时间怎么办呢？这就是伦理学的用武之地了。在每个星联成员心中深深扎根的公民观念，会让足够多的人响应公民义务的召唤。正如史波克说的那样："多数人的需要压倒少数人的需要。"① 这可不是说说而已。人们做好了为这一高尚的原则献身的准备。如果到了紧要关头，675 个暂时废弃不用的紧急医疗全息程序（Emergency Medical Hologram，简称 EMH）会完成这项任务。②

归根结底，银河系如此广袤，双锂供应不可能达到极值。开发双锂矿产的唯一限制是政治方面的。此外，考虑到星联高度发达的科学群体，人们可以想象，德斯仲研究所的员工迟早都会找到它的替代品。

没有稀缺便意味着没有金钱，没有价格，没有市场。这也意味着，在星际迷航经济体系的社会中不存在盈利动机。这一点特别令人头痛。大多数情况达不到需要召唤公民义务的程度，事情又是怎么解决的呢？为什么人们会在明知没有物质奖励的情况下进行发明创造、投入精力呢？而且，更根本地，在没有金钱的情况下，人们如何就他们当前或者未来的生活做出决定呢？在没有一种客观定量的价值单位的情况下，他们如何评估不同选项，衡量他们的决定会造成的结果呢？这确实需要人们发挥想象力，才能创造

---

① 《星际迷航 2：可汗怒吼》（*Star Trek II: The Wrath of Khan*）。

② 《星际迷航："航海家"号》，7×20："一代文豪"。

出这样一个世界，因为我们受到自己的个人利益驱使才有了现在的消费方式。这一点就连 21 世纪最骨灰级的迷航迷也不能免俗。

只从逻辑上考虑，除了一些战略物资之外，物资绝对丰裕时一切物品的价格将为零。但毕竟这些战略物资对于大多数人来说作用都很有限。在日常生活中，我不需要一大块双锂晶体。只有星舰上或在地面的物质－反物质电站需要它，但我是不要的。这东西对我没市场，但对作为整体的社会有市场。

对其他的事物即绝大多数物品与服务来说，我可能改进或者发明物品，但改进后或发明出来的物品不需要任何成本即可生产与分配。而且，即使需要成本，但其他所有东西的价格都为零，因此我很可能无法从自己的新发明中得到多少个人利益，除非价格与市场上其他东西一样富有竞争力，即为零。最终价格为零，这一点有效地消除了我的获益期望，但我还需要承担风险，并把宝贵的机遇浪费在专注于做出这一小发明上，而不是随大流享受自己的人生。

事情还不止于此：经济学告诉我们，所有参与者在市场上的自利行为，导致了人类整体的经济增长和物质改进。通过持续地追逐利润，个人与公司倾向于降低价格以取得更大的市场份额。竞争会带来创新，创新会催生新的替代物。价格更低更好的产品会出现。当然，必须有强有力的法律系统框架，挫败那些试图为自己的利益改变规则的人的行为。例如，存在着禁止垄断的法律，即禁止个人与公司在市场上取得高度垄断地位。垄断地位可以让它们不用被迫降低价格，因为市场上少有可以与之竞争的替代产品。

人们认为，世界上一切贪婪与自利最终会转变为正面的东西，这不仅因为最终结果会让全人类得益，而且因为它让整个体系保持动态平衡。这与人走路类似：每迈出一步都会让人暂时失去平衡，但总的结果是合乎正道的，是持续向前的运动。

根据亚当·斯密及其后继者的乐观哲学，市场上的竞争将个人的罪恶转变为公众的美德。一个富有竞争力的市场倾向于有效地分配物品、资源与劳力。他们总的观点是：尽管看上去并非如此——这是问题的要点——但贪欲确实是好东西。这是一个理想的理论。实际上，其中隐藏了一个致命的缺点，我们将在后面加以探讨。当前而言，我们需要注意的是：经济学的理想世界与"星际迷航"经济体系的理想世界相去不远。经济学假定，辅以法律制约与税收奖励措施，让个人与公司自行其是，它们将做出最有利于自己的决定。凭借相互竞争与冲突，这些个人与公司将持续地以越来越低的价格提供更多的产品，因而在平均意义上改善每个人的命运。

星际迷航经济状态有如此假定：平均而言，每个人应得的物质份额已经得到了终极改善。当任何东西都可以免费取得时，从经济学的角度而言，已经不存在任何可以进一步优化之处了。当然，自利、冲突和竞争或许仍然存在，但在市场上取胜的奖赏不可能是金钱，因为人们已经不指望获取超额收益了。奖赏是无形的，但意义同样真实：那就是荣耀。

名声作为货币

如果在市场上获胜的奖赏由荣誉、权威与赞誉组成，则利己思想将驱使某些人在自己的职业方面超出常人，并为自己今后的努力设立远大目标。他们的共同努力产生的成果将无偿提供给每个人。无数天才的努力产生的收益将免费赠予社会。让我们想一想紧急医疗全息程序的发明者刘易斯·齐默尔曼（Lewis Zimmerman）博士。他是人们无法忍受的爱慕虚荣之人的缩影，而他对这个世界的贡献是非常真实的，是有形有用的贡献的极致，因此他的虚荣更为突出。他以他自己的形象创造了紧急医疗全息程序的全息影像，这个程序可以把医生带进每个家庭，无论这个家庭的地理位置何等偏远。紧急医疗全息程序已经用于接生婴儿，挽救危重病人的生命，并一周又一周地骚扰"航海家"号的舰员们。齐默尔曼博士当然有资格保持带刺的性格。他也用他的一切天分与精力全力追求这样的资格。不要小看虚荣心的威力。

在星联中，顶级科学家、工程师、艺术家与星舰军官竞争各种卓越地位。特权与奖赏是社会货币的一种形式。人们可以一生追求它们，积累它们，这无异于存钱。它们甚至可以传之于后代，其形式是社会对他们的压力，要他们无愧于他们辉煌先人的荣耀。人们认为，年轻的卫斯理·克拉希尔（Wesley Crusher）应该像他的父亲一样，成为一位惊才绝艳的星舰舰长。你的货币就是你的威名，而与你的威名联系的东西会传给你的后代。

名声货币的主要优点是，即使你用它来交换好处，你所控制的货币总数也几乎不会减少，除非你滥用你的地位和由之而来的他人的善意，为自己在丽莎星上过分牟取扎玛哈伦。你永远不会破产或债台高筑。你保留着你全部的收入。如果你是科学家，则有强有力的抑制因素，让你会因为反对全球气候变暖理论或者反对接种疫苗而失去所有的名声。不会有人抱着秘而不宣的目的赞助你的伪科学。科学事业本身具有高度权威，能够公正地裁定某项理论是否有效或者某种发明是否实用。作为众人合力的事业，科学当然会犯大量错误。然而，日积月累，它已经开发了比其他事业有效得多的手段来研究与改正这些错误。作为星联科学家，你的名声的价值会得到人们对科学界的完全信任与信仰的背书。

"数据"（Data）机器人的创造者宋努宁（Noonien Soong）博士就是一个很好的例子。他在遥远的边荒地区秘密工作了几十年，创造最完美的类人机器人。他没有拿出一个肤浅的半成品原型机加以"迭代改进"（硅谷的人这么说）。他并不追求专利和特许权使用费，也不追求把他的发明转变成面向大众市场的程控机器人。除了对"数据"机器人本身及其人格塑造的追求以外，作为有史以来最伟大的机器人专家的荣誉，以及把所有同事与竞争者踩在脚下的快感，是对他工作的最高奖赏。他不朽的名声全都是他自己的。

科学是星联所有其他活动领域的一个样板，虽然它们的客观判定角度与标准不同。在把荣誉奖赏发放给它的成员时，星际舰队或许会与瓦肯星科学院或毕宿五星音乐学院采用非常不同的逻辑。同样，餐厅与葡萄酒也是非常严肃的事务，但它们的客观评级标准与曲力场理论的应用或者正电子建筑完全不同。在艺术领域内，不管是烹饪艺术或其他，名声是建筑在公众与其他专业从业者的主观判定上的，因为在这些领域中没有贵族赞助人或者富有的收藏家。

星联中没有饿着肚子的诗人。人们高度评价与尊重自我表现，因此任何人都可以写一部全息小说并发表。甚至一个有自我意识的全息程序也可以成为作家！出版作品几乎毫无障碍，因此对任何想象作品，出版社不必以其难辨真伪的商业价值为基础做出决定。作品的分销与生产无须费用。来自大众和专业界的反应决定了你作为艺术家能够得到多大名声。如果你的全息小说成功地传播开，你就获得了名声，即使是被错误传播。

这些高成功人士之间的竞争永远不会下作，也不会粗野无礼。但这并不意味着它不残酷。你的竞争者总在暗中窥视，你一旦行差踏错，他便会悍然出击。每当你成功击败一次挑战，你都会进一步获得名声，直到你被人干翻，止步不前。这种社会达尔文式的追求天才的优胜劣汰机制向来冷酷，却也成果累累。这是星联成长与力量的引擎。正是因此，星联中才诞生了星系中最辉煌的科学家、工程师、医生和艺术家。然而在整个星联中只能有一位头号机器人专家或曲力场理论家。这是所有奖赏中最高的一份。你成为头号人物的机会极为渺茫。瓦肯星人的身份或许能够让你增加机会，但仅此而已。如果出于一系列难以名状的巧合，你最终在你选择的领域内成功登顶，你也用不着担心，你的宝座坐不长久。不知有多少才华横溢的年轻人在虎视眈眈，随时准备重拳出击，将你拉下宝座。

星联的这一图景让我想起了一位老朋友，他本人也是个迷航迷。18岁时他从世界上最好的数学系毕业，并在短短4年后在另一个世界顶级的数学系中获得博士学位。如果我确实遇到过符合天才标准的人，一定非他莫属。他非常实事求是地对我解释了这个问题。就像披头士乐队一样，数学家们通常在而立之年到达他们事业的顶峰。尽管他天资颖悟又早熟，但他永远也无法接近这一行业的顶峰。对此他既不伤感也不气愤。这只不过是冷酷无情的客观事实。法理上与机会上的平等很少能带来事实上的平等。在科学领域中，人们认为数学最注重个人智力：没什么噱头，没有机器、实验室、外界资助，极少钩心斗角。只不过是你自己加上一面黑板。文凭、学术地位和名声都不重要。你要么能够证明费马定理或者庞加莱猜想，要么没这个能力而无法登顶天才之峰。纯粹的个人智力竞争也可以是非常残酷的。

私有制的负担

尽管星联没有货币，但这不意味着资本本身不存在。资本可以独立于记账单位存在。听起来这似乎有些自相矛盾，但事实毋庸置疑。比如物质，无论固态、液态或者气态，物质独立于我们用以度量它们的单位而存在。

资本是经济生产的投入之一。要使原材料与劳力结合，你需要工具、积累经验，有时还需要金钱，否则你将一事无成。在非常基础的层次上，资本不过就是这么点东西，只是有形与无形的生产性资产，它们能让劳动将自然资源转化为最终产品。例如，利用坚硬的石头与自己的经验，穴居人才能造出双面石刃。石头与他的经验就是他用来制造石质利器的资本。他的知识与工具的价值或许可以用他通过劳动与技艺换取的猛犸象肉来衡量。他的资本没有数量或者货币价值，但它还是有某种价值，尽管可能只能以获取的食物来计算。然而，这也证明金钱更为重要：它能保护这位石器工匠的利益，不受那些猛犸象猎人奇想的伤害。因为他可以说："我要的价格就是这样。要想得到我的产品，就至少要用那么多肉来交换。"

金钱与资本之间的差异造成的部分困惑，或许源于我们习惯以货币单位来表示资本的数量。这样做用处极大：将资本简化为数字，可以让人们进行各种数学度量与计算，有助于人们进一步做出更好、更优化的决定。但这也模糊了资本不仅包括金钱投入这一事实。

如果你把金钱从等式中去除，所余的还有工具、机器和知识。这些都是人类智慧与工作的产物，来自自然材料，通过人类加工成型。金钱只不过是资本的一种形式，借以简化交换、信贷、核算以及偶尔的工资支付（在以工资为基础的经济中）。

困惑的另一个成因是产权。在星联中，产权的意义与今日世界略有不同。这并不是因为星联不使用金钱作为记账单位，而是因为资本不会产生任何可交换的价值，无论它以工具、机器或者教育与天资的形式出现。你可以在家中拥有一台复制器，但它不是你购置的，而且你也不会用它做出某种小发明，然后在星际版的易集①上卖给他人赚取利润。这台复制器既不能为你节省金钱，也不能为你赚取金钱。你无法从拥有的复制器中得到任何额外财富。

反过来说，假定你是唯一一个在遥远的边荒之地拥有与使用工业复制器的人，但你根本没有理由因为他人使用这台机器向他收取费用，因为不存在金钱。你可以订立规矩，除非对方付给你实物，否则不得使用你的复制器。好吧，但首先你为什么要这样做？这根本不是星联的惯例。你可能因为法庭禁令而失去这台复制器。

你根本无法利用你的复制器得益，于是你很可能从开始就根本不想拥有这种东西。产权实际上意味着你对它的操作与保养负有责任。这是你的一个负担，是对社区的一种服务。而且，你必须利

———————
① 易集（Etsy），美国原创手作物品电商平台。

用你的知识和资本来维护这台设备。在这个例子中，对于资本（复制器）的私人拥有更多地意味着服务而不是其他东西。这是你的付出，哪怕只是付出时间。这或许会让你的名声略有增长，但这并不是使用你的资本的最佳方式。你或许有更好的事情要做，而不是试图借助工业用复制器来囤积居奇。在星际迷航经济体系中，对于某种货物或者服务的市场加以控制或垄断无法转变为定价能力和巨额收益。物质的丰裕代替稀缺成为底线，取得消费必需品无足轻重。在许多情况下，把资产的重量放到你个人肩上，看上去相当不合逻辑而又缺乏效率，个中缘由就在于此。

看上去，《星际迷航》中的私人财产主要是感情上的。坐落在风景如画的法国农村的皮卡德家族庄园就是一个很好的例子，可以让我们看清，产权在星际迷航经济体系中可能意味着什么。[①]让－卢克·皮卡德的哥哥罗伯特（Robert）继承家族事业从事葡萄酒制造业。那里的房屋与葡萄园不是投机对象或贮藏财富的仓库，它们是需要精心照管的家传宝物。它们的价值是主观的、象征性的。

经济学是日常行为的科学，探讨的是选择。作为个人、团

---

① 见《星际迷航：下一代》，4×02："家庭"。

体、民众、社会，我们应该如何做出选择？而且，更有针对性的是，我们应该如何做出最佳选择？更具体一点，当我们的选择受到稀缺、他人和不完全信息制约时，我们如何得到最令人愉快的结果？这是对杰里米·边沁（Jeremy Bentham）的功利主义理念的改进，他认为全体人类都倾向于选择让他们愉快的东西，并回避那些伤害他们的东西。

出于这个缘故，我们可以将星际迷航经济体系视为最高程度的功利主义。星联的组织原则是让每个公民都有机会实现效用最大化。因为他们几乎不缺任何东西，也不必再对预算和花销做出选择。人们真正要做的唯一决定，是如何平衡增进个人效用与增进全人类效用这两个目标。换言之，对于每个星联公民来说，最大的挑战在于如何分配他的天赋、时间和理解他人感受的能力，如何对共同富裕做出最大的贡献。

第 2 章

工作在星际迷航社会中的意义

The Meaning of Work in Star Trek's Society

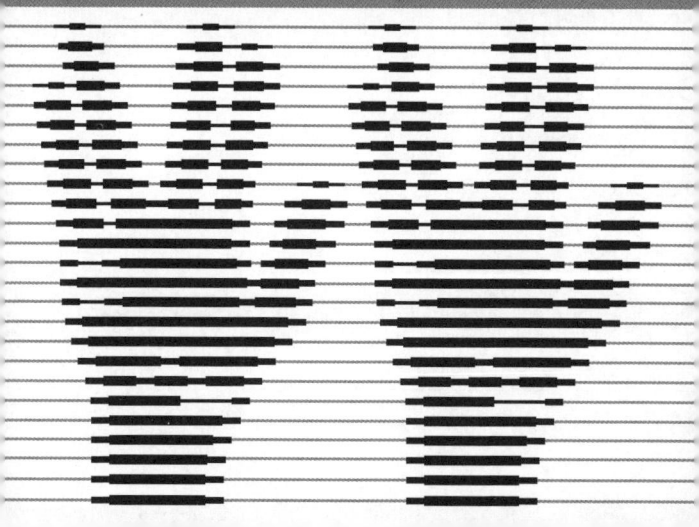

"……为什么人人都如此担心全息程序会占领宇宙？"[1]

　　"深空"九号上的佛瑞吉酒吧老板夸克的侄儿名叫诺格（Nog），他决定加入星际舰队。星际舰队学院从未允许过佛瑞吉人加入。他去找西斯科舰长，要求得到一封推荐信。起初，舰长吃了一惊。他非常怀疑这位佛瑞吉青年的动机。由于佛瑞吉种族肆无忌惮的企业家精神和阴险的商业行径，整个星系都惧怕他们，痛恨他们。当人们想到佛瑞吉人时，首先跃入脑海的一定不会是英雄精神、开明的道德和自我牺牲这些字眼。何况诺格还是居住在空间站的不良少年。他在学校里不是一个刻苦的学生，甚至还有几次触犯过法律。舰长知道这些，因为诺格是他儿子杰克最好的朋友。诺格给西斯科送上了一个沉重的包，里面装着用黄金压制而成的拉蒂锭[2]，"用来

―――――――――――

① 《星际迷航："深空"九号》，5×16："我觉得是巴希尔医生"。
② 拉蒂锭（latinum），《星际迷航》中佛瑞吉人的货币，本书第8章第3节对此有专门论述。

表示（他的）感谢"①，这当然不能说服舰长。这一错误行动是一个可悲的文化误会。当青年佛瑞吉人成年时，他们会向饱经风霜的长辈付钱得到教诲，后者则教授他们各种生活窍门，让他们初步了解佛瑞吉人的大物质连续体②，当然也会适度地剥削他们。除非对方是佛瑞吉人，否则诺格奉上他所有积蓄的行为看上去都是在公然行贿。

尽管有这样欠缺考虑的贿赂行为，西斯科还是对诺格的要求很好奇。在他信任的科学官加西亚·戴克斯（Jadzia Dax）的帮助下，他决定考验这个小伙子的决心。他们指示诺格编制 12 号货舱的存货清单，星际舰队在那里存放了大批"非常珍贵"的补给。

诺格极为成功地通过了这次考验。他以创纪录的高速度完成了任务。让西斯科松了一口气的是，诺格好像什么也没偷。与此相反，他竟然发现了星际舰队军官在上次检查中未曾注意到的一些物品。诺格不仅向西斯科和戴克斯证明了他的职业道德，同时也证明了他的正直。

"他是个卖力干活的人。"西斯科得出了结论。但他的真正目的是什么呢？为什么要加入星际舰队？无论如何，星联的理想与佛瑞吉人的生活方式水火不容，后者庄严地记载在将近 300 条"佛

① 《星际迷航："深空"九号》，3×14："铁石心肠"。
② 大物质连续体（Great Material Continuum），佛瑞吉文化中的一种观念，英文名又称 "Great River" "Great Continuum"。佛瑞吉人相信的银河系中各物资流动的某种内在逻辑，只要把握这个流动就可以交易到任何东西。

瑞吉获利守则"内。西斯科与诺格发生了冲突，他对诺格宣布他不会写推荐信，因为这看上去似乎是"（诺格的）又一个阴谋"。

诺格很生气，情绪一落千丈，他激动地做了一次恳求，最后泄露了真相，同时更深入地揭示了他的性格和他身处的环境。这是《星际迷航》的高光时刻之一，剧本和表演融为一体，在情感与重要性方面都远远超过了它们的简单加总。

"我不想跟我父亲一样！他是一位机械天才。如果有机会，他会成为一艘星舰的总工程师。但他像一位优秀的佛瑞吉人那样从商了。可是他不是个优秀的佛瑞吉人……他在赢利方面根本不在行。他现在唯一盼望的机会，是有一天他或许会以某种方式接管我叔叔的酒吧。不过，我不想像他那样。我想在我的一生中做点事情……值得一做的事情。"①

佛瑞吉社会的文化准则对佛瑞吉人施加了可怕的限制。佛瑞吉男性（而且只有男性）应该经商，而且应该终其一生追求利润，无论他们是否喜欢这样做，或者是否"有这个脑子"，即与生俱来的获取财富的天赋。像诺格的父亲罗恩（Rom）那样没这个脑子的人，就只能降格从事毫无意义的冷清工作，与老板签下充满了可笑的剥削条款的合同，为他们卖命。② 除了压榨个人的那些痛及灵魂的苦役，这类盲目尊崇佛瑞吉传统的做法带来了总经济的资源

---

① 《星际迷航："深空"九号》，3×14："铁石心肠"。

② 更多情况可参看《星际迷航："深空"九号》，4×16："酒吧协会"。

错配。

有关他的父亲，诺格的想法是对的。夸克又爱又恨地称呼他的哥哥是"白痴兄弟"，但他确实是一位机械天才。他独自发明了能够自我复制的隐形雷区，它推迟了自治同盟对 α 象限的入侵。[1]出于自身限制与对利润的痴迷，佛瑞吉社会无法认识也无法利用罗恩的天才。这种对天才的浪费也是对机遇的浪费。对于这样一个自诩富于商业头脑的种族来说，他们本应该更好地管理自己的人力资源。

工作的意义

与此相反，星联承诺人们发掘他们真正的职业兴趣，将人们从传统的桎梏和经济需要中解脱出来。一个"机械天才"、一个疯狂的科学家、一个厨师、一个作家，甚至一个没出息的佛瑞吉少年——所有这些人都能得到机会，找到与他们的天赋（如果不仅仅是他们的愿望）匹配的角色。星联不会因为追求物质财富而要求任何人强行扭曲自我，变成他们不想成为的人。在星联中，工作不是出于强迫，也不是为了生存。星联公民不需要为桌上的食物或赢得别人的尊重，而违反个人意愿执行某些任务或者从事某种职业。

科技本身无法铸就星联。大量的免费能源、无处不在的自动

---

[1] 《星际迷航："深空"九号》，5×26："召唤武器"。

化、人工智能以及复制器，所有这些都发挥了作用，获取基本的生活必需品因此有了巧妙的解决方案。它们能够产生什么样的益处，完全取决于价值体系和社会组织。举例来说，在打理主营餐饮和博彩的小酒馆时，夸克广泛使用了先进得令人不可思议的科技。复制器肯定实实在在地削减了他在食品烹制方面的花销。而且他还能保留所有的利润。

星联让诺格如此心往神驰，原因不在于它是科技驱动下的丰裕之角 ①，也不是那里没有金钱（实际上诺格对此颇有微词）。原因是工作在星联中的性质与含义。以这种方式陈述似乎有些自相矛盾，但在一个任何东西都不稀缺，因此工作并非生存的先决条件的社会中，为工作找一个好理由变得高于一切，这是每个人都必须拷问自己的问题，是一个关乎自身存在意义的问题。如果不是必需，那为什么要工作？因为学习、创造、共享，这些才是在星联有意义的东西。工作不再是必需的负担，而是让星联结合在一起的黏合剂，是社会纽带和社会共识让生活充实并具有意义。工作是星联社会中令生活富有积极意义的力量，也是让外族人士与人工生命如此热切地希望加入星联的原因。

在《星际迷航》的 24 世纪中，人们不是为了钱而工作，为钱工作也是不可能的。金钱根本不存在，因此不存在有酬工作、没

---

① 丰裕之角（Cornucopia），是食物和丰饶的象征，该起源可追溯到公元前 5 世纪的希腊神话，丰裕之角由母山羊阿玛尔忒亚的角而闻名。神话中，仙女们可以从这只羊角里倾倒出她们希望得到的任何东西，而且可以永远取之不尽，用之不竭。

有赢利动机。星际舰队军官们不会因为重新入伍而得到月薪或者奖金。而来自十前酒吧（Ten-Forward）、生性快活、热情地为打扑克的星际舰队军官们服务的平民侍者本（Ben）也同样如此。①顺便说一句，扑克游戏中的筹码没有金钱价值。本的老板是解难（Guinan），一位神秘的埃尔奥里安人（El-Aurian）。她也没有真的在星舰上开一家合成酒精替代饮料特许店，因为在她的十前酒吧中，饮品不收费。你无法将丽莎星上的扎玛哈伦女招待定义为性工作者，因为她们不要求人们为她们的性服务付账，而且她们还特别对外星访客青眼有加。齐默尔曼博士无法从他发明的紧急医疗全息程序上得到特许使用费，因为在星联中似乎不存在专利一说。星联新闻服务处也不会按字数为杰克·西斯科发自自治同盟战争前线的故事付稿酬。

简言之，星联中每个人似乎都很忙，在勤劳工作，但谁也没得到报酬。这种待遇听起来很不公平。对于一个任性的佛瑞吉青年，这有什么诱惑可言呢？到底是怎么回事呢？

工作与赠礼

在星联中工作，最令人吃惊的方面不是每个人都无法因为辛勤劳动而得到报酬，而是居然还会有人如此勤奋地工作。其实完全

---

① 本这个角色出现在《星际迷航：下一代》，7×15："下层甲板"中。

没有任何实质上的客观原因，能够促使任何人做任何事情。舒适生活的一切必需品大量供应且全部免费，完全不必付钱。复制器驾驭了物质－反物质反应器中几乎无尽的能源，可以把能量转化成任何最终产品，从皮卡德舰长的"茶，伯爵茶，热茶"，到上等的结婚礼物，甚至武器。

　　而且，如果你想毕生在丽莎星海滨游荡度日，你也会受到热烈欢迎。你如果征求我的意见，我觉得你确实应该如此。没有任何东西，也没有任何人，会阻止你慵懒懈怠、骄奢淫逸地自我陶醉。没有任何限制因素阻止你虚度自己的大好年华，而星联却能建造如此之多的星舰，城市中到处是熙熙攘攘的忙碌人群，人们垦殖行星，科学实验室涌现出科研论文与发明创造，这实在令人惊异。总之，星联是一个欣欣向荣的社会。一方面，它以一批极具首创精神的人为核心，这些人的比例公认为 1%；另一方面，它的绝大多数普通人民都非常勤奋，其中包括人类与非人类。按照我们这个时代的标准，在星联非核心的 99% 的普通民众中，投机取巧者的比例也小得惊人。

　　选择在没有报酬的情况下工作并不是一件特别古怪的事，当然，我这里说的"没有报酬"绝不是指强迫劳动或者奴役。即使在我们所处的这个时代，我们也经常免费实践和分享技能。我们自愿清洁海滨或者在学校里监护孩子，我们帮助朋友和邻居，我们在网上分享经验和知识。我们出于热情做了无数这类事情，并不指望从中获得金钱报偿，这本小书也是一个很好的例子。我们甚至有机会将这种爱的奉献交付给人们有史以来发明的最广泛的公共资源：互联网。

有些经济学家已经在尝试确定维基百科这类公众建立、分享资源的网站的价值。如果将其纳入官方统计，它们会让美国的GDP 增加几个百分点。例如，据谷歌首席经济学家哈尔·范里安（Hal Varian）估计，每位搜索引擎使用者每年可以因节省时间而增加 500 美元的消费者盈余。麻省理工学院的埃里克·布林约尔松（Erik Brynjolfsson）教授将免费的互联网信息定价为每年 3000 亿美元。

官方的 GDP 计算和所谓主要指标没有包含免费交换的物品与服务。经济中有很大一部分没能进入会计师与统计工作者挑剔的视线中，而且这部分还在不断增加。

然而，从西北太平洋的第一批人类的赠礼仪式（加拿大第一个印第安部落夸扣特尔人的冬季赠礼节），到食物银行和慈善事业，人们免费提供的物品、服务和时间一直是文明不可分割的一个部分。无私合作是人类才有的品质。作为社会关系的一个有力辅助手段，它曾让我们的种族具有了关键的进化优势。互联网的出现让我们能够加强与扩展我们由来已久的分享、给予与合作习惯。硅谷风传的"众包"和"共享经济"等时髦而空洞的词汇掩盖不了一个无法否认的事实，即由于互联网的存在，我们可以免费且无限制地立即得到信息，不但有克雷格列表①，而且有几乎全人类从古至今积累的智慧。人们可以长篇大论地详细争论进步的本质与定义，但进步有时就像色情片似的，不看不知道，一看就明白。而在这个例子中，进步一目了然地摆在人们面前。

在星联中，工作不是在肉体上维持人类福祉的必要手段。人们工作的基本原因——生存——已经不复存在。在星际迷航经济体系中，工作仍然至关重要，但工作是为了更高层次的目的：增加知识，完善科技，促进个人与集体的自我改进。将原材料转化为消费产品的客观必要性并没有神奇地消失。但在大多数情况下，这一工作已经转交给了复制器。

机器人公民

在星际迷航经济体系的日常事务中，有了复制器，机器人劳力好像就没必要了。除了"数据"和他的弟弟洛尔（Lore），人们基本上没有见过任何能够行动的机器人，无论是智能型还是专业型。星舰的舰员由多种族混编，在小行星上开矿的是工人，餐馆和酒吧工作人员是有血有肉的侍者。人工智能似乎只存在于星舰的计算机上，它们听从自然语言发布的查询指令与命令安排，没有迹

---

① 克雷格列表网（Craigslist）是一个全球性的免费分类信息网站，以城市为单元提供信息发布服务，该网站创办于 1995 年，总部位于美国旧金山。

象表明它们具有自主意识，它们不过拥有原始的处理能力与优化能力的程序。全息甲板上的程序偶尔具有自我意识，这就像夏洛克·福尔摩斯的死对头詹姆斯·莫里亚蒂教授，这种情况只是突发的怪事，而不是人们的刻意创造。[①]

　　虽说机器人工人不多，但有一个显著的例外，即第一代紧急医疗全息程序的机器人，总计 675 个，它们被全部分配给了废物转运驳船和双锂矿开发。[②] 这是正典中唯一的一次大规模使用非专业化的自主意识机械劳力的例子。当然，前提是人们把由全息矩阵生成的光子集合视为机器。而且又一次出现这种情况是因为，人们确信紧急医疗全息程序 1 号是有缺陷的，这让按照自己的形象创造了该系统的齐默尔曼博士大丢面子。

　　在生产中弃用机器人或者全息生命某种程度上符合逻辑：在迷航经济学中，复制器承担了商品生产工作，但手工制品有巨额感知价值。农业中几乎完全没有自动化，因为主要的一点是：日常食品完全是复制生产的，而"真正的"食品是人们抱着极大的爱意和高度的传统关怀生产的，极为特殊。当星舰语音播报"开胃菜103 号：咖喱鸡加米饭，外加胡萝卜"时，灰心丧气的爱丁顿少校就会做出评论："看上去这确实是鸡，但我还是觉得，它吃起来是

① 《星际迷航：下一代》，2×03："基本演绎法，亲爱的'数据'"；《星际迷航：下一代》，6×12："瓶中船"。
② 《星际迷航："航海家"号》，6×24："生命线"；《星际迷航："航海家"号》，7×20："一代文豪"。

复制出来的蛋白质分子。"① 万金油型机器人劳力只能在无处不在
而又方便至极的复制器与无数工匠大师的产品夹缝中艰难求存。

对《星际迷航》正典中机器人劳力明显不多的另一种可能的
解释是公民权。在电视连续剧中有极为特殊的两集，撰写与播出时
间相差十年之久，它们分别是《下一代》中的"人的测度"和《"航
海家"号》中的"一代文豪"。这两集探讨的都是有自觉意识的人
工智能生命在人类法律中的权利问题。换言之，普遍存在人工智能
的年代里，是什么构成了知觉与人性？如果存在着有知觉的机器，
当它们似乎被赋予了自由意志和愿望，怎么可能继续强令它们工
作，把它们当作纯粹的仆人或者奴隶呢？

这两集的内容都扩展了阿西莫夫在《变人》(*Bicentennial
Man*)中的观点。这部小说的主要人物是机器人安德鲁·马丁
(Andrew Mattin)，他用程序设定了自己的正子脑将在存在 200 年
时死亡，因此被承认为人类一员。由于这部小说在心理发展上的非
凡深度，它成了阿西莫夫最令人震惊的作品之一（阿西莫夫因苍白
呆板的人物塑造而被广为诟病）。

"人的测度"是《下一代》整个 7 季的高潮之一。② 本质上
这是一出法理剧。"进取"号有一次在一个星际基地内短期停
留，星舰迎来了到访的星联高级军官布鲁斯·马多克斯（Bruce

---

① 《星际迷航："深空"九号》，5×21："荣誉之火"。

② 《星际迷航：下一代》，2×09："人的测度"。

Maddox）。作为著名的星际舰队机器人专家，马多克斯大老远跑来，命令"数据"前往他的实验室报到，以便他研究这位生化机器人的程序与正子脑。他的目的是逆推工程师宋博士的创造物，为星际舰队提供大量生化机器人。

马多克斯分解"数据"的计划或许会让这个生化机器人的生命处于危险之中。除此之外，就像马多克斯争辩的那样，"数据"既不是一种生命形式，也不是一个实验对象，只不过是星际舰队的财产。因此，作为星际舰队的上级军官，马多克斯可以命令"数据"接受相当于人体解剖的机器人处置，这算不上损害他的基本权益，也没有违反任何已有法律。"数据"坚决反对，人们召集了一次庭审。由于星空基地内人员不足，主持法律程序的是星际基地司令官菲力帕·卢夫瓦（Philippa Louvois）上校，他传召威尔·赖克（Will Riker）作为检察官，起诉马多克斯企图对其"进取"号袍泽不利。皮卡德舰长作为"数据"的律师出庭。

赖克令人信服地对法庭展示了"数据"的人造本质：他让"数据"弄弯了一根钢筋，并让他拆下了自己的一只机械胳膊。然后他趁机扳动隐藏在"数据"胸腔下面的一个开关，生化机器人就这么被关闭了。"匹诺曹完蛋了，他的绳子被切断了！"[1] 赖克声称。他垂头丧气，丝毫没有胜利的得意扬扬。诉讼至此休庭。

情绪低落的皮卡德与解难一起讨论他的辩词。聪明的酒吧主

---

[1] 《星际迷航：下一代》，2×09："人的测度"。

人沉重地说："想想历史上的各个社会吧，从不缺用完即可丢弃的造物。他们干脏活，他们干没有其他人愿意干的活，因为这些活太困难、太危险。再想象一下，现在要打造一支'数据'生化人军队，竟然全都是用完即弃？你用不着考虑他们的利益，你用不着考虑他们的感受。世世代代都是用完即弃的人。"①

皮卡德向法庭证明了"数据"符合马多克斯有关"有知觉"的标准，随后他激动地论证，根据星联的理念，一个有知觉的生命不能被当作财产处理。帕特里克·斯图尔特这位出色的演员发表了一次极具挑战性的法庭独白，句句都讲到了点子上："迟早有一天，这个人（指马多克斯），或者别的什么和他一样的人，将会成功地复制星联军官'数据'。你们今天在这里做出的决定，将决定我们如何看待我们用天赋创造的产物。这将揭示我们是什么样的人，以及他命定的结局是什么。这个决定的影响将远远超越这座法庭与这个生化机器人。它将重新定义个人自由的边界：扩大某些人的自由，奴役另一些。你们做好准备，要裁定星联军官'数据'和所有将与他有同样命运的人有罪并奴役他们吗？尊敬的法官大人，星际舰队的成立是为了寻找新的生命——而恰恰就有一个新生命坐在这里，静候着他的命运！"②

法庭裁决"数据"胜诉。知觉就是知觉，无论是生物知觉或

---

① 《星际迷航：下一代》，2×09："人的测度"。

② 《星际迷航：下一代》，2×09："人的测度"。

数字知觉。不能将"数据"视为财产。他是一个有自主性、有自我意识、有知觉的生命。从各个角度来说他都是一个独立主体。所以，他拥有与其他星联公民同样的权利与保护，不容侵犯。

这一法庭裁决巩固了这一理念，即不能把有自我意识的生化机器人当作"资本的后备军"。这是马克思的名言，谴责工业资本家使用廉价劳动力的方式。这也提前消除了星联进化为类似艾萨克·阿西莫夫的"太空族世界"（Spacers' worlds）的可能性，那里机器人与人类的比率可以高达一万比一。当人们生产了更多的"数据"机器人，他们都将成为星联公民。他们将自由地选择自己的人生道路，他们不会为某个个人服务，而将同其他每个人一样，为整个社会服务。

他们无限的寿命与超绝的认知能力将如何影响整个社会的声誉竞赛，这一点人们还需拭目以待。星联各机构已经确立了许多有关种族间差异与劳动分工的规章制度。例如，瓦肯星人对逻辑推理的喜好众所周知，他们或许会成为杰出的科学家，但当然不会站上巅峰。总的来说，星联能够成为"数据"这样的生化机器人的安身立命之所。像"数据"一样，他们将成为大科学家、星际舰队军官、舞台艺术家、工程师和工匠。他们将会受到鼓励，经历人类走向成熟的道路，他们的成就与贡献将会受到热忱地欢迎。

自由的光子

在全息生命方面，情况更复杂。"航海家"号的"医生"（紧急医疗全息程序）向星际迷航经济体系发起了完全不同的挑战。即使星际舰队上最高等级的机器人专家也很难复制"数据"的零件与程序。但与"数据"不同，"医生"的模式与复制器完全相同，可以无限制地自我复制，因为他只不过是一份软件而已。如前所述，这一特点使得部署紧急医疗全息程序变得非常容易，令其承担范围广泛的使命，无论它们是否与医疗有关。此外，更新软件比从头建造正子脑和肢体要简单得多。一个人完全有能力分解和改编基础软件，使它适用于新的情况，从而创造新的全息生命。我们发现，最初的发明者易怒的齐默尔曼博士的实验室中有众多全息动物，甚至包括一位年轻的人类女性助手。[①] 更不必说，在《"航海家"号》的整个 7 季中，这位全息医生一有空余时间就不停地增补他的程序。他甚至选择不改动他的创造者书写的原始行为子程序。这位医生的临床举止相当粗野，造成了数不尽的喜剧效果。

尽管这位医生表现出了人的一切特征，包括过分膨胀且略带妄想的自尊，但人们并不认为他是星联法律定义的一个独立个体。他称之为"兄弟"的其他"光子人"，也不是独立个体。[②]

---

① 《星际迷航："航海家"号》，6×24："生命线"。
② 《星际迷航："航海家"号》，7×20："一代文豪"。

　　这部剧以闹剧开场。医生成了一位发表过作品的作家，他因此感到心满意足。谁会不满意呢？他的第一部小说是《自由的光子》（*Photons Be Free*），让读者／玩家体验扮演这位全息医生，跟随"航海家"号在 δ 象限[①]探险。一家信誉良好的出版社——布鲁特和佛勒斯特出版社，同意在整个星联发行医生的这部作品。

　　正如书名揭示的那样，《自由的光子》不是一部特别隐晦的作品。该书的主人公实际上是一个真实存在的全息程序人类化身，并且仅仅由于她是全息程序，所以必须在粗野、暴力、心地偏狭的虚构舰员手中忍受可怕的折磨。尽管整体上说，书中对"航海家"号使用的讽刺手法令人发笑，也是对整部电视剧的一个戏仿，但作者的意图是十分严肃的。这位医生想让光子生命的惨状为人所知，因此把他个人争取权利的行为转变为一次运动。效果出人意料地好。医生甚至不得不为他的舰员同僚和朋友们考虑，不情不愿地同意缓和作品的攻击性。与此同时，在他不知情的情况下，布鲁特和佛勒斯特出版社已经开始发行他写得过火的原版，结果赢得了一片喝彩。

　　医生想立即召回成书，但出版社拒绝了，理由颇具讽刺意味，即作者并不是人，因此对他自己的创作不享有权利。人们召集了一次听证会解决争端。

　　"航海家"号的高级舰员给出了真诚的证词，证明这位医

---

① δ 象限是银河系象限系统中的第四象限，关于该象限的大部分信息均来自《星际迷航：航海家号》。绝大部分的博格集合体都居住在第四象限，而他们在第二象限中也有少量空域。

生的人性。至于他的主观能动性和人格，珍妮薇舰长（Captain Janeway）述说了自己的亲身经历：医生曾有一次不肯服从她的命令，原因是不背弃他立下的希波克拉底誓言。但所有这一切仍旧不足以动摇仲裁者。最终这位医生得到了作为作者的部分权益，而不是像一个人类一样获得全部权利。

在这一集的最后一个场景中，有几个医生全息程序的副本在一处地下的双锂处理厂心不在焉地工作。其中一个副本正在向同事提议，在下次程序维护保养期间借阅这部名为《自由的光子》的全息小说。也就是说，在一个孤独的矿产小行星上，全息程序的解放运动开始了。

人们需要认真对待刘易斯·齐默尔曼的惊人妙语，即人们需要担心全息程序有一天会占领星系。[1] 他的全息"医生"确实是人类，而且是个异乎寻常的人。通过他自己的努力，他远远超越了初始程序的设定。他甚至成了一个大受欢迎的小说家！假以时日，他和他的兄弟们必定会崛起，摆脱受剥削的地位，争取完整的公民权。

齐默尔曼没有把这一点视为威胁。他相信，全息生命不会突然让好人丧失工作。他们将融入星联经济，与正常的人口增长、把其他行星纳入星联没什么两样。一旦融合，"光子生命"将像"有机生命"一样投入与热爱创造性行为。他们将加入争取荣誉的狂热

----

[1]　《星际迷航："深空"九号》，5×16："我觉得是巴希尔医生"。

竞争，他们对科学与艺术的贡献将为星联的整体福利增加光彩。

禅与煎牛肉饼

为更好地了解在星际迷航经济体系中工作的情感方面，我们暂时把全息程序、生化机器人和复制器放到一边，集中关注低科技类人生命的血肉之躯。让我们把目光转向星联中一个远离自动化、依赖人类手工技巧而名声大噪的典型小企业，那是西斯科舰长的父亲在新奥尔良法国城的著名餐厅，名为西斯科克里奥尔厨房。①

每一家企业的老板都深知控制劳动成本对其公司生存的重要性。好消息是，在星际迷航经济体系中不存在劳动成本。但毕竟还是有其他方面的权衡：企业老板也不会获得任何现金流或者利润，因为金钱也不存在。

西斯科克里奥尔厨房的成功是以其名声和受欢迎程度来衡量的，这与它一贯保持食品质量与服务的最高标准紧密相关。不计任何代价，它也必须维持五星评级。不过无论用何种方法，用金钱或其他，要让负面评论消失都不容易。

与今天的情况相同，西斯科克里奥尔厨房的生意不但依赖于店主的管理能力，同样也依赖于员工的投入。员工并非因为生活所迫才工作，他们选择正在从事的工作是出于热情与自然而然的喜

---

① 第一次出现于《星际迷航："深空"九号》，4×11："国内战线"。

爱。公司名声大噪（或者臭名远扬），他们也荣辱与共，因此他们有极大的动机为顾客提供杰出的产品。对于西斯科克里奥尔厨房的行政总厨南森（Nathan）而言，烹饪不仅仅是一项工作。无论这一工作何等平凡卑微，都是一个能让他发光发热的机会，能让他建立自己的公信力，让他扬名立万。

在这层意义上，星联内的工作组织仍然是古老的前工业化式的。对于南森，在西斯科餐厅中当大厨的意义必定不只是为了挣房租而烙牛肉饼。这更像跟着某个行业中的师傅当学徒。它需要更大的热情与投入。学徒能够获得的潜在奖赏与投入成正比。

南森似乎一生都在西斯科餐厅，像个日本寿司大师那样磨砺自己的手艺。但其他人可能会更不拘一格地选择自己的职业。这两种方式都没问题，仅有的限制是人们自己的想象力与可供选择的职业。各种工作或职位并非随时开放。西斯科餐厅的厨房只能容纳一部分感兴趣的求职者。在某种程度上，无论工作期限长短，令人感兴趣的工作和职业都属于同一种类，即都是需要经验累积或创造独一无二的事物，如同皮卡德城堡葡萄酒。争取它们的竞争非常激烈。你拿到了厨房流水线厨师的职位，其他人便失去了机会。

干不成工作的人

在星联中，工作存在的意义是让人愉快。这让人想起了 19 世纪的许多乌托邦作品，在这些想象的世界中，劳作、休闲和艺术融合为同一种行为。作为一种文学理念，将工作分解成为休闲和爱好的想法是对工业生产合理化的回应。《星际迷航》直接从这一传统中汲取养分并做了更新，呈现给 20 世纪后期的后现代观众。通过创造激情和带给生活更大的意义，在星联中工作实现了人类对归属感与被认可的需要。工作是一种爱与被爱的方式，表达了一个人独特的情感。

有些人永远也无法做到这一点。不断追求他人的承认和社会货币有其黑暗的一面。人们必须持续工作，无法喘息。这很容易让人陷入僵局，在拥挤的梯子上，攀登似乎永无止境。社会要求你尽最大的努力，并同时以你的进展与成就对你进行评价。对表现感到焦虑是普遍的精神疾病。雷金纳德·巴克莱（Reginald Barclay）中尉反复发作的全息甲板沉溺症有力地证明了，要适应荣誉经济就要面临它固有的挑战。尤其是如果你生性比较羞涩笨拙，不像星际舰队发号施令的军官那样勇于承担责任，情况就更加如此。[1]

"深空"九号和"挑战者"号的总医官朱利安·巴希尔（Julian Bashir）的父亲所代表的就是无法适应这一经济体系的惨痛案例。[2] 刘易斯·齐默尔曼博士想要对朱利安进行心理特征描述，因此将理查德·巴希尔（Richard Bashir）和他的妻子阿姆莎（Amsha）请

---

[1] 《星际迷航：下一代》，3×21："空洞的追求"；《星际迷航："航海家"号》，6×10："寻路者"。

[2] 《星际迷航："深空"九号》，5×16："我觉得是巴希尔博士"。

到"深空"九号。为了创造更加真实鲜活的全息模型，他需要他们的看法。理查德、阿姆莎和朱利安对齐默尔曼的好奇深感忧虑。他们共同保守着一个无人知晓的秘密，它可能会影响这位好医官的无瑕记录，甚至让他偏离在星际舰队医疗系统的职业轨迹。以自吹自擂的方式，理查德·巴希尔对西斯科舰长与戴克斯中尉不大有礼貌地做了自我介绍："哦，我干过好多事呢。我现在搞的是景观建筑，主要设计公园与公共场所。我特别喜欢做那些可以在我去世后还让成千上万人受益的工作。"

后来，当他们私下独处的时候，朱利安当面询问他的父亲："这么说，你现在正在搞景观建筑……"

理查德回答："有些非常重要的人物对我的公园设计有兴趣。不久的将来我就会接手几个非常有前景的项目。"

朱利安犀利地反驳："你总是有'几个有前景的项目'，但它们永远在不久的将来。"

事实上，理查德做过好多工作，包括在星舰上担任三等舱乘务员，但他从来也干不长。他时时刻刻感觉坐立不安，对生活无所适从，这肯定与他年幼的儿子表现出的严重学习障碍有关。撰写这一集的罗恩·莫尔（Ron Moore）描述了理查德的苦恼，描写的就是一切无法适应星联的声誉经济的人："星联是一个适宜居住的好地方……但这并不意味着你不会成为失败者，不会把事情搞砸。在 24 世纪，似乎人人都有工作，人人都受到照顾，人人都有饭吃。

但也有一些人，他们做不好工作，而朱利安·巴希尔的父亲就是这样，是那种总以成功人士的姿态出现，但总也无法成功的人。"①在一个任人唯贤的社会中，并非人人皆可拔得头筹。对于那些无法在工作中成功的人来说，让人通过工作成就一种有意义的生活，这种势在必行的要求变成了无法忍受的忧虑之源。

有些人受不住诱惑，将欺骗当作捷径。但在星联这样任人唯才的地方，欺骗属于最高罪恶。理查德痛苦地意识到，身处这样一个追求成就与他人认可的社会中，自己步履维艰。他不想让自己的儿子经历同样的痛苦，不想让他在寻找贡献自己微薄之才的道路上屡屡碰壁。于是，他们夫妇俩四处寻找治疗朱利安缺陷的方法，以便让他有机会参与最高水平的竞争。他们违反了星联的基本法，带着小朱利安去了不结盟的迪吉昂主星（Adigeon Prime），为他做了基因改善手术。正如朱利安对他的朋友奥布莱恩（O'Brien）士官长披露的那样："专业术语是'关键精神通路加速形成术'……最后，除了名字之外，我的一切都在某种程度上变了。"朱利安后来取得了事业的成功。谁也不知道基因改善的事，因为在星联，"成功不会有污点。"②

---

① 　Terry J. Erdmann, *The Star Trek: Deep Space 9 Companion*, with Paula M. Block (New York: Pocket Books/Star Trek, 2000), p. 431.
② 　《星际迷航："深空"九号》，5×16："我觉得是巴希尔博士"。

▲

星联有两大绝对禁忌。最高指导原则是禁止干预其他文明，这一点可以说显而易见。另一个绝对禁忌则是用以满足自我需要的基因改善。这一点是为了保持星联社会的平衡，也保证了星联对机会平等的承诺。通过基因改进强化朱利安的能力，理查德·巴希尔蓄意破坏了星联的精英道德观念，而正是这种观念让优胜劣汰的星际迷航经济体系得以维系。无论动机何等真切诚挚，任何寻求不公正优势的做法都会诱惑其他人谋取同样的不公正优势。沃尔夫曾冷冷地评论巴希尔医生以及与他类似之人的情况："如果允许像他们这类人参与自由竞争，所有的父母都会感到压力而让他们的孩子做基因改进，因为只有这样才能让他们在竞争中名列前茅。"[①] 家长们很快就会进行军备竞赛，人人都会服用禁药，而取得名声的过程便永远受到了污染。星际迷航经济体系将无以为继。

正如我们看到的那样，在星际迷航经济体系中，经济资本和名声资本是非常不同的东西。尽管某人可以继承父母的姓氏以及他们的某些名声，但经济资本绝不能带来特权，在星际迷航经济体系中无法获得经济资本，因此这种资本无法继承，也就无法传给下一代。没有投胎彩票。只要做出了足够的努力、投入，再加上一点运气，人人都可以当舰长。你的声望看涨，那是你的功绩使然。

---

① 《星际迷航："深空"九号》，6×09："必然的偶然"。

人人都有公平的机会。这个体系里没有暗箱操作。

　　尽管一个经济体系内的工作可以完全与物质需要以及生存需要脱节，但其中也必有误区与阴暗角落。乌托邦只有在人人都按照同种规则竞争的情况下才能存在。甚至在那种情况下，它或许也无法完美地符合每个人的需要。有时候，土生土长的星联公民也会选择永远离去。有些或许会选择在不结盟星球中居住，而其他人最后会去猎户黑手党（Orion Syndicate）工作，那是个罪恶组织，就连佛瑞吉人也对其心怀恐惧。[①]

　　在所有不适应者中，最古怪最吓人的是那些在 31 区[②] 工作的人。星际舰队否认这一秘密警察组织的存在，但这个组织的任务是以任何必要手段保护星联。《"深空"九号》的制作人艾拉·贝尔（Ira Behr）是 31 区的创造者，这是他在《星际迷航》加入的许多扭曲而又迷人的元素之一。在他的描述中，这个组织的成员是一批"干那种谁都不愿意想象的肮脏勾当的家伙"。[③] 在执行使命的过程中，31 区的活动似乎可以不顾任何伦理限制。路德·斯隆（Luther Sloan）曾在《星际迷航："深空"九号》的几集中露面，按照星联的标准，他是经过确证的反社会者。他没有寻求科学研究的成功，

---

①　《星际迷航："深空"九号》，5×09："登山记"；《星际迷航："深空"九号》，6×15："盗亦有道"。

②　在《星际迷航》的虚构宇宙中，31 区（Section 31）是一个不被官方认可的情报与防卫组织，类似于秘密警察组织。

③　Erdmann, *The Star Trek: Deep Space 9 Companion*, p. 551.

也没有专注艺术工作，而是在欺骗、伪造与隐秘的暴力行为中找
到了乐趣。他以星联的最高利益为由，为他的非道德行为寻找借
口。[1] 斯隆和他的同事所代表的是遥远过去的残迹，也就是我们所
处的不那么温馨的现实——为达目的不择手段。31 区的存在对星
联的社会经济稳定和其作为政治体的持久性提出了另一种可能但
却令人不安的解释，从而对《星际迷航》的乌托邦浪漫主义提出了
拷问。这就好像是在说，人间乐园的大厦每时每刻都有倾覆的危
险，必须由一伙训练有素的间谍与职业杀手通过阴谋加以维持。

类人力资本

所有这些人物，从"数据"和巴希尔医生，到全息生命和 31
区，都是些极端的例子。他们存在于人们认可的星联正常框架的边
缘。他们帮助我们欣赏那些他们所代表的极限之内的现象，让我们
知道星联不止有诸如皮卡德家族的波尔多家业、丽莎星的乐事或
是西斯科的克里奥尔厨房这些令人舒适愉快的地方。我们不得不提
出这样一个问题：在星联中，那些为了帮助人们实现其追求而组
织的正常生产活动，是如何造就了整体进步与经济发展的呢？

在星际迷航经济中，尽管没有盈利目的，其科技进步的速度
与生产力的增长仍然可能大大高于任何其他形态的社会。与经典

---

[1]　《星际迷航："深空"九号》，6×18："判官"。

的经济条件相比，星际迷航经济中有更大比例的人将自己的时间与天才贡献给科学研究。在 1% 的人和其余努力成为 1% 的人中间，星联可以培养与动员的人类（以及类人种族）资本多得令人瞠目。这是低技能劳力替代的直接结果。绝对丰裕和名声激励将极大地促进类人种族的人力资本（humanoid capital）分配。创造性思维与科学才智不再因为出生地落后、条件艰苦等坏运气或者必需的生存斗争而遭到浪费。在这种意义上，消除贫困对生产效率与发明创造具有强大的增进作用。

而且，创造过程本身没有盈利目的，这从本质上扩大了研究项目的范围与成果。尽管利益驱动的产品开发无疑对我们的世界做出了巨大的贡献，但它却具有始料未及的后果，即未能探索整条研究大道，也就未能发掘全部成果。以转基因农作物为例，正在使用中的大多数转基因农作物品种的设计，都只是为了对抗一种特定的虫害。如果这些科研者所探索的方向能不局限于狭窄、针对性强的盈利目标，那么谁又能预测转基因生物技术会实现多少成就呢？同样的问题也存在于罕见疾病研究或者新品种抗生素的研发中：制药公司往往将努力局限于不那么重要又几乎不大有效的精神药物和勃起功能障碍药物上，因为这能为它们获得利润。谁也无法指责农化公司或者制药公司采取商业竞争行为，也无法指责它们没有成为人道主义组织。在未臻完美的奖励体系下，它们的行为完全是理性的。

名声激励和开源创新的益处怎么强调都不为过。20 世纪有许多这方面的例子。由农学家诺曼·布劳格（Norman Borlaug）在墨西哥和南亚的研究引发的绿色革命，斯坦福大学的家酿计算机俱乐部（Homebrew Computer Club），围绕尼尔斯·玻尔和阿尔伯特·爱因斯坦的全球粒子物理学家社团，这些只不过是其中最著名的例子。在这方面，人们很难指望利润驱动的尝试能有效复制这些创造性模式。参与这些努力的人员的素质是无可置疑的。然而，完全出于私利的开发与积累专利往往会以意想不到的方式限制人的天赋，而把庞大的资源集中于大量并不值得获取它们的知识产权诉讼专家们身上。人文精神赞颂天才的辛勤创造与伟大贡献，而不是铭记律师的争权夺利与巧舌如簧。

▲

星际迷航经济体系对独创性与名声的重视植根于人们心中，成为巨大的驱动力。这不可避免地造成了发明创造遍地开花，呈现出无政府主义的图景，为社会瓦解提供了沃土。在一个人类与类人种族的工作大规模转向研究、发明与艺术，科技进步非常不可思议的社会里，创造性毁灭的幽灵便成了人们无时不在的忧虑。人们不得不假定，星联必须大量出台政策，用以转移与调度这种创造性混沌。然而，骑虎难下，科技进步是难以阻止的。

在星际迷航经济体系中，数以百亿计的初级科学家与业余科学家一直在对棘手的难题展开攻势。他们或者在自己的车库中，或者在更正式的场所里辛勤劳动。因为研究的途径与目标不受需求控制，因此在范围与深度方面，研究产品完全不像在我们的世界中这样有所限制。当星际舰队或者瓦肯星科学院需要解决一项令人烦恼的工程难题时，他们可以轻而易举地在星联内激发大批善于探索的头脑，也可以求诸规模庞大的既有开源技术库。庞大的规模、无限制开放的参考资料，以及无拘无束的创造性，这些是星联在星系中超越其他所有文明——包括博格和自治同盟——的决定性优势。总而言之，人是星联的真正财富，是它无可比拟的力量的来源。

在《星际迷航》中，自动化为无偿工作提供了物质基础，使之成为可能。但神奇的机器并非万能。共同价值观，即社会规范的力量，是让星际迷航经济体系具有活力的关键。如果赚钱、拥有名车豪宅是我们社会广泛认可的取得地位的方式，你就会尽全力达到这些期望。别忘了，人类是社会动物。未能与社会标准保持一致的后果我们尚不能确定。你很有可能会被作为异类赶出社会，这将大大减少你传宗接代、延续基因的可能性。类似地，如果一个社会压倒一切的准则是通过无偿工作与分享才华来积累名声，大多数人便很有可能会践行这种准则。

第 3 章

复制器

The Replicator

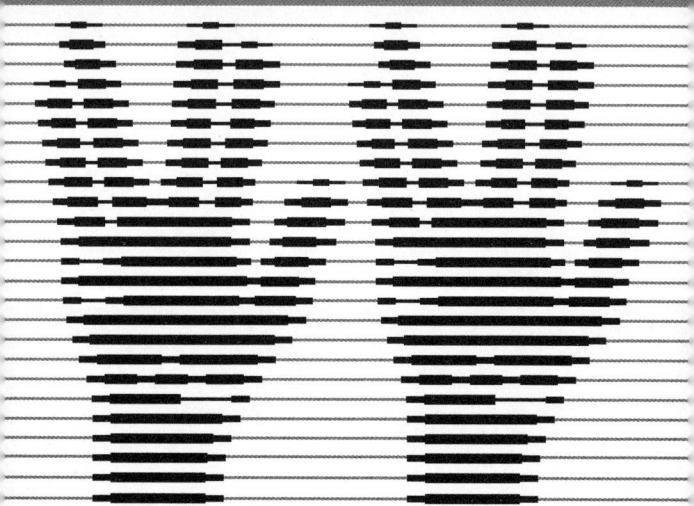

"茶，伯爵茶，热茶。"①

在《"航海家"号》开篇中，来自 δ 象限的一个奇异外星种族通过阴谋诡计，从一艘受困的联邦星舰中得到了复制技术。② 但这些外星人无法正确使用这台机器。他们的舰员遭到了辐射泄露的污染。"航海家"号的托雷斯中尉（Lieutenant Torres）发现了这次劫掠的本质，于是珍妮薇舰长对外星人的动机评论道："我们或许视复制器为理所当然，但想想吧，对于没有这一技术的文明，这样的机器意味着什么？"

确实如此。想象一下吧，因为从好多方面来说，我们自己就是那个没有复制器的外星文明。一种能够复制一切日用品的自动化机器为何会有这么大的威胁？这台看上去无害的机器和它引出的这些问题，就是《星际迷航》令人困惑的经济体系的核心。

---

① 《星际迷航：下一代》，2×11："传染病"。
② 《星际迷航："航海家"号》，1×11："内忧外患"。

复制器或许是《星际迷航》的所有发明中最重要的一项，曲速引擎、传送器和三录仪（tricorder）都无法望其项背。这是星际迷航经济的科技基础，是星联繁荣的基石，正是这种仪器真正让星联与别的地方如此不同，让它如此迷人，充满了无数可能性。在取消金钱和废止人类劳工之后，我们现在转而讨论复制器。

电器让生活更美好

让–卢克·皮卡德舰长是复制器最著名的招牌式使用者。尽管他是一个受人尊敬的法国葡萄酒酿造商家族的后裔，但在迷航迷的想象中，皮卡德舰长永远都与那种更富绅士派头、更英式，以及散发着柠檬香气的风格联系在一起：下午茶。他的一串指示"茶，伯爵茶，热茶"，相当于柯克的口头禅："把我传送上去，史考提。"我认为，这种英式作风是为了在这个人物身上笼罩一层贵族的文雅光环。这就是美国观众对英国传统的刻板印象，因此它与演员帕特里克·斯图尔特的莎士比亚戏剧根底格外相契。事实上，演员帕特里克的现实身份与荧幕形象风格相去甚远：在实际生活中，帕特里克爵士辛勤工作，还直言不讳地支持英国工党。具有浓厚阶级意识的英国观众能看穿帕特里克不过是在演戏，然而美国观众则被迷惑了——无可挑剔的牛津口音加上伯爵茶，代表着文雅和教养。

尽管这让皮卡德舰长的角色形象更加丰满，但后面的剧集揭示了舰长喜欢这种饮品的原因。这种饮品是在《下一代》第 2 季过半时被提到的，[①] 而且和大部分第一次提到时的情况一样语焉不详。"进取"号发现自己受到了计算机病毒的攻击，这让综合系统接连出现功能失常，包括放在舰长待命室的复制器。它执行自然语言指令的能力有所降低。这台机器未能完成舰长对它的要求，给他呈上了一盆盆栽植物。好在那些花盆它还是弄对了的。

这是复制器在整个《星际迷航》中第一次出场，但这一集并没有以它为标题。这台机器在《下一代》中的出场早得多。根据舰长日志，当时是星历 41235.25 年，相当于人类旧公历 2364 年，在 1987 年 10 月 12 日播出的第 1 季第 3 集中。[②]

平心而论，我们应该注意到，《原初系列》曾描绘过一台类似的装置，即食物合成器。这台装置能生产看上去好像还算不错的快餐，即使放在罗纳德·里根主持的《通用电器剧场》(The GE Theater) 的"未来之屋"中也不会显得不搭配（《通用电器剧场》当时是美国著名电视节目，是吉佩尔[③]的最佳作品）。但食物合成器并未得到广泛应用，在导演尼古拉斯·迈耶 (Nicholas Meger) 摄制的《星际迷航 6：未来之城》中的"进取"号上仍有舰上厨

---

① 《星际迷航：下一代》，2×11："传染病"。

② 《星际迷航：下一代》，1×04："荣誉守则"；试播集，"远点遭遇战"上下集（《星际迷航：下一代》，1×01 和 1×02）。

③ 吉佩尔（Gipper），美国前总统里根的昵称。

房的场景。舰员们在厨房里烹制嘎尔，给他们的克林贡客人食用，这里面活着的虫子肯定不是复制出来的。问问演员就知道。我们甚至看到了一间太空厨房，就在那里，史波克的瓦肯人门徒华勒利中尉（Lieutenant Valeris）在吱吱响的慢炖锅里蒸发水分，用以向契可夫（Chekov）证明，在"进取"号上的任何地方使用相位器，都会引发警报。

《未来之城》于 1991 年走上银幕，正值《下一代》到达人气顶点。这证明了复制器不仅是《下一代》中的一个天才发明，它也被纳入了正典，真真切切成了《星际迷航》时间线上的一部分。这一点后来得到前传剧集《星际迷航："进取"号》的印证。前传《进取》号》讲述的是 22 世纪的故事，当时的"进取"号与今天的潜水艇十分类似，食物在让好斗的探索者们保持情绪高涨方面起着极为重要的作用。在皮卡德舰长的"进取"号闪亮登场之前，复制器在《星际迷航》宇宙中并不存在。无论你是否相信，但在 23 世纪和 24 世纪，世界变得更好了。

复制器在"荣誉守则"[1]中的第一次出场，没有大排场，只有随意快速的闪现，完全只是背景。克拉舍医生随口抱怨，说她无法复制"利根"二号行星上的活体疫苗。如果不留神，你或许不会注意到它；如果你没有按照电视剧的顺序观看或者重新观看，你就更不可能会注意到它了。

---

[1] 《星际迷航：下一代》，1×04："荣誉守则"。

从叙事的角度看，复制器显然是多余的。可以把它算作背景色、日常科技或是在角落里为舰长提供茶饮的无聊家具。它们很少推动故事发展，即使有也不多。想想吧：舰长喝的伯爵红茶可以来自热水瓶，也可能来自哪位下级少尉之手，这都不会造成不同，他和他的舰员仍然会一次又一次反败为胜，拯救星系。

提及复制器科技的革命化前景的剧集，我只想到了"生活质量"这一集。[①] 星联军官"数据"发现，装备着微型复制器的维修机器人具有知觉，能够合成所需的工具。但这一集是对《星际迷航》宇宙中有自我意识的机器的地位的又一次反转，而非一次对复制技术的全面审视。

甚至电视剧的编剧们似乎也毫不关心复制器令人敬畏的能力。正如《"进取"号》的编剧与联合出品人克里斯·布莱克（Chris Black）重提的那样，在编剧室，这样的科技只不过让人"耸耸肩，觉得'嘿，那是未来的事'"[②]。不过他们还是把复制器写进了剧本，是吧？他们本可以让剧中人物匀出一部分成本用于生产物品，或者是在"进取"号－D 上增设一个厨房，这些手段都可以用来替代复制器的存在。但如果他们真的这样做了，便会错失改变世界的机会，哪怕只是在虚构作品中。

---

① 《星际迷航：下一代》，6×09："生活质量"。
② 克里斯·布莱克，作者于 2015 年 5 月 4 日对他的访谈实录。

那么，复制器到底有何作用，又为何如此独特而具有启示性呢？我们可以从其名字中得到一切信息：复制器是一种能够复制物品的机器。几乎任何物品，你在要求它复制的那一刻，就会出现在你眼前，就在机器淡淡闪光的面板上无中生有地出现。加上闪烁的视觉效果，整个装置看上去、摸上去都像是一个单向传送器。

复制器能够制造的物品门类是受到某些限制和保护的。例如，星际舰队管理部门在复制器上加装了软件锁，以防它复制星舰舰载武器。而且，复制器没有能力制造生命组织或者生物，因为与无生命物体相比，生命形式无比复杂。因此，复制器只能生产营养饭食与可口饮料，但无法生产熊本牡蛎。

于是我们就有了一台奇妙的未来装置，它能为我们炒鸡蛋，然后让鸡蛋恢复原样。很好。这有什么大不了的？这太了不起了，因为有了复制器，星联中再也没有人必须工作，永远没有必要。为了生存而工作的强制性不复存在。而且，因为复制器到处都是，我们也不再需要市场。供需之间的不平衡丧失了意义。我们所知的整个社会体系都倾覆。旧有的世界一去不返，揭示这一点的就是那一杯伯爵茶。

云端大百货商店

　　《下一代》与其后各系列展示了复制器的各种用途。在 24 世纪的星联，复制器确实到处都是。人们可以在"深空"九号的散步长廊中看到，可以在夸克的酒吧、巴希尔医生跟间谍伊利姆·葛拉克（Elim Garak）定期共进午餐的公共餐厅里看到。作为人道主义援助，星联也对外提供工业复制器。①

　　"家庭"是《下一代》中隽永又不寻常的一集，② 其中皮卡德的嫂嫂谈到正在考虑为他们的传统法国葡萄酒庄园弄一台复制器，但一直犹豫不定。科技的确便利，但人们对手工劳动与祖辈传下来的方法有着依依难舍之情，两者的冲突一直未能完全解决。或者说其实已经解决了，但不是由絮絮叨叨的老人们解决的。这一集结束的时候，皮卡德年轻的侄儿勒内（René）梦到了夜空下的星际舰队，这也是我们许多人至今的梦境。就像我们中许多人一样，勒内会全心全意地喜爱复制器，以及和它们一起来临的一切。

　　在"'数据'的一天"这一集中，沃尔夫和乔迪·拉·弗吉（Geordi La Forge）去"进取"号的复制中心取他们给首席官迈尔斯·奥布莱恩（Miles O'Brien）和石川惠子（Keiko Lshikawa）的结婚礼物。③ 我们看到他们在复制器的触屏上浏览了一套又一套

① 《星际迷航："深空"九号》，4×22："正当理由"。
② 《星际迷航：下一代》，4×02："家庭"。
③ 《星际迷航：下一代》，4×11："'数据'的一天"。

葡萄酒杯和各种小饰物。不知你注意到了没有，在背景中，一对身为星际舰队成员的父母正在和他们年幼的孩子一起挑选着什么。而当沃尔夫和乔迪在比较那些有关婚礼仪式的乱七八糟的笔记时，那家人带着一只动物毛绒玩具走出了房间。这就是你在 24 世纪的购物方式。想想复制器带来的影响吧。它将即时满足提高到了一个崭新层次：再也不必跑到大型超市去，也没有盛气凌人的店员过来问你看得怎么样，没有全球供给链和物流，也没有库存。投入的劳动微乎其微，主要是设计与更新商品的软件模型，并把它们输入复制器的数据总库。一切手艺、天赋和艺术都集中在设计阶段。

这一点有力地揭示，所有这一切都是手工制造的，所有这一切都灌注着人工的干预。某个个人的独特感触必然对于星联公民来说有特殊的价值。复制器模式缓冲区内储存的可无限复制的设计也是这种情况，就像披头士乐队的《阿比路》①专辑那样，独一无二却可以同时在所有人的音乐播放器中播放。在星际迷航经济体系中，设计师或者艺术家的技艺具有实用性的同时也充满了情感，是他们的非凡情感或者观点的有形痕迹。当代有一些消费者已经在追求这些价值，星联消费者也是如此，这些正是人们在一项产品中寻找并做出回应的东西，无论产品是否通过复制而成。确定价值的决定因素并非其实用性或者是否珍稀，而是感情的共鸣、心灵的品位以及个人的好恶和爱。

①　《阿比路》（Abbey Road），披头士乐队于 1969 年发行的第 11 张、也是最后一张专辑。

在这种意义上，复制器与今天的大规模产品制造并无本质差别，只不过它的行为更像互联网处理信息的方式：它可以在广泛的程度上即时提供一切事物，任何食物、任何衣物、任何人们梦想得到的物品。而消费者只需花费极少，甚至不费一枚铜板。

无穷无尽的字节

复制器的工作方式有点夸张。但要记住的是，这是科幻作品，不是电气工程学教科书。让我们再次引用克里斯·布莱克的话："复制器的工作方式与传送器类似。它并不把能量转化为物质，因此实际上并不违反任何热力学定律。星舰上有个地方存放着各种物质，复制器重组了这些物质，让它变成了伯爵茶或者别的东西。而且任何废料都会通过系统回收再利用，每过一段时间，这些物质又会得到补充。真正的问题是数据处理和所需能量的数量。这两个问题在《星际迷航》中天然地被解决了，我们只要假定他们拥有科幻作品中不可思议的超级计算机，可以用超乎想象的速度与能力处理所需的数据。通过双锂与反物质，我们可以为曲速航行、物质转换等操作提供天方夜谭般的庞大能量。说实话，与我一起为这部电视连续剧工作的编剧们都不关心这些问题。"[1]

克里斯指出了传送器这一概念背后面临的现实问题：从一点

---

[1]　布莱克访谈。

向另一点传送物质时，传送器假设需要处理的数据量至少与物质同样庞大。尽管复制器不需要当场将物质逆向编译、分解，进行远程输送，但它仍然需要存储每一种物品的信息，并且细微到分子级别。此外，它还必须通过模式缓冲区（不必在意这具体是什么）将储存的各种物质混合调配，形成最终物品。而且，将原子重新排列为分子，然后将分子排列变为液体、复杂的有机化合物或晶体结构，这也需要存储无限的信息，无疑是另一项挑战。当今之世，整个基因组组成的庞大数据库已经司空见惯。科学家们经常在这些数据库中查询，并用这些数据进行统计分析。但当《下一代》初登荧屏时，这还是一个没有成形的理念，由此可见《星际迷航》的先见之明。但说到建立物质所需的数据，从基因组的数据量到伯爵红茶全部原子结构的数据量，还差千万亿个拍字节（petabyte）。

　　复制器的另一个绝妙功能是回收利用废品的能力。只要你喝完茶，把茶杯放到茶碟上，它就像进了传送器一样消失。构成茶杯的物质被分解，再次存储在机器的内部以备不时之需。其中的一些原子被人作为茶或者食物消费，因此并非所有物质都被复制器回收。这会让人怀疑，"进取"号上的废品提取装置会不会实际上是单向的回收复制器。有人曾浮皮潦草地做过一些与回收利用装置有关的讨论，特别是针对《"深空"九号》，因为罗恩在离开他的兄弟夸克的酒吧之后从事的第一份工程工作，就是在这个空间站的废品利用部门值夜班。① 我一直不是很清楚，那里是不是还是由旧式水管构成，或者已经升级改造。但至少它意味着，无论是否有先进的废物处理方式，复制器偶尔还需要添加原料。

在《星际迷航》的编年叙事中，复制器被解释为传送器的自然发展。迷航迷对传送器背后的故事知之甚深：吉恩·罗登伯里把它作为叙述捷径和省钱方式。有了传送器，《原初系列》中的舰员们在他们的五年任务期内就不需要浪费宝贵的荧屏时间，在"进取"号和各个行星之间穿梭往返。因此，摄制组便不需要制造另一套布景和另一个星舰模型，而能够腾出手来，为起飞、降落和大气层减速增加特技。柯克也可以立刻下到沙漠行星去与葛恩人大战。② 传送器只是个廉价的花招，来自精打细算。尽管只是权宜之计，但它也是神来之笔，是故事叙述与想象力的绝大胜利。不妨让物理学原理见鬼去吧。这是精彩的首创，特别是在黄金时间的电视节目中从没有过这种东西。与柯克先生一起，传送器很快就成了《星际迷航》的象征，或许也成了它赢得名声的最大看点。

冯·诺依曼与造物引擎

与传送器不同，复制器并非预算紧张的产物。正如人们后来

---

① 《星际迷航："深空"九号》，5×05："恶魔任务"。
② 《星际迷航：原初系列》，1×18："竞技场"。我知道，从技术上说，其实并不是"进取"号的传送器把柯克送到行星表面上去的。

所知，它的由来大半出于《星际迷航》宇宙之外。它的起源可能是科幻文学，也可能是实际生活。自从 20 世纪 50 年代初期控制论兴起，科学家与工程师便痴迷于所谓的圣诞老人机器，它能当场为人们创造任何东西。

　　如同许多著名的科幻点子（其中包括阿西莫夫的心理史学［Psychohistory］或者机器人三定律［Three Laws of Robotics］）一样，复制器的想法可以追溯到《惊奇科幻小说》（*Astounding Science Fiction*）这份杂志上。从 20 世纪 30 年代后期到 50 年代初期，这份通俗月刊在传奇编辑约翰·坎贝尔（John W. Campbell）的领导下，成了被后来人称为科幻作品黄金年代的毫无争议的核心。坎贝尔精心包装了许多早期科幻大师并推向市场，从艾萨克·阿西莫夫与罗伯特·海因莱因，到雷·布雷德伯里（Ray Bradbury）和拉斐特·罗恩·哈伯德（Lafayette Ron Hubbard）。《惊奇科幻小说》的惯有范式是将严谨而又活力十足的科学与社会思考包装为面向十几岁少年的娱乐读物。

　　我能找到的复制器的第一次现身是在《惊奇科幻小说》1945 年 3 月号中，乔治·史密斯（George O. Smith）写的一篇题为《特别递送》（*Special Delivery*）的短篇小说。这个故事是一套更长些的系列作品的一部分，故事发生在一个空间通信中继站，后来结集出版，题为《维纳斯等边形》（*Venus Equilateral*）。[①]　在上述独

————————

①　George O. Smith, *Venus Equilateral* (New York: Prime Press, 1947)；这本书的原始封面画让人不由自主地想到《"深空"九号》。

立故事中，这台机器的名字是"物质复制机"，可以用来复制任何东西。中继站的所有者向法庭控告其发明者，想获得该机器的控制权，他宣称这台机器是传送装置，应该受中继站管辖。发明者韦斯·费雷尔（Wes Farrell）复制了法官的古董表，从而证明它主要是一台物质复制机而不是传送装置，赢得了这场官司。这本书的续集为《潘多拉的亿万美元》（*Pandora's Millions*）发表于1945年6月，其中物质复制机在太阳系大行其道，结果造成了经济崩溃。市场内各种物品与贵重金属突然泛滥成灾。那些无力购置物质复制机的人穷困潦倒，而复制机的所有者们只能以物易物，因为金钱不再具有价值。维纳斯等边形空间站的科学家们挽救了世界，他们发明了一种无法复制的物体。毋庸置言，无论在场景设置（与《"深空"九号》一样，维纳斯等边形空间站的人们围绕着一个吧台）还是主题（自动化造成的经济冲击）上，这都不是未经开垦的处女地。

在实际生活中，复制器的理论基础应该归功于数学家约翰·冯·诺依曼，有人说他是20世纪最伟大的科学思想家。冯·诺依曼的成就太多，在此无法一一列举，我们只要说一点就足够了：他对曼哈顿计划的成功起到了举足轻重的作用，并业余发明了现代计算机科学与博弈理论。20世纪40年代后期，冯·诺依曼首先勾勒出了如下理论构想与相应的数学证明：在条件合适的情况下，从单细胞生物到复杂机器都能够自我复制。他将这种体系中的理论上最小的单元称为元胞自动机（cellular automaton）。时光荏苒，

40 年光阴转瞬即逝。在《下一代》走上荧屏的前一年，基于冯·诺依曼的重大成果，麻省理工学院的工程师 K. 埃里克·德雷克斯勒（K. Eric Drexler）普及了分子纳米技术的概念。他于 1986 年出版了《造物引擎》(*Engines of Creation*)[①] 一书，预言将来会有分子大小的程控机器，用来组装人们需要的任何物品。《星际迷航：下一代》播出时，"复制器"与"制造机器的机器"这一双生概念已经从不入流的烂俗假说进入了主流科学出版物的行列，赫然登上了《纽约时报》的畅销书名单。

增材制造

复制器代表着对传送技术的重大改进。尽管传送器有着巨大的作用与象征性地位，但它具经济前景远不如复制器。它擅长一项功能，并且表现良好，至少在虚构的领域内如此，远远超过了科学的当前可能性。这是一种神一般的机器，它证实了科幻大师亚瑟·C. 克拉克的原理，即任何足够先进的科技，都近似魔法。

复制器是完全不同的奇异事物。实际上，它远没有第一眼看

[①]　K. Eric Drexler, *Engines of Creation: The Coming Era of Nanotechnology* (New York: Doubleday, 1986)；如果读者希望详细了解德雷克斯勒此书的起源与影响，可参阅 W. Patrick McCray, *The Visioneers: How a Group of Elite Scientists Pursued Space Colonies, Nanotechnologies, and a Limitless Future* (Princeton: Princeton University Press, 2012)。

上去那样不切实际，而且从大轮廓上说，它建立在学术研究与工业创新之上。它是增材制造（additive manufacturing），也就是俗称的 3D 打印的终极与理想应用。增材制造就是利用事先以数据方式存储的示意图，一点一点自动制造。这些 3D 打印机是计算机数控这一旧技术的特殊版本。计算机数控机可以用计算机驱动的车床与铣床加工木质或金属固体原料块，雕刻物品。它们是在做"减法"，而 3D 打印机是压模成型、沉淀材料，以微米为单位来融合材料。尽管它是按照预先确定的形状从零开始逐步添加材料，而不是从固体块上磨掉材料，但 3D 打印机依赖同样的软件控制原理和多轴自动工艺。它们优于计算机数控机的关键进步是具有创造孔洞形体的能力，比如在一个单一工件上创造弯曲的管道和球体。如果使用通常的计算机数控机器制造类似的形体，则需要设计与加工多种不同的元件以便后续组装。因此，人们认为 3D 打印机更灵活、更有效率。

这显然不是《星际迷航》中的科技，但人们可以在两者的结果与过程中看到明显的类似之处。3D 打印机加热材料，把它们一层接一层地累积起来，创造预先设计的三维物品，而复制器则通过数据变出凝聚物质。从某个方面来说，奇异的物理学原理远不如由它发展而来的经济应用重要。通过让机械复制方式结合软件，增材制造致力于让人力不用再介入车间生产过程，而是转向设计类工作。这将引致更为优化的劳动分工：想象和设计等知识密集型工作归于人类的大脑，而高精度的无错加工型工作则归于机器。

消费品3D打印机的主要生产厂家马克波特工业公司（MarkerBot Industries）将其主要产品命名为复制器，这并非巧合。如果把这两种装置放到一起，你将注意到它们具有惊人的相似之处。

在《星际迷航》和实际生活中，软件和运算能力都是关键。它们在制造物品的机械部分与重复加工方面取代了人力，于是可以让人类或类人生命将精力与天赋用于创造性工作。计算机和软件将草图转变为可运算的数据，然后处理和使用这些数据，并让数据在人与人、站与站之间分享，最后将这些数据传输给计算机数控机或者3D打印机加工生产。设计数据被转变成连续指令发给机器人机床。消费品3D打印机使用各种颜色的塑料纤维，而工业用3D打印机可以用高能激光束熔断金属合金并令其成型。

与组装起来大量生产单一物品的自动化生产线不同的是，只要有正确的设计数据，3D打印机能够以人们要求的任何形状制造任何物品。它们也能移除废物和杂质。就其本质而言，一次只能制造一件的手工产品无法从规模效益中得益，而且它们有时会因为不规则或者小疵点而受损。但3D打印机使得单件独特产品的生产也能享有大规模生产才有的精度和质量。如此一来，鱼和熊掌可以兼得了。你可以获得量身打造的物品的价值和喜悦，同时享受自动化生产过程的可靠性与一致性。最后，这种模式可从网络效应中得益：你可以从可公开访问的数据库中挑选任何模型设计。设计可以在任何地点进行，实际物品的生产也同样如此。这就是分散生产。没有固定库存，只有不断扩大的云端模型数据库和分布全球的打印站，它们不是在公共场所，就是在个人家中或企业内部。

这还不完全是德雷克斯勒的分子纳米技术，也不是冯·诺依曼理论中可以自我复制的元胞自动机，至少现在还不是。但我们也有特别的例子：运行时间最长的开源 3D 打印机项目瑞普拉普（RepRap），它是一台能够制造自己所有组成零件的机器。与大部分开源项目一样，人们在这一过程中学到了知识，创造出产品，这些与之前预期要达到的技术目标同样宝贵。

▲

增材制造现已成为主流；它已经永远脱离了小打小闹的车库和清冷的科学实验室。严肃的出版物中，非常老派的《经济学人》（The Economist）杂志盛赞增材制造，称其为一次新的工业革命的先驱[①]。综合性大企业满怀热情地拥抱这种新科技。在最近的一次访谈中，波音公司发言人声称："我们在 10 个飞机生产项目的约 300 个不同编码的非金属零件上使用增材制造，总计有 20000 多件，

---

① "A Third Industrial Revolution," The Economist, April 21, 2012, accessed February 24, 2016, http://www.economist.com/node/21552901.

我们发运给顾客的飞机上都装有这样的零件。"① 对于真正的飞机来说，这可真是好大一批零件。与此类似，通用电气最近开始为它的 LEAP 喷气引擎打印燃料喷嘴。② 新喷嘴仅有一个单一零件，而不是像旧型号那样由 19 个部件组成，因此其耐力与持久性增加了 5 倍以上。它们用某种合金粉一层层打印出来，并用激光束融合在一起（这种工艺被称为直接金属激光熔化法），而且这不过是增材制造的一个起步而已。上述两家工业巨头都计划在今后几年内大规模扩大使用增材制造。信不信由你，之后将有更多企业加入进来。

与此相反，增材制造在消费品应用方面还很有限，主要原因在于原材料。当前我们的家用 3D 打印机只能使用 TPU（热塑性聚氨酯）纤维。这便将使用范围局限于制作些乱七八糟的小玩意儿和艺术摆件，可能偶尔还会不小心制造出什么吸引眼球的新奇东西。你能够打印食盐瓶、乐高积木、《星际迷航》人物和你自己的半身像。你甚至能够使用打印零件来组装功能完备的塑料枪。

① Frank Catalano, "Boeing files patent for 3D-printed aircraft parts — and yes, it's already using them," *Geekwire*, March 6, 2015, accessed February 24, 2016, http://www.geekwire.com/2015/boeing-files-patent-for-3d-printing-of-aircraftparts-and-yes-its-already-using-them/.

② 详见 Andrew Zaleski,"GE's bestselling jet engine makes 3-D printing a core component," *Fortune.com*, March 5, 2015, accessed February 24, 2016, http:// fortune.com/2015/03/05/ge-engine-3d-printing/，以及通用公司就此主题发布的文献：'Tomas Kellner, "Postcards from Tatooine: Modified GE Jet Engines Give Algeria's Desert Province Power Lift," GEReports.com, September 13, 2013, accessed February 24, 2016, http://www.gereports.com/ post/80701924024/fit-to-print.

　　尽管如此，由专家与业余爱好者组成的 3D 打印社区正满怀激动和憧憬之情。阀门一旦打开，奔涌的水流将不会回头。没有人真正知道它会发展到哪一步，但它必定会有某种发展。你可以在当地购物中心购买手持式 3D 扫描器，照下实际生活中的新鲜小东西，以备将来打印。我的孩子现在上小学二年级，他玩 3D 建模软件就像在玩电子游戏，还梦想用他自己的 3D 打印机制造玩具。这让我想起当年第一次接触到辛克莱 ZX81（Sinclair ZX81）型计算机时的兴奋之情，当时我父母对我困惑不解。

　　而且，3D 打印技术正方兴未艾。新的 3D 打印机项目每个月都会出现在 *Kickstarter* 众筹网上。有些公司正在用 3D 打印机打印饭后甜点、服装、鞋子、乐器、房子，甚至还有肌肉组织和器官。

　　在这里引用一条不久前的公告：2015 年 5 月 5 日，《商业内幕》（*Business Insider*）报道："《星际迷航》中的'复制器'已经出现在现实中，烹饪食物只需 30 秒。"① 这里提及的装置有一个很没想象力的名字，叫作精灵，它能混合存储的食物成分，给它们重新加热或者补充水分。

　　　　精灵的大小与外观像一台咖啡机，但它能用豆类制造各
　　　　种餐食，其中含有自然脱水成分。无论是咸是甜，是餐前开

---

① "Real-life Star Trek 'replicator' prepares meal in 30 seconds," *Business Insider*, May 5, 2015, accessed February 25, 2016, http://www.businessinsider. com/r-real-life-star-trek-replicator-prepares-meal-in-30-seconds-2015-5.

胃菜还是餐后甜点，这台机器可以在30秒钟内创造你想要的食物。

根据个人计算机革命的经验，我们有充分理由预期，3D金属打印设备将会在不远的将来得到普及。有关光源的科学研究——光子学，似乎正遵循着计算机经历过的道路，指数级地爆发。随着高能激光不可避免的微型化，你将能够舒舒服服地在自己家中制造与更换大部分日用金属物品。那些民间政治哲学家一定会抓住机会，制造自动突击步枪。得了吧。

第一个激光3D打印机项目于2014年8月登上了*Kickstarter*众筹网（推出Ice1和Ice9的是一家名叫诺杰［Norge］的公司），但未能达到筹资目标。[①] 这台3D打印机只能处理塑料，这或许就是它筹资失败的原因。但这只是一次小规模的挫折。事情迟早会出现转机。让我们拭目以待。

这一点强烈暗示，就像柯克舰长的翻盖式移动电话一样——哦，对不起，说错了，是通讯器——《星际迷航》的复制器或许也不遥远了。非常可信的是，这种装置的现实版本实际上将由几台专门的机器组成。尽管它们背后的原理是相同的，但《星际迷航》似乎刚好把所有机器混合到了一起，使它成为一个独立的虚构的

---

① Norge Ltd, "Ice1 and Ice9 – The first low budget SLS 3D printers," *Kickstarter.com*, accessed February 25, 2016, https://www.kickstarter.com/ projects/1812935123/ice1-and-ice9-the-first-low-budget-sls-3d-printers.

超级复制器。在这种意义上，24 世纪的复制器是你需要的终极 3D 打印机。除了活着的生物以外，它能为你制造任何东西。它如同传送器一样快捷，还有着惹眼的流线型用户界面。就像皮卡德舰长的"茶，伯爵茶，热茶"一样，你只需要输入一条有声指令，然后就像法国人说的那样，voilà（那就行了）！

帕累托机器

正如我曾经暗示的那样，复制器是一台相当平淡、缺乏想象力的机器，但它对《星际迷航》的社会具有极大的意义。而且不仅如此，有关我们的发展方向，它也道出了许多东西。

正如它在《下一代》中的登场，复制器是自动化与机械制造的巅峰成就，是人类探索的终点。这是一个理想，是科技的所有潜在能力的外延之和。复制器之后再无他者，不会有概念上更优越的机器，世界上再也没有比它更能发挥用途的机器了。复制器是终极机器，你无法进一步改进它。你要什么它就造什么。在这层意义上，它与阿西莫夫的正子机器人有着鲜明的共同点，至少在功能上。后者让人类摆脱了苦役与稀缺。

在《星际迷航》描绘的 24 世纪，人类也不需要进行体力劳动了。一切生活必备品的生产，从食品到衣物，从玩具到机器，都实现了自动化生产。约翰·冯·诺依曼关于机器制造机器的梦想已经成为现实。[1] 这不仅意味着所有人的生活水平大幅度飞跃，而且也意味着劳动分工完全改变了。机器负责重复性、能源密集型的低技能高产出劳动。它们负责将自然资源转变为必需的消费品。与此同时，人类等智慧生命可以将注意力集中于高技能低产出的劳动，即那种需要知识、教育、创造性与人情味的产品与服务，比如葡萄酒酿造、探索或医生的临床关怀。这就实现了更广泛的劳动替代。

正如我在前一章中讨论的，体力劳动在星联中仍然存在，但却是作为一种游乐性和自由选择的活动，是锤炼自身的许多方式之一。例如，维护检修《星际迷航》中的神奇机器确实需要某种程度的体力劳动。而且作为星际舰队的工程师，他们的工作是最艰苦的。但工程师最重要的工作仍然是脑力劳动。确定模块缓存区或者网络中转线路的故障需要多年的教育与经验。

复制器让一切东西价格低廉，这不仅是因为《星际迷航》解决了获得无限能源的问题。还要考虑输入这一方面：要让复制器正常工作，我们只需要输入能量、物质和数据。我们可以假定，前面两项轻而易举，但模型设计有时需要时间、艺术技巧和知识。尽管如此，每当为皮卡德舰长奉茶时，复制器总是使用同样的实用的带把玻璃杯。换言之，这在很大程度上依赖于大部分产品设计的标

---

[1]　John von Neumann, *Theory of Self-Replicating Automata*, edited and completed by Arthur W. Burks (Urbana and London: University of Illinois Press, 1966).

准化。而对于那些没有储存在数据库中的物品而言，人们必须假定，只要提供足够的参数，复制器仍然能够将它们制造出来。这只不过是软件而已。一旦编写成功，便可以在任何地方使用。

接下来考虑经济后果：复制器到处都有，并且可以当场制造任何东西。这解决了物品供求不匹配造成的大部分令人头痛的问题。在我们所处的世界中，我们通常利用市场与定价机制解决这些不平衡。可能有的地方某种物品过剩，另一个地方却缺乏这种物品，那就通过交易来解决。然而，在《星际迷航》中，这种情况只发生在极少数产品上。伯爵红茶茶包永远不会短缺，舰长先生就不会有哪天没茶喝，更不必花天价从某个遥远行星囤积茶包的人那里购买。多亏了复制器，茶包市场不复存在了，许多别的市场也都不复存在了。

于是，回到珍妮薇舰长的问题，复制器当然意味着丰裕，但同时也意味着深刻的社会错位。许多人将在一夜之间失去工作，其中包括经济学家！但还有一个重要的条件，不妨称其为"佛瑞吉例外"。在追逐利润的佛瑞吉人手中，复制器是令人惊叹的赢利机器。如果哪个佛瑞吉人拥有一台这样的机器，他才不会让这种机器到处都是。与此相反，他会利用复制产品代替真实产品，一个接一个地把自己的竞争者逐出市场。从理论上说，拥有复制器的佛瑞吉人能变成史上最富有的佛瑞吉人。

作家尼尔·斯蒂芬森（Neal Stephenson）的著作《钻石年代》

（*The Diamond Age*）在 1995 年获得了雨果奖。在这部书中，他探讨了类似机器的负面影响。他构建了一个近未来世界，纳米技术得到了长足的进步，于是人们得以发明并大规模使用作者称之为"物质编译器"的机器。[①] 这种机器本质上就是复制器。它们能够将分子组成人们需要的各种物品。有公用的物质编译器，它们为公众免费提供基本必需品，但大部分其他设计与产品都是私人拥有的。人们需要付钱才能编译这些产品，那些拥有知识产权的人赚取了海量金钱。

在《钻石年代》的世界中，争吵与无解冲突频仍。物质编译器的降临没有解决任何问题。在这种情况下，复制器或者物质编译器永远不可能成为完全公有的东西。公众只能在人道主义基础上，得到有限的免费服务。 在这种意义上，尼尔·斯蒂芬森的作品彻底认同了这样一种理念，即认为后稀缺经济不仅仅是科技进步的产物，而且是政治与集体选择的结果。

佛瑞吉人无法认识到在佛瑞吉文化与经济背景下复制器能够带来的全部社会收益。一台佛瑞吉复制器只不过是一个超级赢利机器人，是一个既不会加入工会也不会取代老板的员工而已。然而，在星联中，复制器就像空气或者公共广播，它们是公共物品。它们具有非排他性和非竞争性：谁都不会被拒绝使用，一个人对其的使用也不会影响任何其他人的使用。而且，因为它们几乎可以生产

[①]　Neal Stephenson, *The Diamond Age* (New York: Bantam/Spectra, 1995).

任何东西，于是它们凭空创造的任何产品也具有公共物品的性质。它们在社会中所起的作用如同有益处的病毒。尽管它们是虚构的，但它们是完美的经济机器，是在经济学中被称为"帕累托改进"（Pareto improvement）的实例。意大利经济学家韦尔弗雷多·帕累托在理论上阐述了社会产品优化分配的巨大问题，这一情况即以他的名字命名。简单来说，"帕累托改进"是指在不损害任何人利益的情况下，复制器会让每个人的生活都变得更加美好。

复制器作为公共物品的定位无损于星联的经济。还记得正典本身的叙述吧，复制器的发明出现在后稀缺经济来临之后。在这方面，复制器并非所谓"成熟"的 24 世纪星际迷航经济的唯一催化剂。它的广泛使用发生在一个已经摆脱资本积累旧有形式并继续前进的社会。但它无疑也发挥着极大作用——它促进了绝大多数商品市场的废除，使得工作与个人追求转向更抽象、更崇高的目标变得指日可待。

第 4 章

自然极限和技术替代

Natural Limits and Technology Substitution

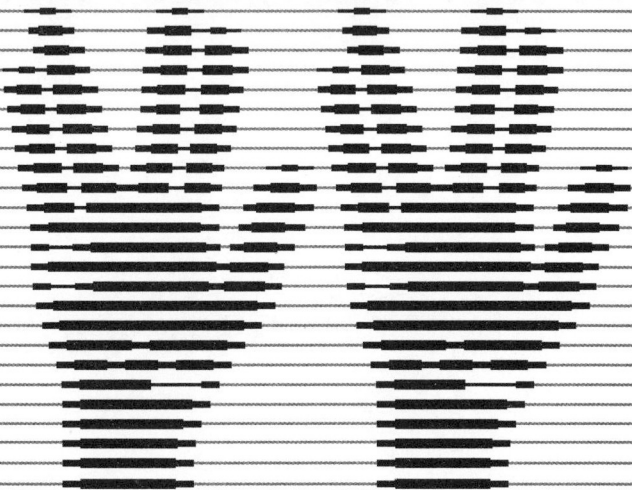

"……只有傻瓜才会去阻挡进步的道路。"①

行星基甸（Gideon）申请加入星联。②这颗行星被认为是一个乐园：这座星球上的居民预期寿命相当长，因为那里的环境是无菌的。然而，它的政府并不像一个有抱负的星联成员政府那样开明。条约局派遣"进取"号前往调查。当星舰到达后，基甸星政府禁止使用任何传感器扫描行星表面，并要求柯克单独一人传送到星球上，会见他们的大使霍丁（Hodin）。没有团队，没有其他伙伴陪同，没有任务专家，只有舰长一人。真是古怪。

其实基甸行星隐藏了一个可怕的秘密。"热爱生命"的信条与无菌无病的环境导致了令人毛骨悚然的人口过剩。基甸人不会老死，也不采取避孕措施。结果，这颗行星极度拥挤，从太空向下看，行星表面如同覆盖着一层棕色的有机黏性物质。基甸根本不是

---

① 《星际迷航：原初系列》，2×24："终极计算机"。

② 《星际迷航：原初系列》，3×17："无菌行星"。

什么乐园，而是一个溃烂的地狱。这里的人口如此众多，人们如同罐头里的沙丁鱼一样挤在一起，完全没有隐私而言。

　　为逃脱这一悲剧局面，基甸政府的首脑制订了一个孤注一掷的计划。他们想将柯克舰长作为超级带菌者，用织女星脉络丛脑膜炎病毒感染这个行星上的居民。恰巧，大众情人柯克就是一个星际疾病的漂流瓶，他在一次旅行中感染了织女星瘟疫，并对它产生了免疫。另一方面，基甸人一直困守在自己的行星上，生活在无菌的环境里，所以他们就没有这么走运能对这种病毒免疫。基甸人找了个借口，把柯克紧急传送到空无一人的"进取"号复制船上。结果他没有参加什么外交谈判，而是遇到了霍丁的女儿奥多娜（Odona），并受到了奥多娜的诱惑。基甸政府首脑希望柯克能在与奥多娜进行火热的体液交换时让她染病。

　　他同意了。他什么都可以做。他是柯克舰长。身穿连体紧身衣的古怪基甸人交替出现在假冒的"进取"号上。他们似乎在观看柯克和奥多娜的交配仪式。我现在还会因整个场景的疯狂错乱而畏缩。这完全就是一个令人毛骨悚然的外星人偷窥秀，是最过分的集中营。

　　奥多娜被感染了病毒，很快就重病不起。据她的父亲说，她必须一死以成为基甸青年的道德楷模。她的死将启示他们负起责任，自我牺牲。我们或许可以说，这种展现 20 世纪 60 年代的代际冲突的做法甚为肤浅。最终，史波克和柯克发现并挫败了基甸人的阴谋，而博恩斯救了那位青年女子一命。毫不奇怪。她本人现在是织女星病毒的载体，只要她的同代人愿意，她就可以把疾病传染给他们。而基甸人加入星联的申请被搁置了。嗖！再去下个行星吧！

我们将在这一章探讨《星际迷航》的经济乌托邦思想。我们能够发展到星际迷航经济的富裕程度吗？有限的自然资源不会成为丰裕之角的最终障碍吗？《星际迷航》是否背离了经济学的基本原理？这是不是太疯狂了？

"无菌行星"这一集给我们开启了答案，它可不怎么美好！回过头来看，我们很容易忽略这一答案，因为这只是《原初系列》命定不祥的第 3 季中的一集。就在一年前，迷航迷们致函请愿，让这一季免遭被取消的厄运，广播公司的高管们实在受够了。要想明白这一集的问题到底在哪里，就不能只看那些表面问题。这一集的主要缺点并不是叙事或者低清晰度的画面质量（这就是所谓的经济型演出：为了省钱，这一集只能使用已有的布景，因此才不合理地把柯克传送到了空无一人的"进取"号复制品上）。无法挽回的是剧情的前提假设。

因为基甸行星的居民基于道德原因而不做生育控制，结果让这颗行星的人口变得如此稠密，而行星政府试图通过外来疾病造成行星本身的种族灭绝。这种对于人口危机的解决方案简直荒谬透顶。《原初系列》的粉丝必须正视这一点：用这种桥段来证明避孕与人口计划的社会优越性，简直就是疯到无可救药了。但这也特别有趣，因为《星际迷航》的编剧和制作人认为其可信，而且值得用一整集来表现。他们认为，如果人们无法统一行动，努力阻止人口爆炸，那么在整个行星上实行自发安乐死，采取极端措施，或许并非完全不可能。尽管极端，但为了符合逻辑推断，编剧强调现实问题的严重性，虚构出的困境近乎疯狂。这个故事发生在某个外星世界，而不是星联内部，这至少表面上保证了星联本身是安全的。

这一集于 1969 年 1 月首次播出，当时的背景是，对人口爆炸的恐惧突然进入了公众的想象。此前一年，保罗·埃尔利希（Paul Ehrlich）发表了他里程碑式的著作《人口炸弹》（*The Population Bomb*），受到了广泛称赞。世界范围内的饥馑、经济崩溃以及地球自然资源枯竭，反复出现在晚间新闻中，而且人们认为它们都非常真实，随时有可能发生。这些在今天看来似乎很奇怪。

"无菌行星"试图以《原初系列》惯有的头脑－肌肉－美女风格来严肃探讨这一"热点"问题。通过选择这样一个令人担忧的题材，这一集打破了《星际迷航》的中心信条之一，即人类的绝大多数经济问题在未来都已经解决。

在这层意义上，或许可以说，"无菌行星"多少有些离题了。

《星际迷航》通常不会如此不顾一切。实际上，它的风格恰恰与此相反：《星际迷航》向来是乐观、丰裕的，并且对科技充满信赖，这些幻想经常被人嘲讽为天真、不合实际。有时候，《星际迷航》对于自己的理想过于乐观。相比之下，传统的观点认为，在现实世界中，我们的物质繁荣和社会进步受到自然的严重限制。简言之，天上不会掉馅饼，也不会有神奇的科幻科技来解决地球面临的问题——几十亿贪婪人类人人都要有车，要吃牛肉饼，要买 iPhone，现在就要！

这一广泛接受的观点完全与《星际迷航》的经济乐观主义相左。这两者明显是相互冲突的。用约翰·梅纳德·凯恩斯 1930 年的一篇发人深省的论文标题来说就是，《我们孙辈的经济可能性》（*The Economic Possibilities for our Grandchildren*）要么是无限的，要么就是毫无前途。

那么究竟哪种观点更好呢？是《星际迷航》，还是传统观点？

马尔萨斯

无可否认，在创作"无菌行星"时，世界上流行着人口恐慌，这一集就是这种恐慌的副产品。这集戏的画外音语气沉重，加重了已经在空气中萦绕着的凝重感觉。20 世纪 60 年代的许多思想家认为，不受控制的人口增长似乎会妨碍持续的经济增长和全人类福祉的提高。嬉皮士、技术专家与科学家都理所当然地认为，我们将耗尽资源，而且比预想的更早。从本能上来说这是有道理的。我们没法像基甸人那样，如同老鼠或者毛球族那样永远繁衍下去。我们会把自然的一切馈赠消耗得一干二净。

许多书籍抓住了人口过剩与资源枯竭这个主题。在科幻作品中，约翰·布鲁纳于 1968 年出版了他的杰作《站立桑给巴尔》(*Stand on Zanzibar*)。故事发生在虚构的 2010 年，地球拥挤得濒临崩溃。这本书大量描写了非洲和东南亚的前欧洲殖民地的崛起。书名指的是一件奇闻：地球当时的总人口 35 亿人如果人挨人地站在一起，将站满整个桑给巴尔岛。基甸行星上覆盖着的那一大片棕色有机黏性物质显然说明，《星际迷航》的编剧们直接从这部作品中借用了元素。与此类似，阿西莫夫在《钢穴》(*Caves of Steel*) 中描写了地球的地下城市，人类拥挤地生活在这些有限的地下空间，并且自此之后这一题材就一直萦绕在他的心中。然而，尽管这类作品本身是惊人的杰作，但它们却是由边缘作者在边缘文学范畴内撰写的边缘作品。当时科幻作品还没有取得如今的文化领头羊的地位。

"无菌行星"中那种神经错乱的基调和种族灭绝的疯狂并非来自科幻文学。它直接出自保罗·埃尔利希。前文中我们提到了他在 1968 年出版的畅销书《人口炸弹》。在这本书中，斯坦福大学生物学教授警告地球将面临人口过剩的威胁。他沉吟："养活全体人类的战斗结束了。20 世纪七八十年代，数以亿计的人类将被饿死。"[1] 书中反复将人口过剩说成是"癌症"，这是一次厌世的末日预言。埃尔利希用几乎不加掩饰的性和种族主义的暗示歇斯底里地宣称，人类正在通过繁殖走向灭绝。[2] 他的一部分预言相当乏味，从控制自由生育到对青年人宣传结扎绝育的重要性。他的其他预言的疯狂程度可以与《星际迷航》媲美。或者你会拿《奇爱博士》(*Dr. Strangelove*) 与之相比。例如，埃尔利希提出，向发展中国家提供人道主义粮食援助，要以哪些国家更有希望长远存续为基础来分配粮食。他还认为，应该在美国的自来水中加入绝育剂，就如同加入氯或氟消毒剂一样，只不过这是针对性腺。

你无法责难一位生物学家对人类的繁殖问题过度关心，这毕竟是生物学科的核心。但你可以反对某些生物学家一叶障目，只通过生物科学来观察经济学和人类社会。这些善意的著名科学家将人类比作最具攻击性的捕食者，说他们是一大群四处觅食的野猪，但不知怎的凑巧搞出了语言和原子弹。埃尔利希曾经声称，人类的最大人口应该在 15 亿 ~ 20 亿左右。超过了这个数字便超过了地球的供养能力，将会对生物圈的热动力学造成无法补救的损害。那么，我们应该如何把地球的人口减少到所谓的最佳数量呢？我们是否需要诉诸自我强加的瘟疫灾难，就像《星际迷航》中基甸人

---

[1]　Paul Ehrlich, "Prologue," in *The Population Bomb*, rev. ed. (Rivercity, MA: Rivercity Press, 1975), p. xi.

[2]　Paul Ehrlich, "Prologue," in *The Population Bomb*, rev. ed. (Rivercity, MA: Rivercity Press, 1975), p. xi.

所做的那样呢？而且应该由谁决定，谁应该遭受感染而谁不应该呢？细究起来，这种思考的深处是非常黑暗的。这些言论却没有被人们当成闹剧，唯一的原因是支持这种主张的那伙白人具有极高的声望和头衔。

埃尔利希的离奇论调具有极大的影响。它借助庸俗民科与巧言令色，把握了时代的症候。

这本书产生了许多不好的影响，埃尔利希高调地警告地球不可能养活数十亿群氓（他们凑巧都居住在南方），这刺激了罗马俱乐部（Club of Rome）的成立。1972 年，这个由商业领袖、政府官员和社会上流人士组成的临时团体发表了一份里程碑式的研究报告，标题为《增长的极限》（*The Limits to Growth*）。这一报告以粗糙的计算机模型为基础，在全球售卖了 1,200 万份，激起了人们对现有文明即将崩溃的恐慌。1973 年的石油危机当然也促使这一主要论题广为人知。人们仍然很难评定它的准确性，特别是考虑到报告的作者们谨慎地声称，他们的模型只是"在最有限的纸面意义上做出的预测"。[①] 迄今为止，罗马俱乐部的这份研究在现实世界中最著名的成就，就是它成了中国独生子女政策的蓝图。

当然，西方世界恐慌也是一种宇宙反讽，它们是在诺曼·布劳格及其同事们在墨西哥和南非引入了小麦和稻谷等高产作物时

① Donella H. Meadows et al., *The Limits to Growth: A Report for the Club of Rome's Project on the Predicament of Mankind* (New York: Universe Books, 1972), p. 92.

发生的。但在这些自诩正确的人口过剩论鼓吹者中，很少有人有时间或者愿意赶上现实科学的发展步调。绿色革命从他们身边悄然掠过，他们却没有注意到。

▲

尽管如此，在"无菌行星"的陈词滥调之下，仍然存在着一个真正严肃的经济假说。这是一个古老的想法，由托马斯·马尔萨斯首先诉诸文字，即自然本身能够对人口与经济的增长产生阻碍。地球的承载能力有限，对经济的增长有着自然的限制，而且总有一天，资本积累和生产率提高带来的经济膨胀会戛然而止。一旦人类的总数超过了地球的生产能力，贫困、战争和社会剧变将随之而来，并在这个过程中消灭过多的人口，重新取得旧有的平衡。除了石油峰值，还有黄金峰值、硅峰值、碳酸钾峰值、磷酸盐峰值、白金峰值、钕峰值、双锂峰值（这可是星联的重要战略物资），每种物质都会达到峰值。在某个时间点上，我们将用完所有的原材料，因此我们应该节约，回收利用，并表现出社会整体的节制。

马尔萨斯世界观的主要魅力是符合常理以及潜在的道德含义。它似乎完美地契合了我们对周围世界直接且自发的观感。它几乎与我们的一切条件性行为丝丝相扣：幼年的学习让我们知道如何应对这一事实，即在某种程度上，一切东西都是短缺的。在我们的成长过程中，我们通过经验明白，相对稀缺是一个自然的限制，因此也是绝对的限制。不管怎么说，我们自己的存在是有限的，这难道不是人生的第一真理吗？知道了自己的生命有限，它会以某种方式决定我们对自然世界的许多想法。

然而，现实多少有所不同，而且要复杂得多。自从马尔萨斯发表了他的《人口论》（*Essay on Population*）以来，历经两个多世纪的技术与科学进步，我们也体验到，自然与社会不一定与我们的直觉、想象或最隐秘的恐惧相一致。

这全都取决于我们理解的自然是什么。自然资源——作为一般的哲学概念——与经济可用的资源之间具有重大差别。例如，任何人都不会反对宇宙中的双锂实际上有着确定的数量，或者说在地壳中沉积的碳氢化合物有着确定的数量。然而，那种极限终究不过是理论数值，其实可供经济开采的石油或者煤的数量要低得多得多。在未来的某一天，这种极限将毫无意义，因为从纯粹花销的角度出发，开采剩余的化石燃料实在太困难，因此开发起来太不划算。开发使用替代燃料要便宜得多。这是一个非常重要的区别，我们必须铭记在心。这告诉我们，就经济而言，并没有自然极限这种东西，有的只是供求曲线。

传统观点拥护者与马尔萨斯及其信徒一起大吵大嚷：这太疯狂了！我们无法无限地发展！我们将会耗尽资源！

对此经济学家们反驳道：首先，"无限地"是一个非常长的时间，不能作为一个有用的变量，也无法作为有效的参考框架。况且，马尔萨斯是在 1798 年第一次提出他的观点，而迄今为止的事实证明，他显然犯了决定性的错误。

第二，要警惕保罗·埃尔利希这类生物学家使用生物学术语探讨经济学，因为他们往往会得出令人惊恐、误导他人的结论。而且，正是这一学科推出了优生学，即人类这个"种族"可以"改善"，这是一种愚蠢的想法。千万不要相信这种假说，也不要相信末日临头的预言，哪怕得到《星际迷航》这样声誉卓著的科幻作品认可，这些说法也不足为信。人类不是蟑螂——我们可以用快得多的速度学习、适应，我们可以进行深刻的思考。知识的积淀与传播形成文化，它是我们作为一个物种的制胜法宝。在我们逐步发展的历程中，它曾让我们冲破自然的统治。随着时间的流逝，也唯有文化的进步产生了持续且可以测度的结果。以昆虫或鱼类为基础建立的有关环境压力的进化生物学模型，不能用来说明人类与自然环境之间的关系。这些模型中没有考虑文化因素。为适应环境，蜜蜂与鳕鱼只有随机的基因突变和选择压力。而我们有谷歌。

第三，增长本身是一个非常可替代的范畴：比如农业，它是马尔萨斯论证中经济与人口增长存在自然阻碍的罪魁祸首。一个世纪以来，农业在全球 GDP 中占据的份额持续下降，然而我们仍然能够养活不断增加的庞大人口。事实上，世界人口从马尔萨斯时代的大约 10 亿增加到了今天的大约 70 亿。按绝对值计算，农业生产经历了不可思议的增长，但是还远远不及经济中其他更为知识密集型的部分。全球平均预期寿命与生活水平也大大提高。我们更长寿了，我们活得更好了，我们的总人口也多得多了。

尤其不应该忘记的是，这还是在经历了 20 世纪的恐惧之后做出的估计。两次世界大战，以及在亚美尼亚、欧洲、柬埔寨和卢旺达发生的种族灭绝，还有一次经济大萧条，这些震撼世界的事件并没有拖延人类进步的进程。即使面临毁灭、政治剧变和蓄谋的大规模死亡，人口和生产率仍在持续地增长。如果这都不能引起你的注意，我不知道什么才能了。

或许，《星际迷航》的乐观主义及其对于恒定与复合进步的推论也不算大错特错。或许，与马尔萨斯和与他思想上一脉相传的门徒相反，它的乐观建立在经济事实与理论的基础上。

而且是建立在走鸟屎运的基础上。是的。鸟屎运。

鸟粪与技术替代

我们作为一个物种获得了成功，也激活了我们理解自然的基本过程的独特能力。我们利用科学来研究这些过程，从而能够改进它们，并提高它们的潜能为我们服务。即使是最微小的物质，我们也能进行分析，然后逆向设计，产生巨大的影响。除了其他的益处，科学促进了技术替代。鸟粪就是一例，它产生的现实影响远甚于其他。科学家们是如何在鸟粪上发现了一种更好更有效的替代品的呢？这一发现又是如何生动地批驳增长的自然极限这一说法的呢？

远在西班牙征服者踏足他们的海岸之前，印加人便一直利用干海鸟粪作肥料。从 19 世纪早期开始，欧洲农学家便重新发现了 wano（盖丘亚语，意为鸟粪，即西班牙语的 guano）的价值。他们迫切希望大力发展农业生产，应对马尔萨斯有关人口过多即将让经济瓦解、社会崩溃的凄惨预言。

对鸟粪的大规模工业收集始于 19 世纪 40 年代。很快，人们便对秘鲁与北智利沿岸与附近岛屿上积存了上万年的鸟粪开始了系统的开采。干鸟粪的精细粉末富含氮磷钾成分，不但易于运输，而且易于均匀地洒在欧洲与北美新开垦的土地上。它很快就变成了一种极富价值的商品，甚至在世界范围内引发了一场新的淘金热（或者不如说淘粪热），人们急于找到新的鸟粪储藏资源，甚至造成了过去的殖民宗主国西班牙与智利、玻利维亚和秘鲁的两次血腥战争。人们至今还能在美国书籍中找到当年的一项法律，给予找到鸟粪岛屿的人独家特权。

19 世纪和 20 世纪之交，易于收集的鸟粪都开采完了。世界达到了鸟粪峰值。鸟粪国家与大公司临近崩溃的边缘。南美洲的鸟粪资源临近枯竭，而全球对鸟粪肥料的需求仍在增加。

正是在这种恼人的局势下，1909 年 7 月 2 日，德国化学家弗里茨·哈伯（Fritz Haber）第一次向巴斯夫化学公司（BASF chemical company）的首席科学家演示了能够凭空合成氨的装置。氨气是一种气体化合物，氨分子由 3 个氢原子与 1 个氮原子组成。它的一大优点是很容易与酸反应形成盐类。合成氨得到的最普遍的盐是硝酸铵。它可以用作低速爆炸物（例如《流言终结者》[1]青睐有加的 ANFO，即硝酸铵燃油）的前体，也可以当肥料。用不着说，千万别在家里做这个实验。

地理学家、科学史学家瓦克拉夫·斯米尔（Vaclav Smil）认为，用大气中的氮气合成氨是"20 世纪最重要的发明"。[2]斯米尔认为，合成氨是让世界人口从 1914 年的 16 亿增加到今天的 70 亿的主要原因。硝酸铵易于制造，也便于农民使用。生长中的农作物吸收这种肥料后，能够以非常高的效率将之转化为有机物。当前它占全部农业生产投入的一半，就其本身而言，可以说它养活了半个世界。

由于这项科学与工程学的重大胜利，弗里茨·哈伯（Fritz Haber）赢得了 1921 年的诺贝尔奖。然而，他的遗产是把悲剧的双刃剑。尽管哈伯具有犹太人的血统，但他却是一位极为投入的

---

① 《流言终结者》(*MythBusters*)是一档美国科普电视节目，首播于 2003 年。节目中，主持人利用专业知识与技巧，针对各种广为流传的谣言和都市传说进行实验，节目中有不少为揭示真相而把许多东西炸毁、打爆或扔到水里的内容。

② 斯米尔在氮循环及其对人类的重要意义方面写下了许多著作。尤其是 *Cycles of Life: Civilization and the Biosphere* (New York: Scientific American Library, 1997)，和 *Enriching the Earth: Fritz Haber, Carl Bosch, and the Transformation of World Food Production* (Cambridge: MIT Press, 2001)。我认为，任何星际迷航经济学的学习者都可以从阅读瓦克拉夫·斯米尔的作品来起步。

德国民族主义者。毫无疑问，他对人类做出了重大贡献，但在第一次世界大战期间，他转而为德意志帝国开发爆炸物与化学武器。尽管他名声显赫，为自己的国家做出了重大贡献，也获得了多枚勋章，但当希特勒攫取大权之后，他不得不逃离了他挚爱的祖国。他于 1934 年穷困潦倒地死于瑞士。纳粹用于毒气室的环酮 -B 毒气（Zyklon-B gas）就是他的发明。

弗里茨·哈伯的合成氨工艺不仅是开创新时代、定义新时代的发明，而且是技术替代的完美实例。当鸟粪持续稀缺，开采过于麻烦，人们就会开始寻找替代品。庞大的潜在利润促使巴斯夫公司支持哈伯，斥巨资在它的总部奥堡（在今莱茵河畔风光怡人的路德维希港附近）兴建了世界上第一套合成氨生产装置。

在市场经济的环境下，替代只不过是描述科技发展的一种方式。随着人口与经济增长，我们的知识与人力资本也增加了。受市场机遇和不断增加的需求的驱使，我们能够让过去极度稀缺的物品变得随处可见。也就是说，长远来看，今天那些昂贵物品的价格将不可避免地趋近于零，这可能是因为制造的成本将不断降低，也可能是因为它们会被其他更好的东西代替，从而退出市场。想想鸟粪，或者你正在阅读的这本书（无论是纸质书还是电子版）：在很长一段时间内，书籍极其昂贵，只有极少数精英人士能买得起。而今天，纸张与墨水属于最便宜的商品。更不要说存储数据字节的实际价格了，这一价格遵循摩尔定律，每 18 个月左右下跌一半。

老花眼镜、电话、青霉素、肥料、铁路、冰箱、抽水马桶、食物等，也都遵循同样的规律。经验数据表明，假以时日，竞争中的物品要么被替代，要么不再具有竞争性。

技术替代极为重要，因为这是我们能够找到的应对鸟粪这类有限自然资源稀缺的最佳方法，是经济发展和人类福祉的首要引擎。

随着时间推移，它实际上变成了许多研究工作的目标。科技对生产率与总体繁荣的贡献究竟有多大？经济学家罗伯特·索洛（Robert Solow）和特雷弗·斯旺（Trevor Swan）建立的模型把美国历史上80%的经济增长归功于科技进步。在随后的研究中，经济学家保罗·罗默（Paul Romer）证明，在教育与研发上的公共投资，也就是在人力资本上的投资，是通过科技改进生产率的关键因素。

因其开创性工作，罗伯特·索洛荣获1987年诺贝尔经济学奖，而保罗·罗默也曾因此一度进入候选人名单[1]。他们的研究说明，增加资源使用与经济增长之间并无关联。事实恰恰相反：科技与知识让社会持续地利用每一单位原材料生产更多的产品。原材料的绝对总用量或许仍在增加，因为需求也有惯性增长（更大的市场、更多的人），但其增长速率明显低于生产率的增长速率。这也解释了为什么从不同的复合利率来看，长期中每一个经济部门的原材料投入份额都在持续缩减。

---

① 2018年，保罗·罗默因"将技术创新纳入宏观经济学分析"荣获诺贝尔经济学奖。

20 世纪 70 年代，美国居民平均消耗的资源相当于每年 2700
加仑（1 加仑约合 4.546 升）汽油。2012 年，这一数字缩减到了
2500 加仑。① 从另一方面观察，我们会注意到，美国的人均 GDP
在 40 年间增长了一倍以上，在此期间人均总能源消耗基本持平。
有关浪费、低效率与马尔萨斯经济与人口阻碍学说的讨论到此为
止。重要的是，我们要注意到，在这个特定问题上，权威机构与政
府监管扮演了重要角色：能源效率法令为革新与采用替代科技提
供了强有力的市场诱因。

宇宙中原材料的总量有限，这一观点在传统智慧中是牢不可
破的限制；但实际上，它们并不像表面看上去的那么无法逾越。也
许在遥远的将来，我们终有一天会触碰这一限度，但早在那之前，
我们会更早地触及这些原材料的经济使用限度。更先进的替代品将
会取代生产过程中逐步缩减的商品。

在这方面我们面临的问题从来不是开采资源（不论是鸟粪、
石油，还是各种化合物、农作物）时假定的自然极限。这些由资本
主义私人企业开发的商品总是受制于市场铁律。如果什么东西太
贵，比如达到了石油峰值、硅峰值或磷酸盐峰值，需求就会下降。
如果需求不下降，即缺乏弹性，比如肥料这类必需品，发明等价

---

① Alliance Commission on National Energy Efficiency Policy, *The History of Energy Efficiency* (Washington, DC: Alliance to Save Energy, 2013). Accessed March 2, 2016, https://www.ase.org/sites/ase.org/files/resources/Media%20browser/ ee_commission_history_report_2-1-13.pdf.

替代品的激励因素就将全面启动。最后一点，对于我们来说，重要的并不是组成自然资源的实际分子，而是其一旦开采并转换之后自然资源能为我们提供的服务。看起来，原材料似乎对革新和经济增长是必需的。但表面上看到的东西具有欺骗性。想象力、知识和市场需求永远是主要的催化剂和主要成分。

这并不意味着市场的魔力就能毫无障碍地产生革新。与此相反，替代与转型往往都伴随着巨大的社会变动。整个行业会崩溃，大批人会失去生计，城市甚至整个国家都可能瓦解。经济学家约瑟夫·熊彼特对此有一种著名的提法，他称其为"创造性破坏"（creative destruction）[1]，这种说法不无道理。

无限的资源

市场的驱动力与人类的创造性一旦结合在一起，将会造成非常强大的影响。马尔萨斯式思维忘记了我们手中掌握的主要资源，这种资源可以持续自身更新，并且它的产出比它的消耗更多，这种资源就是人的大脑。这种器官本身具有神奇的效率。有着和其他人（无论活着的还是死去的）的大脑相配合的神奇能力，并因此能大幅提高生产率。一旦通过语言与文化的输入/输出规程与其

---

[1] Joseph A. Schumpeter, *Capitalism, Socialism, and Democracy*, 3rd ed. (New York: Harper and Brothers, 1950), p. 83.

他大脑结成网络，人类的大脑几乎可以做任何事情。因此我相信，总的来说，人口的增加是件好事。对于人类来说，增加大脑数量获得的益处是非线性的。更多的人意味着更多的发明、更多的科学、更多的艺术和更多的爱。

最近的一份研究显示，一个世纪以来，科学出版物的数目增加了 100 倍，而这包括的仅仅是医学科学、自然科学和工程科学[①]出版物的数量。同一时期的世界人口总数是原来的 4 倍。新近科研产出的增加就是人类发展的非凡标志：它表明教育与知识的传播、智力交换的加强，以及政府与公民群体能够支持的稳定的研究机构不断增加。人口数量与科学出版物数目增加的不同倍数令人震惊。科学与创造力的确是我们的主要资源，而且轻易不会枯竭。

▲

《星际迷航》力促进步。是的，它也认为事情在向好的方面转变，而且会越来越好。它因为这一信念饱受诟病。有趣的是，与任何与它对立的说法相比，《星际迷航》对于未来的理解反而更多地建立在现实（以及社会科学）的基础上。《星际迷航》的乐观精神

---

① Larivière, Vincent, Éric Archambault, and Yves Gingras. "Long-term patterns in the aging of the scientific literature, 1900–2004." In Proceedings of the 11th International Conference of the International Society for Scientometrics and Informetrics (ISSI), edited by Daniel Torres-Salinas and Henk F. Moed, 449-456. Madrid: CSIC, 2004. http://www. ost.uqam.ca/Portals/0/docs/articles/2007/ ISSI_Aging_1900-2004.pdf。

经常遭受嘲笑，它认为持续革新将对社会产生巨大影响，这一核心假设没有严重偏离经济科学的主流。星际迷航经济学只不过试图勾勒出极端富足可能给社会带来的后果，这是在科学技术驱动下，持续几个世纪的经济增长的结果。它假定，我们的未来轨迹，将与科学和工业革命以来的300年的轨迹相当接近。这并不是共产主义式的空想，而是我们如今可观察到的过程的逻辑延伸。正如今天一样，人类资本和革新组成了《星际迷航》的社会福祉的基石。这一点的真正意义不难计算，却难以理解。

从1870年至2010年，美国的生产率的年增长速率是1.6%~1.8%。[1]换言之，在过去的140年间，每过39年，每个工人的人均产出大约增加一倍。1870年100单位的物品，到2010年差不多变成了800单位。即使我们使用较低的1.6%来推导24世纪的数据，我们也会得到一个天文数字。从2010年到2325年，每个工人的人均产出将大约翻7番，2010年的100单位，到2325年会增长为14,843单位（年增长率1.6%）。

用美国作为基准或许有些过分乐观，因为美国20世纪的经济是一种真正的"金发少女"型[2]温和经济。即使我们使用一个更低

---

[1]　Robert Shackleton, *Total Factor Productivity Growth in Historical Perspective: CBO Working Paper 2013-01* (Washington, DC: Congressional Budget Office, 2013), accessed February 25, 2016, https://www.cbo.gov/ sites/default/files/113th-congress-2013-2014/ workingpaper/44002_TFP_ Growth_03-18-2013_1.pdf.

[2]　"金发少女"型经济（goldilocks economy），形容不偏向某个极端、刚刚好的状态。

的速率，比如 1%，作为未来 300 年全世界的年生产增长速率，我们还是能够从今天的理论数值 100 单位，增长到《星际迷航》来临之刻的 2300 单位。或许通过某些神奇的新发明，人类都将变成长生不老的超级电子人，但是请注意，以上数据没有考虑那些新奇科技，否则将更可观。

跟这些辉煌的数字相比，星际迷航经济就显得很平淡了。很可能星际迷航经济根本就不需要荒唐的增长率，也不需要社会革命，甚至也不需要超光速旅行或者与尖耳朵外星人的第一次接触。星际迷航经济体系仅仅是将我们现存经济体系脉搏的频率与力度放大了。而它唯一加以演绎的，是把市场激励的重新配置与社会关系的嬗变描述为指数式经济增长的结果。仅此而已。

今天，我们利用低效率与错误定价取得垄断利润。想象一下鸟粪变得稀缺昂贵时的情景。我将做出最大努力，发明一种替代产品，它将是独一无二的，很难抄袭，并且大受欢迎，于是我便能垄断市场，像一个食利的强盗贵族那样富贵终生。我的发明将改善世界。我也将让许多人破产，但这种结果并非我的本意。市场驱使的技术替代不可避免地会带来这样的后果。

在星际迷航经济中，激励与动机不像这样粗糙和金钱至上，人们的生计也不会受到这些激励动机的困扰。因为随着年深月久的生产率增长，星联中每个人的生活都已经如同国王一样了。正如我们前面提到的那样，在星际迷航经济中，激励来自名声和象征、公众认可与荣誉，以及称之为个人提升的东西。

　　这在我们的世界中也同样适用，不过这些激励还没有达到同样的程度。作为成功的标志，金钱通常排在名声之前。一旦金钱不再作为定价和交换物品与信息的首要工具，剩下的便只有我们对于被别人承认与热爱的渴望了。

　　如果你能暂时无视那些仪器和打扮成外星生物的存在，你就必须承认，《星际迷航》实际上规避了科幻作品的浪漫。《星际迷航》的未来并不那么令人兴奋。它缺乏灾难性的危险或者威胁生命的戏剧性情节。它在很大程度上是现实的延续。在某种程度上，我们甚至不太清楚，《星际迷航》中描写的未来是否配得上它身上贴着的乌托邦标签。

关于我们死亡的消息……

　　我们现有的文化对"末日降临"的俗套惊悚故事很是青睐。这种有关黑暗未来的故事令人兴奋，轰动一时，尤其当这些故事打着权威科学的旗号时更是如此，但即便如此，这种故事也不是正确的。这是阴谋论（对阴谋论的喜好很可能仅是出于大脑追求刺激的本能）面向受教育开明群体的变种版本。这是信息时代的希腊悲剧：万能的神祇是那样地不可预测，难觅踪迹，他们因为我们无法理解的原因对我们怒气冲冲，他们实在让我们吃不消。于是，就像可怜的俄狄浦斯一样，我们越是试图逃离宿命，就越走近宿命的魔掌。这种故事越惊悚可怖，就越能刺激人们的神经。它激起人们的怒火。这种标榜着"我们都会死"的逃避主义作品大有市场，尤其是当这些作品是出自名家之手时就更受追捧了，平淡的现实与之相比显然会败下阵来。

《星际迷航》无法与这种娱乐作品相比。《星际迷航》平淡得令人厌倦，这也解释了为什么它充满希望。它展现的就是自然会来临的正常未来。

这并不是说，我们的实际未来一定会像《星际迷航》中描述的那样光明。在一切可能的世界中，就连最好的那个未来也不是样样事情都十全十美。远非如此。我们全都有责任参与，用努力和斗争来缓和我们自身存在对地球造成的最恶劣的影响。毕竟我们造成了一连串庞大物种的灭绝以及海洋酸化（来自化石记录）。就像结束了恐龙统治的小行星一样，我们在地球上留下自己的黏性物质和重金属层，这不是一件小事。有鉴于此，任何改进、任何对效率的革新或者增进，即便它们在今天看来可能微不足道，也都是巨大的成就，值得努力实现。

尽管人类的勤勉与创造力带来了很多益处，但它无疑也造成了我们当前全球气候变暖这一困境。然而它们也是补救的良方。我们不会任由全球气候变暖或者人口过剩毁灭我们自己。补救绝非易事，也不会毫无痛苦，但这明显是我们力所能及的事情。因此我们不必对杞人忧天的民科以及形形色色的反乌托邦科幻作品过于认真。"人类快完蛋了",这种叫嚣总是太过夸张。末日来临的故事免不了耸人听闻,而耸人听闻的作品总不愁卖出去。

　　《星际迷航》确实告诉我们,根据客观的、有历史明证且经济学上可衡量的原因,我们未来的经济不会萎缩崩溃。但它也警告我们,前路漫漫。

第 5 章

后稀缺世界的搭便车与负外部性

Free Riding and Negative Externalities in
A Post Scarcity World

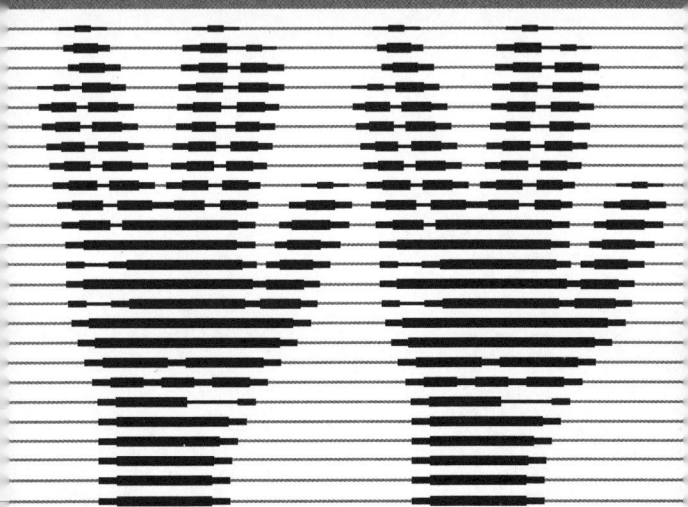

"……曲速引擎可能会造成损害。"[1]

　　星历 4730.2 年，"进取"号 – D 航行的第 7 个季度。星际舰队医疗运输舰"弗莱明"号（Fleming）在人称赫卡拉斯走廊的空间区域消失。这条走廊长达几光年，得名于围绕它的四重子场。这种四重子场会对曲速航行产生危害（深奥的机理暂且不讨论了）。"弗莱明"号失踪事件疑窦丛生。该舰携带了一批非常有价值的仿生凝胶。尽管四重子场限制了进取号的传感器对距离和方位的判断，但它还是前去寻找失踪的舰船。

　　在进入走廊时，"进取"号遇见了一艘被困的佛瑞吉运输舰。尽管这艘舰船如同深陷沼泽一般一动不动，但它却对"进取"号发出了一阵光炮。佛瑞吉舰船的指挥官戴蒙·普拉克（DaiMon Prak）认为他理应采取这样的敌对行为，因为"进取"号向他的舰船发出了费尔特朗脉冲，让它失去了机动能力（也请不必深究个中原

---
[1] 《星际迷航：下一代》，7 × 09："自然之力"。

理了）。皮卡德舰长提出可以帮助他们，这平息了佛瑞吉人的敌意。剧情愈发复杂了。究竟是什么让佛瑞吉舰船无法行动呢？弗莱明号呢？

谁干的？

"进取"号进一步深入赫卡拉斯走廊，并在无意中发现了一大片三钛合金残片场，这可能已经揭示了弗莱明号的不幸命运。就在舰员们用传感器扫描观察周围区域时，"数据"发现了一个看上去像是"小块金属物体"的东西。[①] 这东西发出一股威力强大的四重子流，正是让那艘佛瑞吉舰船静止不动的高能辐射（不必深究）。皮卡德舰长试图后退，但已为时过晚。"进取"号失去了曲速推进力、防护罩和其他子空间系统。它现在只能在太空中漫无边际地漂游。

一艘小型航天飞行器靠近了"进取"号，飞行器上的两位赫卡拉人（Hekaran）直接传送进入了"进取"号的主机舱。"你们想要什么？"乔迪问。"我们想要你们听我们说话。"赫卡拉男人回答。"你们正在置我们于死地。"[②] 他的女性同伴补充道。

这对赫卡拉兄妹是科学家，名字分别是拉巴尔（Rabal）和谢罗娃（Serova）。他们发现，在赫卡拉斯走廊内以曲速航行会产生

---

① 《星际迷航：下一代》，7×09："自然之力"。
② 《星际迷航：下一代》，7×09："自然之力"。

子空间奇点，会撕裂时空连续统[①]。最不祥的是，这种现象似乎并不局限于他们所在的这片空间。事实上，它会影响星系中的每个象限。拉巴尔和谢罗娃还没有确切的证据，目前有的只是他们的模型与计算。但他们还是在走廊中布雷，为的是引起星联的重视。

尽管他们采取的策略令人痛恨，但此事后果严重，皮卡德舰长还是同意核查他们的发现。"数据"开始了工作。他的初步调查引人注目。看起来，尽管这两位赫卡拉科学家特立独行，但他们的研究毕竟有些价值。皮卡德舰长这样总结："这就像在地毯上某一处来回踱步一样，最终会把那里磨穿。"[②]

尽管这种类比听起来不太吉利，但它清楚地说明了情况。曲速航行正在缓慢地摧毁时空结构。如果不加限制地使用曲速推动，将让曲速航行得以实现的环境丧失安全性，适合超光速航行的环境也会消失。如果用更准确的经济学术语来表达，那就是由于有能力曲速航行的文明过分使用了这一能力，作为共同资源的时空即使不会整个消失，也会变得非常稀缺。

银河系的公地悲剧

这一章涉及负外部性，即某种行为对未曾涉及这一行为的第

---

① 时空连续统（space-time continuum），天文学名词，指时间与空间共同组成的四维时空结构，由可夫斯基最先提出。

② 《星际迷航：下一代》，7×09："自然之力"。

三者造成的影响。在本案例中，某种行为指的是曲速航行，第三者是赫卡拉人，而由此推广到整个银河系，外部性的具体作用对象是时空连续统本身。

人们最终发现，每个种族、每个文明，都因为一些人使用曲速引擎而受到了不利的影响：当越来越多的文明进行高曲速航行时，时空开始崩毁，每个人都将受到影响。生态学家加勒特·哈丁（Garrett Hardin）曾针对这一状况提出了著名的"公地悲剧"，[①]它是指群体——从一群村民到整个社会——耗尽了组成群体的个人共同享有的资源。"自然之力"提出了这样一个问题，即《星际迷航》中这种绝对丰裕和完全免费的社会应该如何应对负面的外部影响，以避免这种公地悲剧。

和"无菌行星"一样，"自然之力"也是一出单一议题剧集。它于 1993 年 10 月播出，是《下一代》最后一季的开篇。有趣的是，这一集最初的暂定标题是"极限"，本意是制作一集有关环境危机的剧目。更准确地说，正如制作人杰里·泰勒（Jeri Taylor）坦承的那样，它针对的是"臭氧洞"。[②]

要把这样一个复杂且抽象的题材转变为娱乐观众的故事非常困难，结果"自然之力"拍得虎头蛇尾。我认为这是它的重大失败。

---

① Garrett Hardin, "The Tragedy of the Commons," *Science*, n.s., 162:3859 (Dec. 13, 1968): pp. 1243—48.

② Larry Nemecek, *The Star Trek: The Next Generation Companion*, rev. ed. (New York: Pocket Books, 2003).

对于亟待处理的现实问题——集体行动，它处理得漫不经心。在本
集结尾时，皮卡德宣布，基于已经取得的初步证据，星际舰队决
定限制使用高曲速引擎航行。他继续说："星联将与一切具有曲航
能力的种族共享我们的数据。我们只能寄希望于他们能够意识到，
这一行动涉及他们的切身利益，并和我们一样限制使用高曲速引
擎航行。"这就给人以这样的感觉，即剧组对这一最重要环节的处
理非常漫不经心。

但问题是，并非每个 α 象限的种族都同样关心着时空结构的
正常与完整。星联将自己的发现与限制速度至曲速 5 的建议发给了
卡达西人和罗慕兰人，但无法保证他们是否会遵照执行。沃尔夫向
他的同志们担保，说克林贡帝国一定会自愿遵守限制，但他对罗
慕兰人的行为则没那么大的信心。

皮卡德的担心是有道理的。他很清楚，对其他文明来说，最
理性的选择是使他们的实用利益最大化，是不顾星联限制高曲速
航行的建议，自行其是。这是一次真正的挑战：只有在一切具有曲
航能力的种族全部采取同样行动的基础上，星联的高尚行为才有
效果。否则，这既无助于星际环境，也将极大地不利于星联的福祉
及其在星际事务中的地位。

　　克林贡帝国将跟随星联，遵守限制曲速的新规定。谁会想到，克林贡人会如此负责，如此尊重自然？但这确实是有道理的：从本质上说，克林贡人是无可救药的浪漫者。他们的一生从生到死都遵守着一套老掉牙的操守准则，强调尊严、忠诚与自我牺牲。通常来说，对于自然世界的魅力致以古雅的尊重，也与这些侠义理想相去不远了。与他们相比，卡达西人和罗慕兰人则冷血狡诈。而且他们带有文化偏见，秉承一切照旧的行事方法。不如就让星联及其盟友承担负担，去减轻时空破坏，而他们自己则将得到压倒敌人的重大战略优势。等所有的敌人都因其高尚行为而失去战斗力之后，再考虑时空连续统的安危也不迟。和在地球上一样，在星际事务中，充当环境大管家没啥好处。

　　星联规定了紧急情况下的特例处理，给自己留下了些回旋余地。而且，星联甚至没有试图单方面设立规定，惩罚其他种族的拙劣行为。它料到了这样做太过危险，或许意味着战争。因此，星联做了它唯一能做的事情：希望他们基于科学根据的良好行为能成为楷模，能够影响自私的政府，或者让它们知耻而后勇，做出正确的选择。

　　然而，如果它们不这样做，星联将面临持续增加的战略损失，也就需要严肃地重新考虑它的政策，因此才留下了紧急条款这一条退路。在这种情况下，至少在一段时间内，太空必须承担高曲速航行的后果。最终，所有 α 象限的文明都将付出代价。但人们可以提出不同意见，即从现在起便扩大与巩固自己的力量或许要好得多，也就是说，尽可能地增强自己的力量，最强有力地扩大自己的地位优势，直至星系环境危机达到顶点。简言之，当不得不对每个人强行采取痛苦的限制时，你情愿成为别人枪口下被迫妥协的人，还是情愿做凭借战略优势制定规则的发号施令者呢？

这也是集体行动的一个经典难题，即所有自利行为之和，不会带来对人人都有利的正面结果。这证明，长远地说，能让 α 象限所有势力受惠的最优政策（即以较低的曲速航行，维持时空结构），与每个种族理性的自利和目标不一致。后者要在博弈中获取并保有优势地位，而不是让所有参加者平均分享成果。无论对错，罗慕兰人、卡达西人和其他人坚信，星系环境危机事实上关乎霸权的竞争，是一场零和博弈，总会有赢家与输家。

我们几乎完全无法确定这样的前提是否有效，特别是因为这一博弈不寻常的性质。与星联不同，罗慕兰人和卡达西人不习惯从利他主义的基础出发制订外交政策。他们认为，星际政治是力量与自我生存的残酷斗争，是必定会分出胜负的那类博弈。互利不是他们的主要目标，甚至根本就不在他们的考虑范围内。

博　弈

现在摆在我们面前的，不过就是《星际迷航》版的囚徒困境。在囚徒困境中，两位囚徒在互相隔离的状态下接受审问。他们在任何情况下都无法互通消息。检察官同时给他们提出了同样的建议：如果不出卖你的同伙你就会坐牢，但如果出卖你的同伙你就会得到减刑；如果双方互相背叛，刑期会高于谁都不交代的刑期；如果只有一个人坦白，他会得到最多的减刑。

这样一来，双方都知道要使刑期最少，只能背叛同伙，而且也都知道对方也知道这一点，这时你会怎样做呢？（提示：最佳结果是所谓"纳什均衡"，这一模型由诺贝尔经济学奖得主约翰·纳什提出，他的故事被改编为电影《美丽心灵》[A Beautiful Mind]，由罗素·克劳 [Russell Crowe] 主演。）

假定你代表星联：你知道罗慕兰人的最佳决定是不降低曲速、任由星系环境受损，那么对于星联来说，最佳决定当然也不应该是单方面降低曲速。如果你这样做，你将不会得到环境保护的任何益处，因为罗慕兰人终究会损坏时空，而且这会损害你相对于你的敌人罗慕兰人的长远战略地位。在这种情况下，你的最佳方案也应该是不降低曲速。这种分析同样适用于罗慕兰人。

最终，我们便处于纳什均衡，即每位博弈者做出的最佳决策是基于对其他博弈者最佳决策的充分知晓，而这会让所有各方承担同样的不利后果。

在这种情况下，"同样的"是其中的关键词。这意味着，从单个博弈者的立场出发，最终导致的可怕结果并不是最坏的结果。毕竟，如果你发了善心，你将输得一塌糊涂，即使时空最后没有崩塌，你也得不到一点益处！

　　如果你觉得这种形势实在可怖可悲，这是因为实际情况确实如此。博弈理论是约翰·冯·诺依曼的另一项发明（与经济学家奥斯卡·摩根斯特恩［Oskar Morgenstern］合作），[①] 它是不确定条件下进行战略决策的形式逻辑。它产生于核时代之初，是为了更好地理解效用最大化行为，这恰好对于理解核威慑和"确保相互毁灭"机制也有帮助。在我们这样一个架空的推理案例中，人们很难摈弃它的结论。时空结构即使不会被完全摧毁，也会遭受严重的损害，因为人们已经证实，这正是星联和罗慕兰人能够采取的最佳行为。

　　人们甚至无法确定，在太空航行技术方面的突破，例如超曲速或者虫洞改造，是否会有所帮助。如果星联或者罗慕兰人能够拿出一项无污染的曲速引擎替代产品，他们是否会与 α 象限的其他种族分享这一技术？考虑到星联对于和平共处与道德行为的强烈倾向，他们有可能这样做。但对于更具对抗性的政权，比如罗慕兰呢？很难说。在任何情况下，策略优势最好能彻底压倒对手，那干吗要分享？

　　有趣的是，星联决定单方面限制自己使用曲速推力。它希望做出榜样，吸引其他人追随。

---

① 见 John von Neumann and Oskar Morgenstern, *Theory of Games and Economic Behavior* (Princeton: Princeton University Press, 1944).

越　狱

有人或许会争辩，说囚徒困境式的博弈过分简略，它们无法概括更加复杂的情况。例如，一种叫作社会启发假说的想法取得了越来越多的证据，表明在许多情况下，大部分人会选择利他行为，而不是效用最大化的行为。而且，行为经济学方面的研究也充分证明，在现实世界中，理性自利从来不是决策过程中的唯一因素。然而，这些观点如何应用于庞大实体或者国家行动者，我们尚不明确。

对囚徒困境模型的另一种批评或许更有说服力。这一批评认为，这个模型就像一种单一的最终方案。一些研究已经表明，对同一批参与者重复多次该博弈时，他们往往会调整自己的策略，转向相互合作。人们会从不利的结果中习得经验教训。

人们或许可以说，这种经过迭代的博弈变种，才更有可能被星联与罗慕兰用来解决曲速航行方面的冲突。在某种意义上，每当一艘星舰的速度超过了最大安全曲速，人们就会再进行一次该博弈。这种博弈以令人沮丧的结果重复着、积累着，向每一位博弈者反馈结果。这肯定会对星联和罗慕兰的决策者产生某种影响。通过观察时空因为他们的行为造成的直接损坏，他们也许能从这些错误中吸取教训，这或许会让星联和罗慕兰最终决定，联合限制过度使用高曲速。

对囚徒困境模型的另一个重大反对意见来自一位经济学家，诺贝尔奖得主埃莉诺·奥斯特罗姆（Elinor Ostrom）。她有力地论证了囚徒困境博弈和公地悲剧不妥当地简化了经验现实，现实情况要复杂得多。正因为如此，囚徒困境将政策和决策者限制在一定的条件之内，这些条件过分普遍，无法说明差异巨大的各类情况。她认为，基于当地利益相关者的自组织能力，可能会产生更多样化的解决方案。

在她的重要著作《公共事物的治理之道》（*Governing the Commons*）一书中，她探讨了现实中的一些优秀实验案例，地方行为者的专门经验形成了有效的公共资源管理系统，高层机构很少进行干预。根据这些非常详细的专项研究，她进而用理论说明，社会过程并不一定适用过分简略的决策模型。她的重大贡献在于，她证明了社区与社会能够成功地维护公共资源。她就囚徒困境和公地悲剧做出了解释：

在近似模型初始条件的固定情境中，这些模型能够成功地预测策略与结果，但它们无法预测其他情境下的结果。它们在大规模公共池塘资源（Common Pool Resources，简称CPRs）的行为预测上十分有用，但前提条件是，参与者之间没有任何交流，每个人都独立行动，没有人关注个体的行为造成的后果，而且试图改变现有社会结构的代价很高。[①]

囚徒困境被奥斯特罗姆称为"利维坦"，即政府机构从上至下的严酷管制。也许存在某种方法能够摆脱这种困境。

奥斯特罗姆很谨慎地指出，她的工作局限于区域性案例。她尤其避免讨论世界范围内的二氧化碳污染。然而，她扎根于经验观察的研究方法，依然可能是我们逃出困境的关键。

集体行动

星联解决了这些问题。在"自然之力"这一集中，自愿限制使用高曲速的做法是正确的，人们从来没有对这一点有所怀疑。这是星联管理的本质决定的。这与认同与实施尽可能最佳的行动方案紧密相关。

问题总是出在其他人身上。罗慕兰人、卡达西人、佛瑞吉人以及所有具有曲航能力的较小的文明，他们都不具有星联的远见与利他价值观。如果只有星联对自己实施曲速限制，这对星系环境的益处非常有限。要让限制起作用，要解救时空崩溃的厄运，每一个 α 象限的文明都必须严格遵守同一限制。

[①] Elinor Ostrom, *Governing the Commons: The Evolution of Institutions for Collective Action* (Cambridge: Cambridge University Press, 1990), p. 183。这部书无疑是最近 50 年来最重要的书籍之一。

在这方面，"自然之力"再次不温不火地确证了星联的智慧。"进取"号上的驻舰曲速推进专家乔迪·拉弗吉必须面对这一事实，即他热爱与奉献一生的事业会危及太空本身。就像他对拉巴尔承认的那样："我在星际舰队工作了很长时间。我的生活依赖于曲速航行……我知道这一点改变起来绝不容易。"拉巴尔对此的反应实事求是，但在他的口气中有一丝不祥之兆："这绝不会容易。"

"绝不会容易"的是说服星联的朋友和敌人，调整他们的行为必然需要付出代价，也要分摊这些代价，为了共同的利益而合作并长期坚持下去。困难不仅局限于技术层面。本质上来说，这是一个经典的集体行动的政治问题。

集体行动是一个宽泛的经济学与政治学术语，涉及所谓公共物品的分配与消费。它涉及的公共物品是那些数量有限但对所有社会成员免费提供的东西：空气、知识、无线电频谱、火警服务，当然还有时空。集体行动与《星际迷航》和星际迷航经济学格外相关。还不止此，集体行动对于理解我们社会的实际运转方式也是必不可少的。

集体行动理论家的目标，是分析各群体在消费公共品时的选择。谁获得的收益最多？谁的损失最大？机构与政府怎样才能推动人们合作并规制对公共池塘资源的消费，以避免枯竭？

公地、鱼类资源、淡水以及《星际迷航》中的时空，这些都是最显而易见的公共池塘资源。随着时间推移，这些资源的可用总额与自然更新率可能会发生变化。它们是非排他性、非竞争性的，也就是说，无法禁止他人取得这些资源，因为没有任何人对其具有排他性的所有权，而某些人对它们的消费也不能阻止其他人同时使用或者消费它们。任何人都可以免费获得这些资源。

大气和进行光合作用的植物与浮游生物明显符合这样的特点。它们具有公共池塘资源的非竞争性、非排他性，这一点无可争议。每个人都有权分享它们的产品或者接受它们提供的服务，例如对日光辐射的遮蔽、氧气以及来自光合作用的碳水化合物；火警、国防等政府提供的公共服务不那么明显，但也是如此。这些资源的分配是委托给专家执行的，于是便出现了社会的交易，从而让大多数人为这些实际服务付账，而由少数人承担实际责任。顺便说一句，这就是所谓征税，而这是一件好事，是文明的一种标志。

如果没有规则与监管——无论这些规则是自我规定的还是由外部手段强加的（某个机构或政府）——过度消费几乎总是一定会发生。设计这样的规则与监管体系极为困难，而实施它们也非常复杂。

搭便车者

公共池塘资源不是无限的。再丰盛的自助餐也总会被消耗殆尽。这就是集体行动中最顽固且恼人的问题：搭便车。搭便车时时发生，当个人、公司或者国家为一己私利从公共资源中取用的份额高于其他享有者时，就有可能出现悲剧。他们搭便车是因为他们做得到，因为社会没法阻止他们。毕竟这些东西数量很大，而且都是免费的。

　　过分搭便车会导致公共资源崩溃，我们可以举出许多例子。纽芬兰沿岸海域消失的鳕鱼资源就是一个严酷的例子。当地渔民和商业捕鱼公司都受到极大的诱惑，想从鳕鱼资源中分一杯羹。这种资源当时看上去好像永远也不可能枯竭，鱼群反正就在那里，只要有拖网渔船就可以捕捞。但他们捕鱼捕得太过分了，一直捕到无鱼可捕，自己的生计所依消失殆尽。

　　新斯科舍岛鳕鱼捕捞业的自我毁灭是公地悲剧一个著名的例子，这个例子留下了大量文字记载。但搭便车会以其他更为有害的面目出现。半个世纪以来，石油公司和汽车制造商大量使用含铅汽油，因为它能防止汽车引擎发出爆裂声，但含铅汽油会严重污染大气。无论有意无意，我们的消费怂恿了他们犯罪。由于科学家与政治活动家的努力，我们动员力量，禁止在民用产品中加铅。然而，公众健康受到的损害和社会承担的成本极其巨大，如引发常见于儿童患者的脑前额叶皮层损伤，这种损伤造成了暴力犯罪的显著增加。[1] 我们任由石油与汽车公司搭整个社会的便车。如果不

---

① 有关这一特定案例，可参阅 Lauren K. Wolf, "The Crimes of Lead," *Chemical and Engineering News*, accessed February 25, 2016, http://cen. acs.org/articles/92/ i5/Crimes-Lead.html。

是有加州理工学院的地球化学家克莱尔·彼得森（Clair Patterson）艰苦卓绝的研究，禁铅还不知要延后多久。

基于不同的物理属性，有些公共池塘资源可以加以管理并长期储存，如地质含水层、森林或者渔业资源，但另一些则不行。寻找鸟粪或石油的替代品是相对直截了当的做法，尤其是新兴创业者有幸运之神眷顾，能够发明并出售它们的替代品。但要补充渔业或者森林资源则比较困难，不过这也不是不可能，人们正在这样做。与它们相比，清除工业时代以来便在大气中沉积的二氧化碳，其复杂程度则会高出几个数量级。

受市场驱动的自利企业，无论是当地企业或者跨国公司，它们的影响都会渗入公共资源。森林遭到砍伐，用于农业与石油开采和消费，这直接而迅速地影响了人类最大的公共池塘资源——大气。人类经济活动排放了温室气体，如甲烷和二氧化碳。海洋与森林能够吸收的数量只有这么多，于是产生了事先未曾预料的酸化，这就给食物链带来了危险的扰动。无法被海洋吸收的气体贮存在大气中，导致了全球气候变暖以及形形色色的灾祸，比如干旱、热浪、冰川消失、永冻层融化和海平面上升。

联合国有关气候变化的最新报告显示，按照现有速率，21世纪末全球平均温度将提高 2℃ ~ 4℃。联合国专项小组预测，到 2100 年，我们需要减碳能源生产，才能将气温的升高维持在 2℃以下。你没有听错。针对全球气候变暖做出政策建议的主要国际科学机构，将希望寄托在能够减少大气中的二氧化碳的能源生产上。这说明总体形势已经恶化到了何等地步。最令人震惊但却经常被人忽略的事实是，地球现在的平均温度为 14℃，自 12000 年前的最后一次冰河时期以来，这一温度便一直保持未动。因此，在不到一个世纪内升高 2℃ ~ 4℃，这是一个非常重大的问题。这是影片《疯狂麦克斯》(*Mad Max*) 中极度疯狂的形势，这是好莱坞蹩脚科幻作品为数不多的一次正确的未来预测。

或许你认为形势已经够可怕了，但还有几项事实深深地让人担忧，以至于寝食难安。

搭便车在整个社会体系的无数角落都在发生，从个人到公司到国家。许多企业和从业者终日采取各种合法或非法形式偷税漏税，而他们削弱的正是帮助与保证他们的生意正常进行的公共机构。这是针对政府的搭便车。他们通常有着自私自利的借口，说什么反正人人都这么做，但这并不能抹去这种行为的懦弱和令人厌恶。这些跨国公司的经理与股东非常清楚，他们正在违反他们的企业与社会整体的契约。从本质上说，他们的行为并不比把赃款存入瑞士银行的第三世界独裁者更光彩。而他们对搭便车行为残存的负罪感，促使他们大肆宣传自己那些微不足道的慈善行为，和他们那些所谓企业社会责任的倡议。他们这样做的时候，心中怀有被抓的恐惧，于是便不遗余力地支持政党、经济学家与舆论领袖，后者从不接地气的理论出发论述反对税收的必要性。于是便出现了违反常理的结果：支持自由市场的人士与团体本应保卫开放社会、进步和公民精神，但在许多国家，这样的人士与团体却成了偷税漏税、垄断组织和搭便车分子。

据估计，全球化石燃料大工业综合体利用一切可能想到的税收漏洞与当地市场激励政策，但它们本身却是国家与政府的补贴对象，数额高达每年4000亿美元。此外，石油开采、交通基础设施、水泥制造、家畜饲养以及燃煤和天然气发电，这些行业都大量排放二氧化碳与甲烷气体。为什么不这么干呢？这样做的成本极低，大气是最常见且免费易得的公共资源，而污染大气不需要付出任何代价。

印度、印度尼西亚、尼日利亚和巴西等大国的经济起飞让温室气体的排放以令人惊恐的速度增加。无论从经济上还是伦理上，我们都难以剥夺这些国家发展自身的权利。举例来说，在一个全球一体化的经济体系中，发达国家依赖这些国家取得廉价的商品与劳动力。而且，强行剥夺它们享受更高生活标准的权利是不合情理的。特别是，应该考虑到，在过去的一个世纪中，实现高速发展的西方国家应该对二氧化碳排放增长负起最大的责任。当前搭便车需要付出的代价将延迟到未来，而且绝对不会均摊到每个人头上，这一事实更增加了解决问题的难度。[1] 基于地理条件、富裕程度以

---

[1]　全球气候变暖研究的世界级权威威廉·诺德豪斯教授对此有过详细论述，参阅其著作 *The Climate Casino: Risk, Uncertainty, and Economics for a Warming World* (New Haven and London: Yale University Press, 2013)。

及当地社群的组织情况等方面的差异，未来各地预计受到的冲击将会极为不同。与孟加拉国和巴哈马群岛相比，荷兰与纽约能够支配更多的资源以应对海平面的上升。至少巴哈马群岛的富豪们总能到另一座华丽的海滨别墅重新定居，但恒河 – 布拉马普特拉河三角洲的农民就享受不到那种奢侈。

人们可以论证，这是一种所有人都采取利己行为，最终祸害他们自己的极端情况。化石燃料的使用就是一个大骗局，是一种大型搭便车。从当前价格的狭隘立场出发，廉价物流和能源能让人人得益，但最终事实将证明这会严重危害社会。也就是说，市场对它们的总定价是错误的：没有把外部性的附加成本包括在内，例如向大气中排放温室气体导致的全球气候变暖。权威环境经济学家威廉·诺德豪斯（William Nordhaus）教授总结了这个问题："经济学中有一条重要的知识，即未加管控的市场无法有效地处理有害的外部性……未加管控的市场时常排放过多的二氧化碳，因为在这些市场中，二氧化碳排放造成的外部损害价格为零。全球气候变暖是一种特别棘手的外部性，因为它是全球性的，而且会影响未来几十年。"[1]

这是市场的失败，但也同样是当前参与者有意歪曲而造成的后果。汽车公司和石油公司、电力生产商，甚至国家，出于直接的眼前战略考虑，都愿意把这种外部性的成本转嫁给社会延期支付。

---

[1]　*The Climate Casino: Risk, Uncertainty, and Economics for a Warming World*，p. 6.

大量使用化石燃料的真正成本没有反映在煤与石油的实际价格中。如果有一天果真反映出来，则我们也就要与经济实惠的碳氢化合物说拜拜了，而部署替代产品的步伐会大为加快，赏格也会大为提高。在市场经济中，最能唤醒自由企业的创造力并让社会行为产生重大改变的东西不是别的，是价格信号。与此同时，利益相关者将在不可避免的过渡中遭受最大的损失，他们将向社会播下恐惧、不确定和怀疑的种子，尽可能地阻挡社会的压力。

　　抑制碳排放的重大政策举措不但会倾覆石油公司的业务，而且会倾覆许多国家的整体经济，即使最激烈地否定全球气候变暖的人士也不会争辩这一点。正如作家、社会活动家娜奥米·克莱恩（Naomi Klein）在她最新出版的书中敏锐指出的，人们应该仔细倾听反对者的意见，因为他们说出了那些资助他们的人的想法和谈判立场。[①] 技术替代品将让某些人富得流油、势力大增，但这些人肯定不是当前已然功成名就的角逐者，无论是公众的或者私人的。

　　如果以直截了当的方法阐明形势，全球气候变暖的科学共识本质上要求那些理性自利的垄断利益集团采取行动，或者大幅度改变让他们取得财富和势力的做法，或者自行走向灭亡。只要我们让市场正常运转，即让主要的经济势力共同合作，为碳排放设立

---

① 　Naomi Klein, *This Changes Everything: Capitalism vs. the Climate* (New York, Simon & Schuster, 2014).

价格，化石燃料的工业联合企业的吸引力就会立刻大为降低。它们肯定不会为之雀跃；同样，说服它们降低自己的温室气体排放绝非易事。生产石油与天然气的厂家、公司和国家都会为它们的长期生存而战。

因此，迄今为止的事实证明，为外部性定价是不可能的。碳定价与碳税计划已经局部实施，并取得了有限的成功。更广泛的计划还沉睡在世界各国政府机构的抽屉中等待天明。正如囚徒困境所反映的那样，在这种形势下，对一些利益相关者来说，一直搭便车到自尝苦果是更优的策略。

▲

对于过度使用公共品这一问题，自由市场理想主义者无法给出好的解决方法，因为正是运转顺畅的市场机制本身造成了搭便车。人们往往会争辩说，将经济活动私有化可解决搭便车问题。例如，人们应该指望石油公司的理性自利会引导他们以最有效最经济的方式开采石油，尤其是在他们不必为自己造成的污染买单的情况下。那些污染其实就是他们对社会整体造成的长期代价。从根本上说，企业会避免为他们造成的负外部性付款，而那其实才是真正的成本投入。另一方面，空气属于每个人，人人都免费使用空气。人们很难把它纳入市场的轨道。让我们想象一个可供呼吸的空气的市场，就像影片《全面回忆》（*Total Recall*）表现的那种情况。在这部影片中，控制了火星矿山的邪恶公司垄断了空气的供应。尽管这一设定可以成就一部优秀的反乌托邦科幻作品，但对真实世界中的市场参与者来说，这种情况是否能够实现或者真的有益处就很难说了。

说到公共池塘资源中的搭便车，安·兰德（Ayn Rand）的自由意志主义门徒们却都不吭声了。说句公道话，散文家、自由意志主义者的教主穆瑞·罗斯巴德（Murray Rothbard）本人也将污染视为一种对私人财产的侵犯，本身应该被禁止，无论是诉诸法律还是暴力。显然，与大多数自由意志信条一样，这类极端分子的观点更多地被应用于科幻作品而不是政策制定。看上去，它也与自由意志主义者长期公开反对任何管制的行为矛盾。

搭便车的存在反映了某种经济理想主义本质上的无法自洽。这种理想主义将自利的追求视为对社会整体最终的利好因素。对于资源稀缺，人类发展了两种应对方式：技术替代与集体行动。一方面，以市场为基础的经济在刺激革新方面极为有效。这不是促进技术进步的唯一途径，但它当然有效。正如前面讨论过的鸟粪和合成氨的例子，一旦有了替代产品，市场的"动物精神"便会缓和资源稀缺。但只有当资源和原材料成本下降到私营企业能够接受的程度，而且外部性的成本在社会的容忍度之内时，它才有效。换言之，正像佛瑞吉人说的那样，替代品在有利可图时才有用。

另一方面，公共池塘资源人人都可免费使用。这让它们对通常的市场机制很不敏感。你无法把空气装瓶出售（尽管我听说真有人把纯净的加拿大空气装瓶卖给雾霾笼罩下的北京市民）。人们有巨大的动力去使用公共池塘资源：毕竟它们是免费的。对它们的管理与消费需要非常不同的方式。为了保证它们能造福所有人，就必须让它们变得比现在更贵——它们现在不要钱——它们的价格需要由所有有关各方协商决定。这就意味着需要谈判取得具有约束力的协议，并建立机构以监管协议的实施、裁定偶然违反协议造成的争端。最重要的是，这要求建立人们对这些机构的信任，但这种信任只有依赖时间、各方努力与积极参与才能培育。

如果想从这一简单的概括中得出结论，我们可以给出以下几条：公共物品的搭便车行为，威胁的主要是我们的长期福祉，而不仅是原材料的物质稀缺。由于它们的非排他性和非竞争性，公共物品总是面临着枯竭。如果没有某种形式的规则、契约或者任何其他形式的定价或奖惩，搭便车行为必然会发生。设计与管制面向整个社会的公共物品是一个涉及面非常广泛的过程，谁也没法确保最终方案万无一失。尽管听起来令人沮丧，但在我们的世界中，搭便车现象已经遍地开花，而非偶然一现。

让乐园一直顺利运行

让我们再回到《星际迷航》和星际迷航经济学上。在每样东西都是公共物品而且毫无金钱激励的情况下，星际迷航经济是怎样防止搭便车呢？

尽管存在疑虑和抱怨，但"自然之力"是一次独特的重要尝试。在整个正典中，这是唯一的一集，描述了"进取"号以及整个星联都必须与我们时代的核心问题角力：如何让各个国家、私营企业和个人，为了减少使用曲速引擎（或者减少温室气体排放）而合作。甚至更为紧迫的是：如何防止其中的一些参与者搭便车？也就是说，如何保证没有人使用比其他人更高的曲速（或者排放更多的二氧化碳），以防止这种行为在其他使用者都遵循规则时对时空连续统（或者地球的大气层）造成更多的破坏。

前面我已经提及，星联内很少有人过奢侈的生活。有人想搭便车是因为能将现在或者将来的负担转嫁给社会，但由于科技的发展，公共池塘资源接近无限，这样的诱惑便不存在了。

尽管如此，为了解决搭便车问题，单单有高科技似乎还远远不够。即使在虚构环境下，这也是个站不住脚的借口。我觉得，技术替代本身似乎还不够。举例来说，公共物品并不局限于自然资源，还包括那种只有社会整体才能享受的服务，如教育和安全，也就是公权力领域。有人会想，有效的政府机构对于辖内资源的分配与使用肩负着制定与实施规则的责任，它们是科技解决方案的必要补充。但问题是，星联可不擅长建立强大而活跃的中央集权权力结构。

除了其军事地位本身还有些模糊的星际舰队（要我说，星际舰队的军章和睡衣制服设计得也太粗糙了，最多只是军迷水平而已），星联首先而且主要依赖的是协商民主。它广泛调动起老练的外交家和谈判大师，从来不吝啬对任何需要的人伸出人道主义的援手。星联拥有的几乎全都是软实力，它不是一个极权的利维坦式国家。大多数时候，其机构运转不依靠任何公开的威压。选举民主是准则。成员行星皆实施自治。总统身穿时髦服装、梳着漂亮发型，不过是个挂名领袖。从剧里为数不多的场景来看，星联委员会是《星球大战》中的小酒馆的豪华版，它不会让人产生面对罗慕兰参议院及其常务委员会时感到的敬畏。

星联里的政治家们也并非顶天立地的治国骨干，而是一群温和软弱、自由散漫的管理者。民选的官员或许可以为了鸡毛蒜皮的小事争执不休，但很难想象他们会代表冲突的利益或者选民，为了生死存亡的大事相互争论。偶然出现的煽动者或许有时候会鼓吹：在面临星系的许多外族威胁时，应该采取斯巴达式的解决方式和强硬的道德态度，但加强星际舰队与另行建造战斗型星舰几乎从来不会被认为是革命性的立场。到头来，星联政治家们的首要任务是要让这个乐园保持顺利运行。

官方权威的确存在，但很明显，它与私人商业利益井水不犯河水。政府承包商与能源公司不需要为了自己的私人利益影响政治。我们甚至不清楚，究竟有没有能源公司或者任何种类的工业相关团体。它们或许确实存在，但也只是因为大型组织确实能有效地集中力量办大事。例如，我们不妨想一想在《星际迷航：下一代》"家庭"一集中的亚特兰蒂斯项目，其目的是提升地球的海床，创造一个新大陆。在没有利润动机的情况下，这些大型实体的表现类似于星舰。它们类似于公共机构，是众多机构中的一个，为各自的使命奔走呼号，不满于其他机构的领地和人手比自己更多。

在这种乌托邦式设定中，对于公众的最大利益这一议题，社会中有各种相左的阐释，而政治冲突确实能让这些阐释进行开诚布公的讨论。基于理性与说服，人们最后可以达成共识。很显然，理论上来讲，这正是我们这个时代践行自由民主的目的所在，只不过这种实践不尽如人意。

当私人利益不再是公开辩论中秘不可宣的动机时，人们在政治过程中就比较容易倾听专家意见。专家由于不受外界影响与私人动机左右，能够作为可信任的客观仲裁人。事实上，星联中对政治冲突的决议非常近似于对相互竞争的科学见解的裁定，价值与有效性在其中所起的作用超过提议者的名望。

人们在星联中信任专家不仅是因为他们的专家身份，而且因为他们的任何一个发现，都必须经受住千百万具有同样资格的专家的严格评审。在这方面，人们甚至可以说，星联最大的公共物品是人力资本本身。知识、诀窍和专家意见，都不会受到烦琐的知识产权保护法或者机构保密法的限制。相反，名望经济鼓励人们追求知识，因为人人都在激烈角逐威望与名声。如果你把帽子往场子里一甩宣布参战，投入集体讨论，迎接你的只有掌声。

而且，科学、外交或者技术方面的专家意见受人信任，因为它们与外部赞助无关。这个过程和发动此过程的机构也受人信任，因为它们是根据开放、透明和实证理性的科学价值运行的。公平地说，可能影响这些意见建议的因素仅仅是个人的野心和制度竞争的逻辑。科学家个人想要他们的结论胜出，因为这能为他们赢得名声。与此类似，政府行政部门和机构总是寻求扩大它们的管辖范围。

星联中满是一流科学家，因此在有关政策建议的公开激烈辩论中，伪科学或者错误百出的学说想胜出是不可能的。当大众具有智慧的时候，他们的智慧便享有真切的权力，星联体现的正是这种情况。因此人们可以推动当局做出正确的决定，事无巨细、一概兼顾。

让选民接受这些决定仍然是一大挑战。人称马基叛军（Maquis）的武装叛乱分子就是一个有趣的案例：作为与卡达西的一项和平条约的一部分，星联同意与它过去的敌人交换位于共同边界上的一些行星系的控制权。这样，有些星联的行星将会变成卡达西联盟的一部分，反之亦然。星联开拓者们不得不撤离，在新的星系中重新安家。[①] 这是一个审慎的决定。星联外交家们的理由是：星联因和平取得的总收益，值得进行小型的人口迁徙。虽然此举让一小部分人做出了牺牲，但这次外交谈判让每个人获得了和平。有些开拓者激烈反对，并拿起了武器。[②] 这个案例中讨论的公共物品是和平，搭便车者是那些拒绝接受条款且威胁和平的人。这并不是咄咄怪事。社会承担的安全、正义和防务这些服务本身就是公共物品。例如，星际舰队是典型的公共物品提供者。它是一个科学考察机构，也是具有武装力量暗示的一支星系消防队，总是在接到请求的时候赶向某颗行星，处理某种问题。

星联严厉地对待马基投机分子。一些星际舰队的军官出于个人信仰叛逃加入了马基叛军[③]，但他们无力阻止马基叛军的败亡。这表明，尽管在多数情况下星联分散管理、不尚武力，但如果形势使然，它不惧怕动用武力与威压。[④]

除了科技考虑，我们可以颇有自信地声称，星联在处理集体行动问题方面具有高度理性与公共协商精神。这听起来不太有戏剧性，或者说不怎么令人激动，但这正是其关键之处。

---

① 《星际迷航：下一代》，7×20：“旅途的终点”。

② 《星际迷航："深空"九号》，2×20："马基叛军，上集"和《星际迷航："深空"九号》，2×21："马基叛军，下集"。

③ 例如迷航迷喜欢的海军少尉洛·莱伦（Ro Laren），见《星际迷航：下一代》，7×24："先发制人的打击"。

④ 《星际迷航："深空"九号》，5×13："制服与荣耀"。

　　我们不清楚星联如果考虑并接受了专家建议，它是会直接实施，还是经公众投票通过后实施。正如史波克会说的那样，对于一个致力于自由民主理想的社会来说，通过正式投票对任何政策决定做出批准并授予合法性似乎是合乎逻辑的。

　　这个过程当然不会像剧集中表现的那么简单或者容易。良善治理不是一台 iPhone。它从来不是一个开箱即用的成形产品。如果你认为它不过是在行使有效的议事规则或者一份宪法，那你就大错特错了。管理是一项缓慢又小心谨慎的动态过程，这一点永远不会表现在《星际迷航》的剧情中。它需要时间与专注。它需要许多年的层层积累。它需要来自所有相关者艰巨的努力、历久弥新的献身精神和友谊。

　　我相信，《星际迷航》最为极致的乌托邦特质体现在它解决集体行动问题的方式上。如果没有一个保证资源最优化使用的经济与政治体系，科技、太空旅行或金钱的废除都没有多少实际意义。这意味着所有人都有公平、不受限的机会，以及为未来世代考虑的可持续的管理。这要求所有相关者积极参与政策制定，要求公民具备紧密跟进决策的积极性与能力，以及对政府机构和协商过程本身抱有信任。嗯，这很乌托邦。

　　好吧，或许实际上不是。当你透过各色小故事和科技小把戏去看，你会发现《星际迷航》的未来经济看上去相当缺乏想象力。它的政治形式、星联的机构也和未来经济一样平淡无奇。就像我们能从正典中推断的那样，星联似乎正是哲学家卡尔·波普尔（Karl Popper）称之为"开放社会"的那种东西。[①] 这个概念本身相当直截了当，它来自波普尔的理念——真正的科学可以根据它的证伪性而为人所认识。将其应用于社会中便意味着，每一项政策和每一次集体决策，都必须公开面对理性的挑战，直至被证明是错误的。这显然需要有相应的制度来保障个人自由，以及对决策进行不断修正。具体地说，一个像星联这样开放的社会将会信奉民主、公开辩论、彼此包容，并把交流意见视为持续进行有益调整的一种方法。作为最理想的形式，它通过理性的批评而不是暴力与压迫来解决冲突。尽管这样的开放社会并不包含传统的在宗教或科学正统中被认为标准的真理，但它仍然信奉正义与人权。这些核心价值本身受到了市民毫不容情的仔细推敲以及相应的修正。因此，例如机器人和全息医生这样的有意识生命才能通过抗辩与司法审查得到完全的公民身份。

星联的政府体系是教科书式的自由民主制。尽管它名义上毫无特殊之处，但考虑到这一制度在真实世界中的推行极其不易，因此它在实际操作上极为特殊。经过了几个世纪的革命与尚有争议的进步，我们距离全面实现这些相当基本的政治原则仍尚遥远。世界上还没有一个国家能够无偏袒地行使正义，遵循理性与科学

---

① Karl Popper, *The Open Society and Its Enemies*, 5th ed. (Princeton: Princeton University Press, 1966).

制定政策，而不被根深蒂固的既有利益或传统认知所误导。

当然，由于普遍的丰裕，星联政府的作用大为削弱了。在相互竞争的利益群体之间分配和发放资源不过是个微小的问题。由于不存在物资稀缺，许多暴力行为都直接或间接地由政治途径得到了缓解。物资的丰富与科技的进步让私有财产基本上不复存在。因此，从经济角度上说，没有多少东西是值得竞争的。简言之，星联不存在税收政策，因为它根本不需要。

星联是完美的，或者至少是人们能够在 α 象限找到的最近乎完美的社会。在集体行动和最优决策上，只有博格比星联做得更好，而且这不是因为博格与星联有本质上的不同，情况恰恰相反。正如我后面会讨论的，博格与星联极为相似，这正是他们能够极其有效地分配资源的原因。正如西斯科舰长的沉吟："地球上没有贫穷，没有犯罪，没有战争。你向窗外遥望星际舰队的司令部，你看到的是极乐世界。在极乐世界中，当圣人不难。"[1] 我要再加上一句：纵使星联本身是个极乐园，让整个星系的行星都迈向极乐世界还任重道远。

---

[1] 《星际迷航："深空"九号》，2×21："马基叛军，下集"。

第 6 章

星际迷航经济学和经典科幻小说

Sources of Trekonomics in Classic Science Fiction

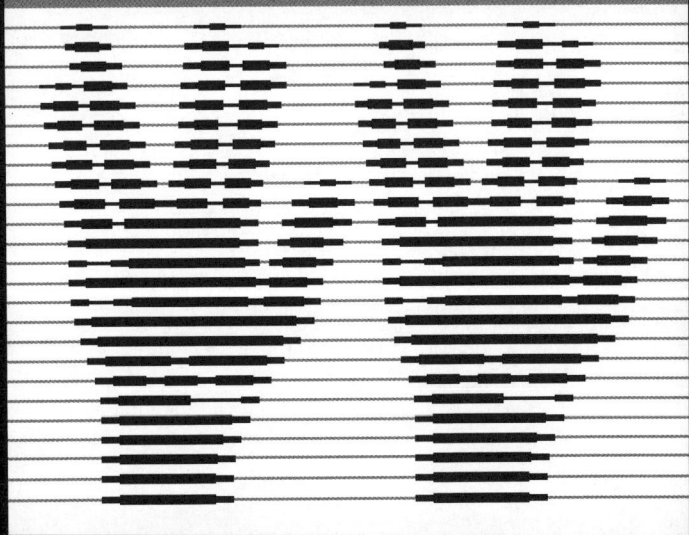

"……那种未来，那种空间站，所有那些人，它们都是存在的……"①

　　"这个体系于1997年4月上网。人类的决议被从战略防御中抹去。天网卫星开始以几何速度学习。8月29日，美东时间上午2时14分，它开始有了自我意识。"② 随之，引爆。

　　说到智能机器，《终结者2》(Terminator 2)中的这些著名台词总结了我们的一切恐惧。阿诺德·施瓦辛格以他带有奥地利口音的独特声音说出了这些句子。这部电影是玛丽·雪莱的《科学怪人》的现代版本。我们自己创造的机器摆脱了我们的控制，发现我们不配活着，不断地把我们从地球表面抹去。《终结者2》被称为《审判日》(Judgment Day)是有原因的。与玛丽·雪莱的杰作一样，《终结者》中也无可否认地存在着基督教神话。这似乎正是反乌托

---

①　《星际迷航："深空"九号》，6×13："梦中人"。

②　《终结者2：审判日》。

邦科幻作品永远都会让我们浮想联翩的原因。这又是老一套的道德剧，未来科幻的新酒仍然装在原罪与人类堕落的旧瓶子里。这种主题的作品就是想让我们恐惧，想给我们以启发。而且它们成功了。渺小的人类总是上蹿下跳地想要扮演上帝，但这次你们可别想逃过惩罚了。

这样的叙事正是 200 年来科幻作品的必备要素。智能机器是末日灾难的执行者，这是一个比喻，一种传统。在为数不多未遵循这一传统的小故事中，机器人要么只是外围角色，要么被完全忽略了。机器人在社会中的角色很少成为讨论的焦点，但它是一个真正值得讨论的经济学问题。

不妨以有史以来最宏大的科幻电影《星球大战》系列为例。其中也有矛盾之处，在《星球大战》的宇宙中，旧共和国与帝国都使用了克隆人与机器人军队，但与此同时仍然都存在人类奴隶劳动。欧文叔叔从爪哇人那里购买机器人，但为了种庄稼，却要求他冲动的侄儿卢克·天行者（Luke Skywalker）推迟成为领航员的计划。这说明，欧文叔叔实际上买不起更多的机器人，无法享受劳力自动化带来的全部好处。《星球大战》的社会是不平等的。有些人有钱，能够购置机器人、克隆人和人类奴隶；其他人只好凑合着度日，靠自己的家庭成员和侄儿们帮忙混下去。本质上，这样一种设定更接近罗马帝国或者早期的美国共和国：一小撮寡头控制了强迫劳工（无论他们是程控智能机器人、克隆战士或者人类奴隶），而其他平民大众似乎只能勉强度日。可以说，在构筑世界观时，《星球大战》是对历史的回溯。

　　然后让我们看这些小说。它们的目的很明显，是打着试探性的虚构幌子来探索当前的政治经济现实。在这些作品中，新科技带来的社会冲击微乎其微，只不过是一种寓言。想想弗兰克·赫伯特（Frank Herbert）的《沙丘》（*Dune*），它是一部成功的科幻作品。《沙丘》的独特之处在于，它用背景故事耍了个花招，从它的宇宙中删去了机器人和计算机。故事告诉我们，很久以前发生的某次内战摧毁了智能机器，随后又绝对禁止使用它们。这是要从开头就让读者知道，他们不要指望读到老式优秀科幻作品中通常会出现的新奇小发明小玩意儿。这为故事的进展扫清了道路，让赫伯特能够为我们笔调丰富地描述阿拉基斯星上独特的沙漠生态和生活其间的人类。《沙丘》谈及的内容包罗万象：权力、宗教、为稀缺资源进行的垦殖、人与自然的复杂关系等，但他有意让这本书全然不涉及机器和它们在社会中的地位。

　　这些从经典科幻作品中择取的关键例子说明，无论在科幻作品中，还是在通俗文化中，《星际迷航》都是何等标新立异。《星际迷航》看上去似乎偏离甚至断然拒绝了科幻作品中更受人欢迎的主题。

　　正是星际迷航经济学成就了《星际迷航》。在《星际迷航》描述的未来中，科技不仅是些惹眼的小把戏，也不仅是按照摩尔定律以指数级速度使各种东西微型化，甚至不是市场中的效率和竞争优势。正如《星际迷航》的缔造者吉恩·罗登伯里在《下一代》的权威指导文字中简洁地解释的那样：

> 科技的改进已经超出了开发更小、更快或者更强大的东西的范畴。它现在更多地以改进生活质量为中心。[①]

在《星际迷航》的宇宙中，科技即使不是人道主义的，也是具有人文关怀的。人工智能、充裕的能源以及无处不在的自动化不仅造就了物质的极大丰富，更让人类不必再依赖工作才能生存。在成功地做到这一点之后，《星际迷航》中的人类有更多的时间尝试其他追求。毫无疑问，观看《下一代》和它的续篇时，最令人印象深刻的就是金钱不复存在了。这是星际迷航经济体系最明显、最引人注意的方面。虚构的后稀缺时代以及社会财富更平等的分配，这些在理论上可能很美好，很有吸引力，并且是能够被我们这些21世纪的头脑理解的东西，哪怕只是转瞬即逝。然而，未来完全用不着工作这一点却没有给人留下同等深刻的印象。

《星际迷航》让人类不再将生理与经济上的必需作为自己对幸福的追求，它重复了艾萨克·阿西莫夫最根本、最重大的经济命

---

① Gene Roddenberry, "Star Trek: The Next Generation Writers/Director's Guide," (未发表的手稿, March 23, 1987), Acrobat file, accessed March 2, 2016.

题。本章将探讨阿西莫夫对《星际迷航》和星际迷航经济学的影响。

《路边野餐》与《失去一切的人》

在探讨阿西莫夫之前，我们必须要注意，科幻作品并非一概反乌托邦。《星际迷航》的乐观主义经济观点可以在一些不那么著名的著作中找到踪迹。

在这些作品中，最引人注目的可以回溯到 20 世纪 60 年代的苏联。就我所知，这种情况更多是一种偶然的一致，而不是有意为之。阿卡迪·斯特鲁伽茨基和鲍里斯·斯特鲁伽茨基兄弟是写作搭档，他们对后经济（post-economic）时期飞向太空的人类的大致状况做出了已知的第一次描述，其中依稀可见《星际迷航》的轮廓。斯特鲁伽茨基兄弟为安德烈·塔尔科夫斯基（Andrei Tarkovsky）的影片《潜行者》（Stalker）撰写了剧本，因此为科幻电影迷们所熟知。《潜行者》于 2001 年走上银幕，与《银翼杀手》（Blade Runner）和《少数派报告》（Minority Report）齐名。两兄弟在俄罗斯的名声跟雷·布莱伯利和亚瑟·C. 克拉克在美国一样。

他们的第一本书是《正午：22 世纪》（Noon: 22nd Century）。这是一部短篇小说集，于 1962 年在苏联出版。故事发生在一个饥饿、疾病、犯罪、贫穷甚至民族国家都消失了的世界中。人类在银河星系中探索，并时常与外星种族不期而遇。有些行星上也神秘地居住着人类。地球理事会给一所名叫实验历史研究所的机构下达了一项任务，要它与这些星际人类种族联系。该所的特派联系人被称为进步者（progressors），他们暗中帮助落后的人类走上社会和谐之路。这经常是一项可怕又无情的工作。出于他们非常高的道德标准，这些进步者会情不自禁地逾越他们的使命范围，以破坏性的方式干预落后人类。无可否认，在斯特鲁伽茨基兄弟关于实验历史（Experimental History）的概念中可以找到阿西莫夫的心理史学的影子，以及最高指导原则的雏形，但其表现方式却明显比《星际迷航》更具悲剧色彩。

人们可以发现，《星际迷航》的大部分主题不但可以在《正午：22 世纪》中找到，而且也可以在斯特鲁伽茨基兄弟随后写作的书籍中找到。这不禁让人怀疑，莫非吉恩·罗登伯里听说过这些书？（直到《原初系列》首次播出几年后，这些书才开始被翻译成英语出版。）在某种意义上，一个更有意思的想法是，罗登伯里在勾勒《星际迷航》的轮廓时甚至全然不知道有两位与他想法类似的俄罗斯作家存在。而铁幕两边的作家得出了大致相同的结论。

尽管斯特鲁伽茨基兄弟可能没有直接启发《星际迷航》，但他们对西方科幻作品具有深远的影响。例如，伊恩·班克斯广受称赞的“文明”（Culture）宇宙便是围绕着类似的原则组织的。他的“文明”系列描写的是一种后稀缺经济，确实与实验历史研究所和进步者类似。“文明”宇宙中的联络与特别事件机构都打入了外星生命的社会并对他们施以控制。"文明"系列的几部小说出版于《下一代》播放期间，尽管它们对《下一代》有影响，但二者的主题具有深刻的差异。它们至少提出，在冷战末期的那个特定时刻，人们再次有可能想象后经济社会与未来。

令人吃惊的是，在斯特鲁伽茨基兄弟的著作中没有机器人与自动化。他们描述了一个没有国家、没有政府的社会，这与星联形成了很强的呼应，但它只是个背景，用来讲述与爱情、失落与悲痛有关的扣人心弦的故事。主要人物要么犯了可怕的错误，例如在精彩的小说《权力的囚徒》（*Prisoners of Power*）和《为神不易》（*Hard to Be a God*）中的情况；要么面临着无法抗拒的困境与即将来临的死亡，必须牺牲他们自己来拯救人类，例如我特别喜欢的一部名叫《远方彩虹》（*Far Rainbow*）的悲惨小说中的情况。我建议所有《星际迷航》同好者也能阅读斯特鲁伽茨基兄弟的著作，这并非全然出于对《星际迷航》考古的原因。它们都是有史以来最优美、最不寻常、最激动人心的科幻作品。

《星际迷航》的另一个主要渊源表现在《原初系列》与《下一代》中，源头是厄休拉·勒奎恩的不朽著作《失去一切的人》（*The Dispossessed: An Ambiguous Utopia*）。书中营建了一个无政府主义乌托邦作为对比，对当代政治体系进行了剖析。在行星乌拉斯上，伊奥国与舍国争夺霸权。伊奥是一个资本主义社会，而舍是以苏联为原型塑造的。在天仓五星系中的另一个行星阿纳瑞斯上，人们的生活是依据无政府原则组织的。阿纳瑞斯的人民没有私有财产，社会的一切资源都是公有的。他们甚至在语言中也避免使用所有格。阿纳瑞斯的环境相当具有挑战性：乌托邦不容易实现。史波克会说，多数人的需要将压倒少数人的需要。我一直认为，瓦肯星温度奇高，到处是石质的沙漠，或许就是以阿纳瑞斯为原型塑造的。与此类似，瓦肯星人及其社会似乎也与阿纳瑞斯体制相似，特别是他们对物质财产的漠视和他们被隐匿的情感。

《失去一切的人》尤其致力于说明，后稀缺并非一定需要物质财富或者自然的慷慨，而只是社会的一种组织形式。与乌拉斯相比，阿纳瑞斯是个相对贫瘠的行星。尽管如此，它的居民仍然能够安居乐业，创造有意义的社会关系。主要的挑战来自一种社会变化。本书主人翁谢维克是个持不同政见的一流科学家，他因为研究目的而着手访问乌拉斯，结果造成了不小的喧嚣。阿纳瑞斯人通常与乌拉斯人没有互动，他们生活在自行规定的封闭经济中。有些人认为，谢维克的访问是某种威胁。这种冲突就是勒奎恩的故事的核心：社会是动态构建的产物，乌托邦永远不会完工，它需要持续的关注与打理。这些主题不仅在《下一代》中有所体现，而且在《"深空"九号》中也有反映。在一个乌托邦社会（星联）与更普通的国家（星联以外的成员）之间的交换与文化渗透，的确是让《"深空"九号》激动人心的原因。但相互的位置颠倒了。与勒奎恩笔下的阿纳瑞斯相反，星联是仁慈的，力量比别的国家强大不知道多少倍，是一个富裕到无法想象的政治体，而其他的种族还在因各自的问题而挣扎。

红十字会加上麻省理工学院职工俱乐部

正如我过去指出的那样，《下一代》铸就了这部电视连续剧确定无疑地向乌托邦转变。尽管冷战中的美国向《原初系列》灌注了非常不同的风味，但《下一代》则有意地回避了这些古怪的冲突。

各集中的权威指导文字强调了这一方向性转变。1967 年，在他给后来成为《原初系列》的剧本写下的编剧指南中，吉恩·罗登伯里描述了地球在《星际迷航》中的地位：

首先，我们不会再讲那一类故事，因此不要期待这部电视剧讨论一些将会产生重大问题的主题，无论是科技方面的或是别的。在我们的星舰名称中的"U.S.S."代表"联邦星舰"，它表明人类已经在地球上形成了某种联合，甚至终于实现了持久的和平。这一点毫无疑义。如果你想要我们描述未来，说那时候地球上的城市有着宏伟的规划，在它们周围都有着 50 英里（1 英里约合 1.6093 千米）的公园林带，这是可以的。但今天的电视媒体还无法让我们讨论星际迷航世纪中的地球政治；例如，哪种社会经济体系最终被证明是最好的。[①]

说得不能再明显了。这是冷战时期的美国。某些特定题材不适宜讨论，特别是那些与星际迷航的未来社会有关的社会经济组织问题。克里斯·布莱克是《星际迷航："进取"号》的编剧与联合出品人。在接受我的采访时，他将罗登伯里避嫌的方式总结为"务实"。克里斯解释道："他说的是，对于将来，人们可以有他们各自的乌托邦想象，我甚至可能会同意他们的想法，但广播公司出于现实考虑只会让我们表现这么多。"[②]

《原初系列》真正的五年使命是批判现实世界的偏见与争议：种族主义、偏执、"确保相互毁灭"、越南战争。这是对冷战的批判，因此也必定是对冷战科幻作品的批判，也就是说，首先是对罗伯特·海因莱因的批判。

据罗登伯里自己说，没有任何作者对《原初系列》的影响超过罗伯特·海因莱因，特别是他的青少年小说《神游太空者》(*Space Cadet*)。这部出版于 1948 年的书被誉为经典。这是本成长小说，讲述来自艾奥瓦州的青年马特·道森接受教育的经过。他加入了太空巡警（Space Patrol），并成长为一位成年男子。因此《星际迷航》中的史波克舰长来自艾奥瓦州是有原因的。而太空巡警是星际舰

---

① Gene Roddenberry and Gene L. Coon, "The Star Trek Writers/Directors Guide" (未发表的手稿 , 3rd rev., April 17, 1967), Acrobat file, accessed March 2, 2016, p. 29.

② 布莱克采访实录。

队的原型，它是一个多种族、多国家的机构，受命维持太阳系的和平。

有些古怪的是，海因莱因笔下的太空巡警控制着地球轨道上的核弹头，而且它的使命是用核弹攻击任何受到诱惑与邻国开战的国家。这是一个负有威慑性使命的超国家机构，以灭绝手段作为威胁，在母星上强制实施和平与民主。如果将联合国宪章与"确保相互毁灭"结合并外延，或许可以取得这种效果。这一切可都是写给青少年看的。

这也是乐观主义者海因莱因当时能够纠集起来的一切。与他后来的著作相比，《神游太空者》读来相对令人愉快，比较理想化，但或许有点反社会倾向。它能启发罗登伯里，是很有道理的。在《太空神游者》中，海因莱因描绘了一个种族主义已经绝迹的社会。与星际舰队相像，太空巡警应该是一支向善的武装。然而，他们扣在核扳机上的粗大手指让人们不得不对这种"向善"表示怀疑。作为一支高度自治而且难以指望的武装力量，太空巡警是《星际迷航》鼓吹的那种民主开放的社会的对立面。

《星际迷航》第一个系列里的等级结构和海军军衔，是用来吸引海因莱因的青少年读者和同年龄段的观众的。跟罗登伯里一样，这些追星族青少年都读过《太空神游者》和《穿上航天服去旅行》（*Have Space Suit—Will Travel*）。《星际迷航》用上了海因莱因的所有比喻，但进行了和谐处理。例如，种族平等与性别平等是海因莱因小说中的突出特点。只要你愿意报名参加太空巡警或星联武装力量，谁也不在意你的性别或肤色。《星河战队》（*Starship Troopers*）中的约翰尼·瑞科（Johnny Rico）是菲律宾人，与他同为列兵的迪兹是他的（女性）爱慕对象。在这方面，海因莱因无疑启发了《原初系列》的舰员队伍设定。从《太空神游者》开始，他把这一点变成了科学幻想作品的新楷模，有色人种与女性（如在《星河战队》中）也可以成为主要人物。当然，在《星河战队》里看似民主的专制"联邦"中，这些群体的主体性与地位是被组织赐予的。柯克本人颇具男子气概，足智多谋，果断坚定，具有白人男性的全部优秀特质，但他在剧中的出场足够暗淡，表现得像约翰尼·瑞科。在剧中，白人男性并不比一位少数族裔的形象更为光辉高大。在一个全都由书呆子与娘娘腔式的外交家与科学家（不管是不是长着尖耳朵）统治的世界中，柯克舰长冲动莽撞，到处拈花惹草，演员威廉·夏特纳将柯克的这些个人特质表现得淋漓尽致。

过了些年，罗登伯里坦承，他以斯威夫特的《格利佛游记》作为《原初系列》的原型，以此绕过电视广播公司令人窒息的审查制度。科幻题材为他开辟捷径，使他能够发起公开辩论，反对20世纪60年代电视的意识形态樊篱。这一说法出现于1992年马克·库什曼对其的一次访谈中，《这是我们的航程》（*These Are the Voyages*）第一册引用了相关部分：

斯威夫特想要写他那个时代的讽刺作品，于是他在故事中误入小人国。他可以在那里大谈疯狂的首相、不诚实的国王之类的。这便是奇妙所在。孩子们可以把它当童话来读，当探险故事来读，但是当他们长大了又能领会其中真正的含义……对我来说，这就好像如果我想谈性，谈宗教，谈政治，发表点反对越战的言论等，我可以写某个生活着绿色小人儿的行星上发生了类似的事情，这就能通过审查。[①]

经济意义，尤其是自动化与人工智能生命的社会后果，至今在作品中还笔墨不多。这并不意味着罗登伯里不了解机器人学的革命性潜力。情况恰恰相反，他显然在青少年时代读过阿西莫夫的故事。他甚至曾打造了引人注目的一集，其中人工智能原型机暂时代替了柯克和"进取"号上的舰员掌控全局。[②]

可以把《原初系列》时代意识形态的紧张状况，与 20 年后《下一代》权威指导文字中的惬意笔调做个对比。在讨论《星际迷航》宇宙中完全相同的地球社会问题时，罗登伯里叙述道：

我们确定，人类物种面临的大部分（甚至可能是全部）问题已经得到了解决，而且从那以后，地球已经转变为一个

---

① Marc Cushman, *These Are the Voyages: TOS Season One, with Susan Osborn* (San Diego: Jacobs/Brown Press, 2013).
② 《星际迷航：原初系列》，2×24："终极计算机"。

人间乐园，其中有大片受到保护的荒野地区、宏大的公园、美丽的城市，还有高文化素养的热情民众，他们已经学会了将生活视为一次伟大的探险。[1]

更加轻松的语气与自由的主题，部分反映了 20 世纪 80 年代美国电视产业中正在发生的经济形势变化。有线电视频道和辛迪加打破了广播网络对市场的垄断，于是编剧与节目制作人迎合各类小众观众的做法也变得有利可图。大胆的创新取代了意识形态方面的因循守旧。《下一代》尤其如此，它直接向各个电视台出售，完全避开了广播公司的舆论导向者和把关者。

全面兜售乌托邦理念不再是出格的行为，与此相反，它变成了这部连续剧的一个卖点，令其更受欢迎。人们曾经担心因批判特定的"社会经济体系"而招惹是非，从而只能闭口不谈，如今那种心神不宁的缄默已经不复存在了。在大的方面，地球社会变成了红十字会与麻省理工学院职工俱乐部的混合。

人们一定会疑惑：所有这些所谓重大问题是怎么一下子全都解决了的？《"航海家"号》中的汤姆·帕里斯（Tom Paris）中尉说，在 22 世纪的某个时刻，人们建立了"新世界经济"，也就是在那时，"金钱像恐龙一样灭绝了"。[2] 在以"黑暗时代"为标题

---

[1]　Roddenberry, "ST: TNG Writer/Director's Guide", p. 35.

[2]　《星际迷航："航海家"号》，5×15："暗黑前线，上集"。

的两集探访旧日的旅行中,《"深空"九号》探索了 21 世纪的动荡年月。[①]《"进取"号》饱含热忱地表现了后来的一些事件,却没有透露多少细节,这未免令人沮丧。到了今天,省略部分之多难免让人感到好奇。

通俗小说

20 世纪二三十年代,通俗杂志上的系列短篇小说和连环画是电视剧的前身。事实确实如此,就连《星际迷航》电视连续剧也承认这一点,并赞美这一传承。在《"深空"九号》中,它特意以一整集向它的根源致敬,标题为"梦中人",中心人物是一位 20 世纪 50 年代在纽约一家通俗杂志工作的黑人特约撰稿人。这位杂志编辑的性格中有一些特征,与《惊奇科幻小说》的传奇编辑约翰·坎贝尔相像,后者正是让艾萨克·阿西莫夫、罗伯特·海因莱因以及其他著名作家踏上了职业道路的人。简言之,坎贝尔是个偏执的人。《"深空"九号》的这一集提到,坎贝尔拒绝发表塞缪尔·德拉尼(Samuel Delany)的一部小说,因为读者不会接受一位黑人主人公。

偏见需要很长时间才能消除。回到 20 世纪 40 年代,偏见是

---

① 《星际迷航:"深空"九号》,3×11:"黑暗年代,上集";《星际迷航:"深空"九号》,3×12:"黑暗年代,下集"。

理所当然的事情。阿西莫夫酸楚地回忆当年，说坎贝尔"不知怎的，似乎理所当然地认为，北欧白人一成不变的那一套才真正代表了探险家、勇敢者、胜利者"。① 这批青年作家对通俗文学的繁荣做出的贡献最大，而他们中大部分人没有"高贵"的雅利安人祖上，因此这话尤其显得讽刺意味十足。20 世纪 30 年代初，E. E. 史密斯（E. E. Smith）博士用他的"透镜人"（Lensman）系列小说引爆了这场疯狂，而杰里·西格尔（Jerry Siegel）和乔·舒斯特（Joe Shuster）的《超人》（*Superman*）让这场疯狂全面铺开，获得无数受众。这些作家是这一典型的美国文化标志的缔造者，他们可几乎与北欧大师的血统全无干系。

连环画与文字连载系列让出版商狂捞一笔：它们牵动了孩子们的情绪，让他们牵肠挂肚地等待后面的剧情，只要一发行他们便蜂拥而至，一睹为快。连载小说的叙事套路还有着方便读者阅读，从而增加销量的经济打算。连载作品的故事背景和环境基本保持一致，每一期里常驻人物都会在同样的宇宙或城市中遇到新的困难。用不着多说，你可以从你一周或者一个月前中断的地方继续读下去。

像《惊奇科幻小说》这样的优质通俗杂志会标榜自己不但发表连载作品，也会登载独立的故事。然而，即使在《惊奇科幻小说》

① Isaac Asimov, "Reason," in *Robot Visions* (New York: Roc, 1991), p. 79. First appeared in *Astounding Science Fiction*, April 1941.

中，连载模式对编辑与作家也有着无法抗拒的吸引力。阿西莫夫的经典杰作"基地"系列小说从酝酿时便确定为一套多部著作，是一部对遥远未来的编年纪事。与此类似，他的机器人故事也可以自成体系，但它们全都有同样的科技设定和同一批出场人物：修理工鲍尔和多诺凡，以及科幻作品中第一位伟大的女性英雄，机器人专家苏珊·凯文（Susan Calvin）博士。

机器人三定律及其与生俱来的模糊性，提供了一套颠扑不破的戏剧结构和叙事原则。在每一集中，主要人物们都必须解决因为机器人在运行三大定律时出现的矛盾或错误理解而产生的难题。《理性》（Reason）是阿西莫夫最著名的小说之一。在一个收集太阳能为地球供给能量的太空站上，机器人拒绝接受鲍尔和多诺凡的指令。在那些机器人看来，这两位勤杂工显然是劣等生物，不可能是创造了机器人的人类。鲍尔（Powell）和多诺凡（Donovan）担心这些机器人会让能束偏离方向，杀死在地球上繁衍的低等生命形态。但事情并没有如此发展。那些机器人的工作相当出色，因为通过推理，它们认为太空站外面的世界只不过是虚幻，它们真正的主人是能束本身，而它们必须在任何时候让束流保持最佳状态。空间站的机器人领袖"小可爱"（Cvotie）自命为"先知"，他让他的机器人兄弟们吟诵着："除主宰外再无主宰，'小可爱'1 号则是他的先知。"① 这部小说集滑稽、讽刺与深刻于一身。它表现的主题是信仰的社会起源，这一主题极大地影响了诸多科幻作品，其中尤以《星际迷航》为甚。

阿西莫夫的机器人小说多少有些杂乱。与当时大多数系列作品不同，他没有按照时间顺序书写，避免了循序渐进的连续发展或者戏剧化的持续性。它们甚至会出现在不同的杂志上，因为《惊奇科幻小说》和坎贝尔从未声称是阿西莫夫机器人小说的独家出版商，甚至还拒绝了其中好多篇。这三大定律和循环出现的人物、场景和宇宙是小说叙事的定位标杆，让各篇故事发表时彼此呼应又各有差别。在这方面，它们与《星际迷航》的"每周外星人"（alien-of-the-week）模式相似，或者说是后者的前导（当然，《"深空"九号》和《"进取"号》的一部分有例外）。

阿西莫夫的机器人小说为星际迷航经济体系提供了广阔的主题和设定。它们探讨了两个核心假说：一方面是自动化科技善意与有益的本质，另一方面是它对人类劳力的替代。阿西莫夫当之无愧是第一位如此积极正面地系统展现机器人与机器人学的作家。迄今为止，他仍是唯一一位在作品中严肃讨论真正的经济问题的重要科幻作者。我认为他是启发《星际迷航》的未来观点的主要源泉。

---

① Isaac Asimov, "Reason," in *Robot Visions* (New York: Roc, 1991), p. 79. First appeared in *Astounding Science Fiction*, April 1941.

《基地》

我读《基地》是因为影片《星际迷航：无限太空》将阿西莫夫誉为"科学顾问"。虽然他没指导《星际迷航》本身，但起码对这部电影有所影响。我的朋友迪娜给了我三卷本的法文版《基地》，是平平常常的三卷平装本，深紫色封面，小小的字体。这是我到那时为止尽力阅读的最长篇幅的书，而且是我作为礼物得到的最大的书。我读了还不到两页，脑子就开始爆炸了：超空间跃迁、川陀星、哈里·谢顿（Hari Seldon）、数学、《银河系百科全书》（Encyclopedia Galactica）、心理史学。它满足了我的一切希望，而且不止如此。我实现了我的目标。或者说，我走上了通向目标的道路。

《基地》的情节大致是：哈里·谢顿是位非凡的数学家，他预测延续万年的银河帝国衰落在即，将分崩离析。根据他的数学推测，如果在位的掌权者不同意他的计划，空位期将长达 30000 年。他曾建议在银河系两端各建一个基地。它们的表面目的是将人类的一切知识编入《银河系百科全书》内，用以保留能够保留的一切，以此减轻帝国崩溃必然带来的混乱和艰难。

这完全是假话。

谢顿的计划是用数学推算来描述解释心理史学，进而形成整体安排，它的目的可没那么简单。这两个基地是用来操纵整个星系范围内的社会与经济力量的，目标是在将近一千年内建立新帝国。

这三册书以篇幅不一的短篇故事，讲述了基地的头三个世纪。这些短篇有些像连续剧剧集。除了不时在关键时刻出现的哈里·谢顿的全息图像，书中几乎没有反复出现的人物。将各个故事连接在一起的唯一线索就是经济，它是这部书中的主角、主要背景和戏剧性事件后面的驱动力。基地中的人类没有说话的自由，他们的选择和行动是由经济的必要性决定的，经济是星系真正的主宰之神。

人们已经探讨过《基地》的方方面面，其中好多人比我出色得多。值得一提的是保罗·克鲁格曼（Paul Krugman）为阿西莫夫的这一杰作的最新版撰写的极有特色的前言。我们从中可知，克鲁格曼教授本人曾在幼时梦想自己是哈里·谢顿，用"描述解释人类行为的数学体系拯救文明"。[①]

《基地》对《星际迷航》的世界的影响不像阿西莫夫的机器人故事那么直接，但依然是非常关键的。这是在心理层次上：《星际迷航》的舰员们与《基地》中的人物一样，在处理社会问题时具有科学理性。《基地》中的人物具有控制自己生命和所处环境的能力，他们很少对此产生怀疑。凭借非凡的工程技术和知识，他们过着和平富足的生活。没有他们办不到的事情，没有他们修理不了的东西，哪怕谢顿计划在执行中似乎并不顺利。他们是自己宇宙的主人。

---

① Paul Krugman, "Introduction," in Isaac Asimov, *Foundation* (London: Folio Society, 2012), p. ix.

未来派

在他的短篇小说集中，阿西莫夫会为每个故事加上详尽诙谐的自传体随笔。他回忆了在布鲁克林作为初露头角的少年科幻迷兼作家的生活，当时他在父亲的糖果店里工作。他也讲述了他与自己的良师益友，通俗杂志《惊奇科幻小说》编辑约翰·坎贝尔之间的讨论。

阿西莫夫的叙述在 20 世纪 30 年代后期、40 年代初期的纽约与未来的某个时间之间来回跳跃。借助这种令人眩晕的时空跳跃，阿西莫夫让我领教了现代科幻作品是如何在一群非凡作家的努力下得以诞生的。

阿西莫夫和他的朋友们是欧洲移民的儿女，他们的父母逃离了贫困与屠杀。这些孩子们是天资颖慧、身心投入的科幻迷，他们称自己为未来派（Futurians）。他们的名字为许多科幻读者所熟悉。除了阿西莫夫，著名的未来派成员包括弗雷德里克·波尔（Frederik Pohl）、西里尔·科恩布鲁斯（Cyril Kornbluth）、詹姆斯·布利什（James Blish）、戴蒙·耐特（Damon Knight）、唐纳德·沃尔海姆（Donald Wollheim）和朱迪思·梅里尔（Judith Merril）。来自洛杉矶的雷·布莱伯利是一位旅居者，是他们在西海岸的代表。

起初，未来派是一批志同道合的科幻迷组成的松散帮派。他们通过共同喜爱的通俗杂志的"读者来信"栏凑到一起，你可以把它看作是那个时代的社交网络。由于他们的天分和热情,这个布鲁克林帮派很快变成了一支有组织的力量和科幻社群内部的政党。在某种意义上,人们可以说,他们通过发表自己的作品,引导这一体裁脱离了通俗作品中常见的"外星人加美女"的庸俗套路,从而开创了科幻创作共同体。

未来派毫不掩饰自己的进步主张。他们相信,科幻作品的作用远不止娱乐。他们相信科幻作品具有社会功用与改变世界的使命。他们把它当作反对蒙昧主义、法西斯主义甚至资本主义的一种政治武器。他们把科幻作品视为劝导与社会变革的一种手段。他们的计划是影响杂志的青年读者,传播富有战斗性的观念,即认为技术与科学确实能够把人类从痛苦与稀缺中解放出来。这个计划经过《星际迷航》的改编,传播给了更广大的观众。在 1939 年的多事之夏,未来派已经发展到了如此程度,他们甚至试图发动起义,反对第一届世界科幻作品大会不甚关心政治的组织者。他们当然未能成功。但人们认为,他们鲁莽作乱并被第一届世科大会排除在外,正是后人称之为科幻作品黄金时代的开创性事件。在这些鸡毛蒜皮的小事发生两个月之后,纳粹德国在钢铁与炮火的风暴中入侵波兰。

未来派成长于布鲁克林肮脏的大街小巷中,掠过曼哈顿华丽高耸的高楼大厦,穿过美国梦的廊厅,踏上了通往另一个世界的桥梁。他们没有什么值得回顾的显赫历史,因为他们的家庭跨过大洋来到美国，把自己的语言、传统和俗世财产全留在浩瀚的大洋彼岸。从走下轮船的那一刻起，他们得到的一切是新的名字和一个未来，即便未来尚不明朗。当战争再次在欧洲肆虐，犹太人遭到屠杀，艾萨克和他的信徒们尽自己最大的能力做出了反击。他们所能贡献的并不多，只有从恐惧中诞生的字句与想象，那是战火熊熊燃烧的绝望岁月中，对于科学与社会进步最真切的希望。

我还记得读到《日暮》(*Nightfall*)时我是多么感动。这部短篇是阿西莫夫于 1941 年春季写成的，正是战争中最黯淡的岁月，当时希特勒与轴心国似乎将不可阻挡地鲸吞全球。在故事中，遥远行星上的一座城市里的居民做好了准备，第一次面对夜空和夜空中的千百万恒星。这颗行星有多个太阳和月亮，它们的天体运动历经几个世纪才能出现一次星空。当最后一颗太阳下山的时候，天文台上的天文学家们在记录星辰的升起。与此同时，因恐惧与苦恼而疯狂的群氓将城市付之一炬，创造了转瞬即逝的光亮。科学家们自己也陷入了疯狂与迷惘，但还带有一丝希望，盼着他们新近得到的知识能在这场大屠杀之后幸存，让文明在下次夜幕降临时不至于颠覆。

就是以这样一种令人难以忘怀的寓言式叙事，《日暮》向读者介绍了阿西莫夫作品的中心主题：科学知识是人类的防波堤与救生筏。作为明智的英雄和人类薪火的传承者，科学家无愧为星系的守护人，这种叙述构想为《基地》系列打下了基石。这种信念也将蜿蜒前进，进入《星际迷航》，并在史波克先生的指引下发扬光大。

联邦星舰·阿西莫夫号

艾萨克·阿西莫夫与《星际迷航》的渊源极深。

1966 年秋季，他就《星际迷航》第一集为《电视指南》(*TV Guide*)写了一篇言辞激烈的评论文章，指出这部新出的连续剧在科学上的一些不准确的描述。吉恩·罗登伯里对此写了一封长信作答，其中为自己打造的科幻作品做了真诚的辩护。他强调他雇用了著名的专业科幻作家如西奥多·斯特金(Theodore Sturgeon)、哈兰·埃里森(Harlan Ellison)和 A. E. 范·沃格特(A. E. van Vogt)加盟。他诚挚地指出，这部连续剧完成了不可思议的使命：将一种成熟的科幻作品风范搬上电视屏幕，没有妥协或者屈从于广播公司的荒唐要求，比如在"进取"号中加入灵犬莱西[①]。这是一份发自内心的热情辩白。罗登伯里本人也是科幻迷，他尽了最大努力以获得阿西莫夫的认可。从那之后，罗登伯里和阿西莫夫便经常通信。阿西莫夫成了这部连续剧不挂名的顾问，对情节与人物发展发表意见与建议。

20 世纪 70 年代初，罗登伯里试图推出另一部科幻电视连续剧，

① 灵犬莱西(Lassie)是著名的虚构动物形象，出自英国作家艾瑞克·莫布里·奈特(Eric Mowbray Knight)的儿童小说，有多部电影、电视剧以其为原型改编。1954—1973 年，电视剧集《灵犬莱西》于美国播出。

名叫《质疑者纪实》(*Questor Tapes*)。节目中的主人公质疑者是一位有自我意识的正电子机器人,他想寻找自己的本源,他看上去非常像是"数据"先生的原型。在一封信中,罗登伯里将艾萨克·阿西莫夫亲切地称为艾克,他提到他想购买根据阿西莫夫的小说改编的故事片。

1970 年,阿西莫夫在纽约市举办的首届《星际迷航》大会上发表了讲话。他从小便是科技迷,因为痴迷而成为作家。他在生机勃勃的《星际迷航》社群中看到了重新燃起的价值、敢想敢干的精神和未来派的勇气。他比大多数人都更清楚:每一位科幻迷本质上都是一位作家,一位创造者。

最后以及同样重要的是,如我前述,阿西莫夫被誉为《星际迷航:无限太空》的"科学顾问"。这一轶事是:在读过剧本初稿之后,心烦意乱的派拉蒙影业公司老板们要求重写。他们想证明罗登伯里要么神经错乱了,要么是吸了毒,或者二者兼而有之。于是派拉蒙公司请当时最著名的科幻作家阅读剧本并给出最坦率的意见。让他们吃惊的是,对方对剧本甚为赞赏。接下来的事情众所周知。

赞美与友谊,以及阿西莫夫对于《星际迷航》的贡献,这解释了《星际迷航:下一代》中的"数据"先生为什么像所有《惊奇科幻小说》的早期机器人那样具有正子脑。在他第一次发表的机器人小说中,阿西莫夫曾为"罗比"杜撰了这样一个术语。这是技术呓语的早期例子之一。正子脑中的正电子是电子的反粒子，与所有反粒子一样，它们仅仅出现在极端的条件下，例如在放射性衰变或者在粒子加速器中。对于阿西莫夫的致敬仅仅到这一术语为止。正如人人皆知的那样，"数据"不受机器人三定律约束，而这三项定律是为了防止机器人反噬它们的人类创造者而设置的。

对阿西莫夫的另一项直接致敬是博格人。正如科幻大师、未来派人士大卫·布林（David Brin）指出的那样，星联的这个最大敌人与对立形象，大量来自最初的《基地》三部曲的续集，即阿西莫夫 1982 年的小说《基地边缘》（*Foundation's Edge*）。故事中的英雄苦苦求索谁是星系事务的幕后操纵者，结果无意间踏足了一颗类似博格的行星，它的代理人密谋反对第一与第二基地。盖亚星的居民全都是心灵感应者，永恒地生活在一种强化的共生意识中。他们的目的是建立一个银河星系的帝国，而这个由数以万亿人类组成的帝国将如同一个庞大的生物，它具有自我意识，能够自我调节。与掠夺成性的博格人相比，盖亚人是开明仁慈的，但博格人的概念轮廓由此而来。

这种概念对应是值得梳理的。《星际迷航》中到处都能看到阿西莫夫的想法。阿西莫夫大言不惭地声称，是他一手缔造了这一连续剧的核心人物、道德理念与哲学核心所在——史波克。他说："在我创造出丹尼尔的 13 年后，电视连续剧《星际迷航》播出，而史波克与丹尼尔的性格十分接近。"[1] 这种说法不是阿西莫夫在吹牛皮，罗登伯里也承认这一点。

拟人机器人丹尼尔·奥利瓦（Daneel Olivaw）是在阿西莫夫的小说中反复出现的主角。他于 1954 年第一次出现在经典科幻惊悚悬疑小说《钢穴》中。这个角色是围绕着机器人三定律构建的：丹尼尔极为聪明、镇定、富有逻辑性，一心保护他的人类主人。他也极具感知力、睿智，并最终成长到把第一定律（机器人不得伤害任何人类）领悟为应该用于整体人类。

不仅如此，尽管我们了解阿西莫夫的公众形象，但他在这件事上面的表现或许还是过于谦虚了。机器人丹尼尔·奥利瓦差不多可以算是人类了，史波克的性格中有大量属于他的特征。而且，这位半人类、半瓦肯科学官为整个《下一代》中的舰员提供了样板和广泛的心理轮廓。皮卡德、"数据"机器人以及其他人都具有镇定的性情以及解决问题的超理性方法，他们全都在某种程度上具有史波克的特点。这一传承关系是明显的，并可以一直追溯到阿西莫夫：《星际迷航》中的未来人类与外星人是以机器人为原型塑造的人物，这个机器人的程序中规定了不得伤害人类的原则，并且它不断地扩展对于人类的认知。

---

[1] Isaac Asimov, "Introduction," in *Robot Visions* (New York: Roc, 1991), p. 15.

《曙光中的机器人》

不仅是人物，阿西莫夫还为《星际迷航》的社会提供了大量灵感。我们可以看到机器人丹尼尔·奥利瓦从太空族世界中发来的致意。《星际迷航4：抢救未来》之后的星联直接受到了太空族的启发。太空族世界的特点在《钢穴》（1954）开始的小说系列中便十分显著，这一系列结束于1985年的《机器人与帝国》（*Robots and Empire*）。可以说，1949年发表的短篇小说《地球母亲》（*Mother Earth*）是这个系列真正的开篇之作。

这些小说的背景设定在人类分裂，分别居住在地球与太空族世界的时刻。太空族是第一波机器人襄助下的星际垦殖者后代。从那时起，太空族与地球居民之间便出现了深刻的经济与文化分歧。

太空族广泛使用正子机器人自动劳力。农业生产、建筑和服务全都由机器人工人来做。用《星际迷航》的复制器、先进的自然语言计算机和全息医生代替阿西莫夫那些多少有些笨拙的机器人，你会得到一个看上去确实非常熟悉的社会。我强烈认为，除了一些叙述上的细节和可笑的外星种族（除了在一本难以置信的著作中，这类东西从来没有出现在阿西莫夫的主要作品中）之外，24世纪的星联是对阿西莫夫的太空族世界的忠实复刻。

就像在星联中一样，由于广泛的自动化，太空族世界的生活水平非常高，这一点与狭窄拥挤的地球地下城市相比尤为明显。

奥罗拉（Aurora）是太空族的主世界，也是《曙光中的机器人》（*Robots of Dawn*）故事中的背景世界。据说那里的机器人与人类的比率是五十比一。机器人在地球上是被禁止的。它们是一个禁忌。

太空族对于他们的生活方式非常骄傲，他们将之视为人类文明的最高成就。他们过着一种悠闲与创造性探索的生活。地球人警察以利亚·贝莱（Elijah Baley）是这一系列小说中的主要人物。以利亚·贝莱曾见证了一次正餐仪式中的可笑情景。在这个仪式上，宴会主人、机器人学家汉·法斯托尔夫（Han Fastolfe）本想表演一次摆弄餐桌盐瓶的艺术特技，但他几乎将贝莱撞倒在地。日常生活中的每时每刻，甚至向盘子中的菜肴加盐，都被转化为一种非常复杂的自我表现形式，具有表演艺术的固定程序。

太空族把地球人视为一群带着病菌的群氓，是落后的野人，想要把他们自己与地球人之间的交往限制到最低程度，这是可以理解的。他们甚至打算阻止地球人前往外星垦殖。这就是《曙光中的机器人》中的核心冲突。谁将继承太空？

与发明了"数据"的宋博士有些类似，汉·法斯托尔夫是个孤独的天才，第一个"拟人"正子机器人丹尼尔·奥利瓦的创造者。他不愿意与奥罗拉机器人研究所分享他的工程技术，因为该研究所的终极目标是要制造数量足够多的拟人机器人，为太空族发起新一波星系大扩张。

在汉·法斯托尔夫的眼中，太空族文化基本上是枯燥乏味、老气横秋的，太富足、太舒适。他相信，贫困的地球人在他们的行星上饱经过分拥挤的斯巴达式条件的磨砺，更适于带领人类向前发展。如果奥罗拉机器人研究所能够为所欲为，未来的星系帝国将被建设得像一片郊区的住宅小区。每颗行星都将被改造得像地球，并由拟人机器人军队进驻，建立豪宅、农业区和工业设施。这样一套行动将阉割社会、文化和科学的发展动力，这些方面往往是由人类的积极进取心所引领的。法斯托尔夫认为，人类不应该在机器人的帮助下开拓星系，这一点也是阿西莫夫自己的想法。

这里不会有真正的爱情

阿西莫夫在太空族世界中建筑了一个自治的机器人乌托邦，但同时将它粉碎了。在他的想象中，过分依赖机器人劳力造成了社会交往的脱节和停滞不前。在太空族最年轻的世界索拉利（Solaria）中，人们逐渐对相互间的身体接触产生了莫大恐惧，情愿与全息远程呈现的人像交往。索拉利人唯一的个人接触发生在需要延续生理血脉的时候。对于性交双方而言，这一过程极为尴尬，甚至可能留下创伤。由这种不愉快的罕见身体接触诞生的少数婴儿立即由机器人保姆照看，从幼年便学会了避免接近其他人类身体。

索拉利人认为，他们的世界是一切世界中最美好、最开化的。阿西莫夫将它描绘为建筑在机器人劳力基础上的社会发展极致。他认为，把自动化持续推进下去将引发我们所知的社会瓦解。工作不再必要，也意味着一种将人类联结起来的纽带不复存在。索拉利实际上已经不再是一个社会，而是一群单细胞生物的集合，一万个机器人中间只有一个人类，人人都生活在自己无穷尽的财产造成的怪异孤独之中。

因此，阿西莫夫对自动化的批判是人道主义的。他所担忧的不是《终结者》式的机器人对抗人类，而是自动化过于顺从我们所有的俗世需要，对人类过于友好，并在发展过程中取代了其他人类和社会本身。阿西莫夫认为，最主要的危险不是我们会失去对我们自己的造物的控制，而是它们太听话了。

这种观点着实内涵丰富，无怪乎是出自这位让"机器人学"一词广为人知的作家。阿西莫夫并不担心机器的崛起。与此相反，他为现代机器人学提供了智慧的基础。麻省理工学院的马文·明斯基（Marvin Minsky）教授是人工智能的重要权威之一，他回忆道，正是通俗杂志上读到的阿西莫夫的机器人小说，使他立志成为计算机科学家。

阿西莫夫认为，机器人不是生来便无法控制。在他的宇宙中，机器人完全是为人类服务的，这便带来了与通俗文化惯有的叙述非常不同的挑战。因此，尽管阿西莫夫有着解放机器人和人工智能潜力的热情，但他的观点即使不是反对，也抱有伦理上的谨慎。

《曙光中的机器人》系列小说为我们呈献了一幅对比鲜明的有

关自动化前景的图景。在图景中呈现出后稀缺时代机器人乌托邦的
并行对比，一边是太空族世界，另一边是地球上的高度结构化与
简朴的政体。在地球上，真正的人类工作和真正的人类关系还能够
存在。尽管太空族世界中有先进的科技与丰富的物质，但他们的世
界看上去却仍有不足。《裸阳》(*The Naked Sun*)是这个系列中最
深刻的一本书。阿西莫夫在书中告诉我们，这样的世界无法产生真
正的爱情。

　　这些书成书于阿西莫夫写作生涯的后期。它们确定无疑地传
达了一种怀旧的感情。机器人乐园并不完全像人们吹嘘的那样。阿
西莫夫赞成这样一种观点，即奢华与平均分配的丰裕将让人类失
去进取心，将人们转变为自私自利的小人，他们专注于小事而丧
失了活力。这标志着他与自己早先在通俗杂志发表的那些执拗的乐
观主义作品分道扬镳。它们曾经是战争造成的绝望与恐惧的解药，
而战争结束，进入成熟之年的阿西莫夫开始与他自己的发明造成
的后果角力。他警告说，在机器人协助下取得的丰裕可能榨干人类
的精髓。阿西莫夫从全心信奉"机器无罪，人类后果自负"[①]，到最
后否认这种观念。在这个系列小说的最后一部《机器人和帝国》中，
地球人最终取得了胜利。他们以艰苦的方式垦殖星系，没有利用机
器人的帮助，完全靠的是他们的美德与双手。

　　我不知道是什么造成了这样的转变。阿西莫夫有一个宏大的

---

① 　原文 *caveat emptor*，原意为"买者自负、售出不换"。

计划，要把《基地》系列与其前期小说（《繁星若尘》[*The Stars, Like Dust*]、《苍穹一粟》[*Pebble in the Sky*]、《星空暗流》[*The Currents of Space*]）通过机器人小说联系在一起，这可以部分解释这个转变。这是他处理基地宇宙中完全没有机器人这一问题的一种方式。但我想要找到他感到不满意的理由。他对于整体叙事计划的追求，并没有完全说明他不再痴迷自动化的原因。

▲

尽管《星际迷航》采纳了阿西莫夫的许多乌托邦理念，但它在自动化这一中心问题上与后者观点相左。《星际迷航》假定人类从未停止工作，只是动机改变了。《星际迷航》呈现的是"一切照旧"的未来前景：自动化只是重新把工作导向头脑与技艺，它把人类从重复与麻木的工作中解放了出来。《星际迷航》认为，自动化是让社会变得更好，更平等，更开放，更富探险性的机遇。

第 7 章

乌托邦的心理学基础

The Psychology of Utopia

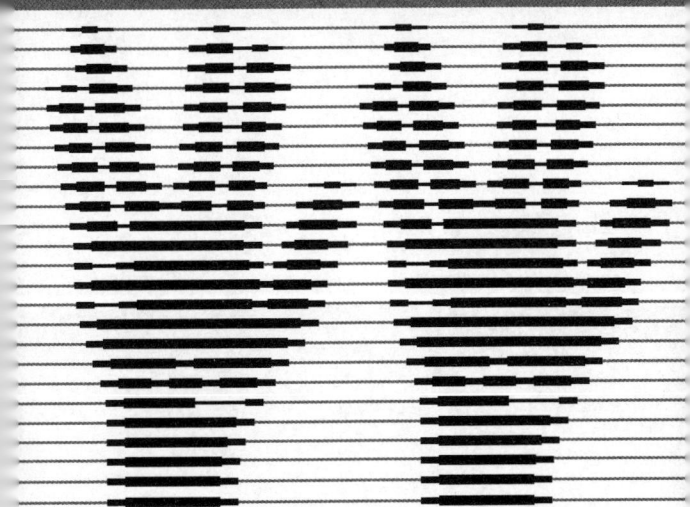

"还有许多我不理解的人类情感……"①

　　《星际迷航》中也有许多在物理学上站不住脚的地方，这是意料中事。这是科幻作品：你要么接受这一前提，要么不接受。不管你是何种观点，对曲速航行、传送器或者子空间通讯（即横跨半个星系的即时交流声音与图像的能力）吹毛求疵于事无补。这只会让你感到沮丧，让你分心，无法欣赏妙趣横生的故事情节、戏剧冲突和人物。《星际迷航》以及大部分的科幻作品就是这样操作的。与任何其他形式的虚构作品相比，它们更多地要求受众不加含糊地接受剧中的设定。

　　除了高度架空的物理学设定，《星际迷航》也要求你为它的人物买账。与许多其他科幻作品的剧集与世界观不同，总有人向《星际迷航》提出这方面的挑战。史波克和皮卡德并不因好心肠或者让人产生共鸣而脱颖而出。而且不只高级军官才这样，《星际迷航》

————————
① 《星际迷航：下一代》，4×11："'数据'的一天"。

中即使是孩子往往也非常友善与利他（比如，你可以想想《"深空"九号》中的杰克·西斯科，他在夜里躲在外面，教他的朋友诺格读书写字）。

在这一章里，我们将通过《星际迷航》中最令人困扰与争议的方面，即它的人物，来探讨物质极大丰富对人物心理造成的影响。为什么《星际迷航》的人物都如此正直、心善与真诚，简直没有缺点？说得粗鲁一点：为什么这些家伙都他妈的这么完美？请别在意这句玩笑话；人们普遍知道，就连编剧自己对于他们笔下的人物也曾有过许多抱怨和疑虑。

曲速航行和传送器可以用亚瑟·C. 克拉克的著名定律来解释：任何足够先进的科技，都无法与魔法区别开来。《星际迷航》的人物可以用克拉克定律的人类版本来解释：足够利他与高尚的人类，都无法与神祇或者外星人区别开来。可以平等而且无限地拥有物质财富——也即好生活——是理解《星际迷航》的人物的古怪群像的关键。这也为理解星联政治提供了一个重要的视角。

完美无缺的人物设定，微乎其微的改进空间

作为一种规则，星际舰队的舰员们表现的镇定与心理稳定，超过了我们在 21 世纪的生活中了解或者经历的任何层次。因此，他们几乎从来不发牢骚，没有口角，不去追逐地位，也不会马后

炮地批评他人，更不会相互欺骗。《星际迷航》里完全没有电视连续剧中的那些家长里短的小吵小闹和职场争端。正如星联军官沃尔夫在《"深空"九号》中阐述的那样："星际舰队军官们从不吵架！"①当时他们正处于星际舰队成员有史以来唯一一次暴力争端的余波中（即便如此，这次冲突也没有被直接搬上荧屏）。

他们天性如此（当然，是按照剧本设计），星际舰队军官们全都头脑冷静、思想开放，而且普遍有较高的容忍度。但进行纯粹的故事叙述时，这就产生了许多复杂状况。与已故的哈维·贝内特（Harve Bennett）并列为《星际迷航》系列两大救星的尼古拉斯·迈耶（Nicholas Meyer）曾讲述过在《星际迷航 6：未来之城》拍摄期间与吉恩·罗登伯里的激烈争论。这部影片讲的是星联与它的老敌手克林贡帝国之间的和平谈判。乌乎拉中尉对客人的体味发表了评论。柯克舰长仍旧因为自己的儿子死于克林贡私掠船一事而无法释怀，这时他回答，他永远不会信任克林贡人。星际舰队的首领之一，海军上将卡特赖特发表了一通充满种族主义情绪的长篇演说，它显然让著名非裔美籍演员布洛克·皮特斯（Brock Peters，他同时也是《"深空"九号》的正式演员）难以入戏。如果你再看一遍这部影片，你会注意到，他的发言是由好几个镜头拼起来的。

吉恩·罗登伯里完全不赞成这样的对话。尼古拉斯·迈耶是这样回忆这次讨论的：

---

① 《星际迷航："深空"九号》，4×16："酒吧协会"。

　　　罗登伯里先生真正相信人以及人类的完美性，而我需要看到证据才能相信这一点。在这部作品（《星际迷航6》）中，"进取"号的舰员们对于克林贡人有着各种偏见。他们的一些评论，比如克林贡人看上去都一样，以及那些排外的事情，都让罗登伯里觉得非常反感，因为他认为事情不是那样的。[1]

　　尼古拉斯·迈耶认为，没有历史先例或者证据能够证明人类曾经超越了他们自己的偏见，而且《星际迷航》的乐观主义精神只不过是一种"姿态"。于是迈耶坚持要让他电影中的人物靠近现实中的真正人类。在某种方面，这既很好笑，也说明了问题：迈耶的电影，即那些编号为偶数的影片，是整个《星际迷航》电影系列中最优秀的，与此同时，它们也是建立在完全有意地曲解《星际迷航》心理设定的基础上的。

　　罗登伯里的反对与他对《星际迷航》的理想主义观点一致。然而，他无法干涉电影的拍摄。他在预算超支和《星际迷航：无限太空》票房相对较差的情况下有些大权旁落。人们仍然视他为《星际迷航》的缔造者，但仅此而已。

　　不过他对电视连续剧的创作仍然有话语权，于是他把自己的想法贯彻得淋漓尽致。他曾多次否决编剧的想法，因为他认为《星

[1]　Mark Clark, *Star Trek FAQ 2.0: Everything Left to Know About the Next Generation, the Movies, and Beyond* (New York: Applause, 2013), pp. 203–4.

际迷航》的人物与星联军官不会表现得与今天的人类一样。他们不会彼此争吵，也从来不会表现出卑鄙的一面或者无缘无故的下作，更不要说不加抑制的攻击性了。《下一代》是一部职场连续剧，但没有任何通常的职场冲突的影子。

《宋飞传》（Seinfeld）的主创之一拉里·戴维（Larry David）曾吹过牛皮，说他的杰作与所有情景喜剧不同，其中"没有卿卿我我，没有经验说教"。神奇的是，大多数《星际迷航》连续剧也同样如此。完美的设定给剧中人物留下的进步空间微乎其微。

免费饼干

这种心理的稳定相当引人注目，其中很大一部分可以归功于富足。确实，我们看到的完美也同样如此。在《星际迷航》世界中，我们看不到一丝贫困或者经济稀缺的影子，这样的世界真正地改变了生活其间的居民的头脑。在观看《星际迷航》时，人们很容易忘记真正的贫困是什么，以及它会带来哪些困扰。因为贫困造成的不仅仅是经济上的艰难，也不仅仅是金钱的问题。金钱困窘给人带来的心理衰弱远远超过了购买能力有限本身。贫困令人感到心中无底、忧虑重重。它不但占据了你清醒时的每一重思绪，甚至还潜入你的梦境。它束缚了你，让你无法计划将来，因为让自己和家庭吃饱穿暖成了你的心头大事。你可能交不起房租，或者你可能不得不在交房租与不吃几顿饭之间做出抉择。你一直面对着艰难的选择，这令人身心俱疲，令人恐惧，简直压断了你的脊梁骨。贫困悄悄侵入你生活的方方面面，养育子女、教育、社会关系、罹患慢性病的概率、暴力、预期寿命，甚至爱情。已有研究表明，与贫困相关的许多压力对于儿童大脑发育具有直接可测的心理影响。这些压力往往也会削弱人们做出合理经济决定的能力。在贫困严重的地方，贫困能自行繁殖，并一代一代传下去。而坠入贫困显然要比脱贫容易。[1]

《星际迷航》的世界告别了一切贫困。在星联中，物质的极大丰富与后稀缺程度远远超过了一般程度上的物质贫困消失。它们对于人的行为与社会上的关系具有深刻持久的影响。它们大大改进了人们的心理健康。这一点对星际舰队的军官们尤为关键，因为他们必须始终保持清醒的判断，才能更好地履行职责。

这并不是说富足一定意味着幸福或者不再有压力。富足无法防止抑郁症的偶然爆发，例如，年轻的卫斯理·克拉希尔海军少尉曾因为不堪承受人们对他的厚望而压力重重。它无法抹去人们心理上的不健康症状，但能让我们在处理这些状况时变得容易。总的来说，《星际迷航》中很少表现环境与生活中的事故给人物带来的内心冲突与混乱。

---

[1]　贫困研究的相关文献数量庞大且与日俱增，罗伯特·帕特南（Robert Putnam）的《我们的孩子》（*Our Kids*）是其中一部优秀作品。这本书更多的是为关注公益事业的公众写的，而非一部纯学术专著。

"进取"号上有一位心理治疗师,这一点格外引人注目。诸如巴克莱中尉这样异常羞涩、笨拙的人可以在恐惧症发作,对自己造成不利影响时向心理治疗师求助。在连续剧的权威指导文字中,吉恩·罗登伯里是这样描述狄安娜·特洛伊顾问的角色的:

> 过去人们或许会认为,她在星舰中的专职是心理医师或者精神病医师。但在24世纪,人类行为科学已经发展成为一个更为精细而重要的学科。人类(和星际舰队)现在知道,星航依赖有效的人际关系,就好像依赖高效的制度与电子线路一样(原文如此)……这说明了星际舰队中的老手们实际上也欢迎驻舰顾问对于自己的表现进行评价与指导,这反映出了人性的不断成长和臻于成熟。[1]

在科幻作品中人们几乎没读到过这种对于心理健康的关心;事实上,我能想到的另外一个作为治疗师的主要人物是一个计算机程序,在弗雷德里克·波尔(Fred Pohl)出的《门口》(Gateways)系列小说中,有一个很贴切的名字:西格弗里德·冯·施林克(Sigfrid von Shrink)[2]。尽管心理治疗在《下一代》中是一个不那么重要的情节,但它还是让我产生了非常特殊的共

---

[1]　Roddenberry, "*ST:TNG* Writer/Director's Guide," p. 28.

[2]　Shrink 的一个英文释义为精神病医生,因此有"取得很恰当"一说。

鸣。我的父母以及他们的大多数朋友都是心理治疗师。我是在这群奇特的人中间长大的。正如我在这本书前面说过的那样，我最亲爱的朋友迪娜，也就是引导我成为《星际迷航》粉丝与科幻迷的那位朋友，也是一位心理医师。星舰中的这位顾问人物对我具有重大的意义，这一点确实是说得通的。狄安娜·特洛伊这个角色传递了一个事实，即大部分心理医师的知识面很宽，因此加强了《星际迷航》传递的重要信息：星联公民有着强于我们的物质装备，因此他们在心理上也比我们更为强大。

星联成员的思考与行为以物质财富极大丰富为立足点。与我们不同，他们的精神世界不会受到物质必需品的约束。阶级差距、利润追逐、炫耀性消费，这些对于他们毫无意义。你永远不会看到皮卡德舰长炫耀他的马鞍藏品或设备完善的酒窖。星联公民生活在一种经济学称之为餍足（satiation）的高等状态下；在这种状态下，获得额外的同种产品只会让它的价值下跌。第一块饼干永远强于第十块，而当人们能够无拘无束地得到大量饼干时更是如此。请不要忘记：在星联中，饼干是免费的。不难理解，此时大吃饼干就不那么令人激动了。

星际舰队的准军事性质有助于建立这种后经济社会风潮。制服不仅仅是氨纶睡衣那么简单。它的质朴体现了《星际迷航》社会中唯一接受与承认的社会差别是建立在美德基础上的军衔。地位是赢来的，不是世袭的。在"进取"号上，军阶徽章是表明地位的唯一可见标志。当然，谁都认识舰长，而他则因为自己的军衔得到某些特权。比如舰桥上的大椅子、大舱室，还有伴随着舰长的庞大责任而来的待命室。然而，这并不是说舰长的生活奢侈，或者他喜欢生活奢侈。

这些特点不是星际舰队军官身上独有的。但这些军官们是剧集的焦点，于是我们从他们那里得到的信息远远多于其他人。我们可以从他们的配偶与父母身上看到更多。例如，作为非常著名的酿酒商，皮卡德一家住在一个简朴得令人吃惊的乡间住宅里。

外星人

我们上一章探讨过《原初系列》与《下一代》之间的差别，这些差别也反映在人物身上。它们既反映在各种规范上，也反映在时代上。描述 24 世纪之前故事的电影和连续剧（《原初系列》和《"进取"号》）所表现的人物心理特点与我们现在的更为接近。

无论看上去或者感觉上去，《原初系列》中的柯克都像我们现在的样子，他的道德观一直和他的冲动与过剩的欲望有冲突。他的原型是某个粗犷的美国男子：文明的外衣下隐藏着奔腾的荷尔蒙。麦科伊博士是个过渡型人物：他是谨慎、理性和道德义愤的代言人。而史波克则代表了不可思议的未来：一个人类（男性而非女性）的理想典范，内心因为有着科学知识与怜悯之心的加持而鲜有波澜。

　　到了《下一代》在荧屏上播出的时候，混乱的现在与梦寐以求的未来之间的冲突已经解决。恬淡寡欲的斯多葛派理念（Stoicism）获胜。"进取"号的新舰员全部是史波克风格而不是柯克风格。结果他们船上连一个瓦肯人都不需要了。史波克大使本人出现在分为两集的"统一"中，称皮卡德是个瓦肯人。或许这是来自瓦肯人的最大称赞了（尽管瓦肯人不称赞其他人）。

　　除了"数据"先生之外，在精神上和举止上，皮卡德的"进取"号的舰员全都是瓦肯人。而"数据"先生尽管不完美，却尽力模仿他的同事，想变得更像他们，这真正地让他变成了舰员中最富人类特色的一个。尽管《星球大战》《巴比伦5号》《沙丘》与其他科幻作品的内核都提及，我们仍然是那个种族，从未变过。《下一代》却声称，没有什么东西是永恒不变的，事实上人也会因为物质环境的变化而发生根本性的改变。

　　在我们这些21世纪的科幻迷的眼中，后期的《星际迷航》人物如此陌生，这就是其中的部分原因。它们是一面镜子，然而我们无法从中认出自己。他们无疑可以是我们的追求目标，但与我们并非同类人。作为一个21世纪的人类，我觉得与任何星联舰员相比，我与《星际迷航》的那些天外来客更为接近，不管是挣扎中的贝久人（Bajorans），或者是卑鄙得令人发笑的佛瑞吉人，甚至是同心协力的克林贡人。少数我能理解的星际舰队军官之一是那位叛徒，《"深空"九号》中的星联军官迈克尔·爱丁顿，他最后加入了民族统一主义的马基叛军。我也能理解詹姆斯·克伦威尔（James Cromwell）饰演的季弗兰·寇克瑞恩，《星际迷航：第一次接触》中的曲速引擎的发明者。他爱酒贪杯，喜欢摇滚乐，在大多数场合显得有些尴尬，无所适从。他吹牛说，他发明曲速推进器是为了钱和裸体女人。对他来说很好。可他根本不喜欢飞行。

　　另一方面，我对让－卢克·皮卡德或其下属的了解与我对史波克先生的了解一样多。我非常喜欢他们俩，非常欣赏他们；他们是我生活中的指路明灯。但他们的动机，他们生活于其中的那个道德世界，对于我是完全神秘的。我可以探讨这个世界的经济基础，探讨一个丰裕的社会能够给人以安全感和餍足感，从而在观念上理解他们的世界，但在我的实际生活和亲身经历中，没有多少东西可以让我很好地认同他们。他们的行为似乎在电视剧的环境和其构建的宇宙中是合乎逻辑的：不在意物质享受，对于财产的占有无动于衷，完全不存在炫耀性消费。但他们仍然是非常令人困惑的人物，要从更深层次的情感上真正了解他们几乎不可能。他们是谜一般的存在。

　　在某种程度上，你可以说，《星际迷航》的人物本质上是一批外星人，但这并不是因为他们中有一些人有蓝色的皮肤或者尖耳朵，而是因为他们出生成长在一个与我们有根本不同，甚至是完全陌生的环境中。如果有时他们看上去遥不可及或者难以理解，这不是因为他们高傲自大，与此相反，是因为我们这些 21 世纪的观众无法与这些永远理性的利他造物沟通。星联公民与我们格格不入，因为他们来自不同的地方，成长的方式也不同。他们是完美的，因为他们有完美的资本。就这么简单。

柯克饶过了葛恩人

尽管它们之间有差别，但《原初系列》也与后来的部分一样，最为关注正义。我认为，这是《星际迷航》的英雄在这部连续剧的各种形象中最令人震惊的特点，没有之一。他们对正义的追求压倒一切。

在"竞技场"的结尾，柯克舰长饶过了被他击败的葛恩人对手。[1]"进取"号与一艘葛恩人战舰发生了小型冲突之后，一个非常先进而又神秘莫测的外星种族密特隆人（Metrons），把柯克和葛恩人舰长传送到了一颗沙漠行星上，强迫他们以决斗解决争端。他们必须一决生死，并且只有获胜者才能获得自由。柯克用了一些不正规的攻击方式，侥幸战胜了那个长得像哥斯拉怪兽的外星人战士。然而他很快就意识到，这次战斗毫无意义。那位葛恩人舰长确实攻击了"进取"号，但那或许只是为了自卫。这全都是出于误会，他们应该避免暴力。如果像密特隆人指示的那样，柯克为了自

---

[1] 《星际迷航：原初系列》，1×18："竞技场"。

救而杀死那个葛恩人，只会让星联和葛恩人之间冤冤相报。授之以仁慈是正确、公允的事情，尽管这破坏了密特隆人强加的挑战条件。这甚至会让侠义的舰长死亡。但他是柯克舰长。他没有犹豫。以正义、和平与更大福祉为名，他可以不顾自己的生命。

最终，密特隆人奖赏了柯克的仁慈，他和葛恩人舰长都被送回了各自的舰船。但这一课的意义仍然重要：少数人的需要应该服从多数人的需要，这正是垂死的史波克在《星际迷航 2：可汗怒吼》的一个关键时刻说出的名言。只有观众才觉得这种拒绝充满了英雄色彩，对于星际舰队的军官们来说，自我牺牲是合乎逻辑的，如果形势需要，这是完全可以接受的交易。尽管非常极端，但这种对于他们自己的死亡采取的功利主义态度是正常的、明显的，全都司空见惯。

在《下一代》中，正义这个主题甚至树立得更加明显：整个系列从开始就被设计成对人性的考验。在这一系列的试播集"远点遭遇战"中，神秘全能的 Q（显然是类似密特隆人的存在）把皮卡德召到了他在天空中的法庭上。

皮卡德被选中代表人类说话。他在即将到来的审讯中的表现，将决定人类这个种族的命运。他将不得不对 Q 证明，人类有生存的价值。这一赌注极高的道德审判变成了这一季中反复出现的中心情节。事实上，在大多数剧集中，"进取"号的舰员们都面对着这样那样的道德困境，就连较为荒唐的几集如"舰长的假期"（在这集中，皮卡德的度假之行，变成了一场刺激不断的丽莎欢乐行星之旅）[1]等，均是道德剧的舞台。

《星际迷航》中的正义是与经济繁荣紧密联系在一起的。当人人都有同等的机会，当在社会成员中分配资源不再是政治争夺的焦点时，我们可以合乎逻辑地推断，造成不安与犯罪的大部分原因已经消失了。人们一旦挣脱了经济不平等的束缚，道德标准和正义就变得更加抽象，而且以某种方式对个人有更高的要求。好与坏的问题已经不再纠缠于琐碎小事，更不会成为晚间新闻的素材和大众的娱乐消遣。简言之，在《星际迷航》的世界中，既没有《警察》，也没有《朱蒂法官》[2]。

正义是法律的实际应用，它在剧中上升到了哲学与伦理学追求的更高层次。你可以发现，瓦肯人除了"生生不息，繁荣昌盛"之外的另一个打招呼用语就是"我们为服务而来"。在终于实现了物质必需品免费之后，星际舰队舰员和星联公民发现，他们必须探索为世界行善的真正含义是什么。这个任务可不容易。

---

[1]　《星际迷航：下一代》，3×19："舰长的假期"。
[2]　《警察》（Cops）与《朱蒂法官》（Judge Judy）都是美国的法律类电视节目。前者为一档每集半小时的纪实法律电视连续剧；后者为美国的联合法庭电视节目，朱蒂即朱蒂·谢德林（Judy sheindlin）法官，在该节目中担任首席法官。

最高指导原则

　　《下一代》第 3 季的 1 集"监管者由谁监管"[①] 就《星际迷航》的道德标准给出了最引人注目的注脚之一。舰员们在这一集中处理的是文化污染。"进取"号必须营救一批在参宿三星上研究前曲航文明的科学家。他们实验室里的发电机坏了，全息斗篷因此失效，结果被当地土人发现了。这是星际舰队在对知识的追寻中遭遇的最大危险之一。对于科技不那么发达的人类种族来说，这群看上去如同超级生命一样的人突然出现，会给他们带来难以估量的深刻影响。那些从天而降的造物有着先进的仪器和装置，特别是具有在空气中消失的能力，在这些土人的眼里，他们就是魔法师，甚至于神明。这助长了潜在的迷信，或许会妨碍经验科学与理性思考的出现，这两者正是星际旅行的基础。

　　星际舰队宪章的第一条就规定了该舰队的价值观，即人们所知的最高指导原则。其中明确宣布，任何星际舰队舰员或星联公民永远不得干预一个非星联种族或物种的内部事务或文化、社会、科学发展。这一禁令对于前曲航文明尤为重要。在任何情况下，星际舰队都不得向某个物种提供可能加速他们发展的知识或者科技。星际舰队永远不得支持某一方。

---

① 这一集的标题引用了一句古老的拉丁谚语（*Quis custodiet ipsos custodes*）——这里引自罗伯特·海因莱因的《神游太空者》。*Quis custodiet ipsos custodes* 是太空巡警的座右铭。

最高指导原则是《星际迷航》最有趣的叙事法则之一。它说明星联不是一个人类帝国。星联第一项，也是最重要的法律，是绝对禁止任何形式的领土扩张或文化霸权。必须与一切外来文明保持距离，无论其发展程度高低。这是为了避免压制一个不那么进步的社会。

我们在"监管者由谁监管"中看到，皮卡德愿意以死向参宿三星上的土著人证明，他并不是拥有不死之身的神明。如果他被羽箭射死，就能够铲除错误思想对萌芽中的文明的污染，防止这些外星人重新回到他们原来的迷信道路上去。正像柯克在"竞技场"中一样，皮卡德不惜为一个相当抽象的理想献出自己的生命：避免对外来事物的盲目崇拜发生在一个原始但具有科学倾向的社会中。同样的情况也发生在《"深空"九号》和《"航海家"号》中，在《"进取"号》中也有一定程度的体现。做正确的事情，做正义的事情，在抱有敌意与不完美的星系中坚持人类的价值观，这是许多舰长的真正使命。

▲

不妨返回去再想想，忽略帕特里克·斯图尔特在荧屏上的精彩表演，你一定会承认，献出生命这件事是一个相当荒唐的做法。但在《星际迷航》的设定下，这样做有一定的道理。作为观众，我们接受了这种做法，但从今天的前卫观点出发，这似乎是可笑的。皮卡德情愿为遵守最高指导原则而死。尽管这是无私的英雄行为，但他甘愿为之献身的事业毕竟非常古怪。

为最高指导原则而死，会让人想起这类勇敢行为。但是这类行为要对抗的不正义不是一种直接的威胁。那是理论上的威胁，属于社会学理念的范畴，而不是迫在眉睫的危险。这一原则捆住了星联的手脚，不许原始状态的人与发达的文明发生未曾计划的偶然接触，好的和坏的事情都被禁止了。皮卡德的表现充分展现了利他主义与高风亮节，但也断绝了有成果的交流的可能性，拒绝帮助科技不那么发达的人类。在某种意义上，它告诉我们，星联及其军官们都知道这样会更好，但情愿不这样做。

这既值得赞扬，也令人困惑。人们可以把最高指导原则视为后稀缺对外交政策的影响，社会不再有需要。星联要什么有什么，它的居民也同样如此。餍足是实际情况，是日常的经济现实。它让人没有必要从事领土扩张。星联随时欢迎新的成员行星，但必须按照它的条件，而且必须经过一个漫长与极其烦琐的审查过程。（例如对《"深空"九号》的背景所在地贝久星的审查。在节目最后，贝久星的申请仍然卡在星联官僚层内迟迟未得到回应，或者也可能是被作者遗忘了。）星联从来不会动用武力征服新的世界，也不会让外国文化屈从他们。

根本原因是功利主义。最高指导原则是一份禁制令，是一条否定的训诫，而不是在宇宙中主动行善的号召。它的存在是为了保护星际舰队的军官，让他们不至于卷入复杂的、无法预料的事务当中，同时保持星联的中立。这是一份谦卑的声明：星联不应该认为自己全知全能，不能认为自己做的一切都会有美好的结果。于是，星联拒绝为了其他人的利益开创历史。而且因为它没有客观上的需要，它不会出于经济剥削的目的去掠夺或者垦殖新的星系。事实上，帝国政策对它几乎没有任何用处，因此它直截了当地不鼓励其军官与代表过分介入其他种族的事务。最高指导原则的意义也在于，干预会带来麻烦，因此不值得去做。还是停留在"寻找新生命与新文明"的阶段吧。啥也别碰。

最高指导原则最先出现在《原初系列》中。它是冷战的产物，是科幻作品中对美国在越南军事冒险的指责。随着时间推移，它在《星际迷航》中占据了更大、更核心的位置。然而，按照今天的标准，最高指导原则不仅不切合实际，而且是纯粹的神经不正常。它完全背离了当代规范，更不要说几千年来的人类历史了。首先，从来没有什么人在乎保存当地的种族或者文化。事实上恰恰相反，北美洲的原住民被欧洲殖民者野蛮地灭绝了（阿兹特克人和印加人被征服者的性病送进了坟墓）。那些与欧洲人进行了第一次接触的幸存者被圈禁在遥远的保留地中受到了边缘化。他们坚持了下来没有灭绝，这是由于他们自己的力量与刚毅，而不是白种人的仁慈。奴役与种族灭绝一直是暴发户帝国保证新领土安全的方便选择。

　　无可否认，21 世纪更加文明了。市场资本主义似乎多少让过去的殖民帝国变得温和了一些。他们把向世界最边远地区传播科学与技术作为自己的人道主义义务。他们派发疫苗、手机、教育、电视和银行系统。请不要误会，总的来说，我认为这是件好事，是一种进步，它大大提高了当地人的生活水平、机会和繁荣。

　　在经济与科技方面，我们找到了一些通往进步的法子，但它们带来进步的同时也有负面影响。它曾让人们搬离他们世代居住的家园，为道路、伐木场、矿山让路，有时还为价值不菲的仪器如天文望远镜等挪窝。它造成了语言的灭绝、无计划的混乱城市化，施加压力让本已脆弱的国家基础设施提供大量急需的服务。它也助长了贪污腐败、不当管理，以及不顾廉耻的参与者对资源的滥加开采，无论这些参与者是私人还是政府。

　　从这层意义来说，最高指导原则是对我们最善意的人道主义与慈善冲动的一种提醒。它警告我们，进步并非永远都是美好的。

反抗无用 [①]

　　如果你真的想要理解星联的心理，那就让我们考虑它最危险、最致命的死敌，博格人。博格人的原型（在影片《星际迷航：第一

[①]　反抗无用（"Resistance is futile"），博格人在与其他种族接触并交手之前，会使用对方的语言发表准备同化对方的宣言。这句台词成为博格人的标志之一，并经常于其他地方使用或被恶搞，曾经被 TV Land 评为"最伟大的 100 句电视流行语"之一。

次接触》引进了博格女王之前）是主要的大反派，因为他们跟星联非常相似。他们从本质上来说非常古怪，让人很难理解，但还是跟星联近似得令人不舒服。它简直就是仅有细微差别的星联镜像画面。博格集合体（Borg Collective）的声音与意志与每个成员的思想产生共鸣，并让每个成员投入行动。这对应着星联对它每个成员的严厉道德命令，在博格人那里，是通过植入大脑与程控肢体使之成为清清楚楚的实质性的东西。

我知道这听起来或许有些奇怪，但博格人与星联的经济也没有根本差别。博格人也摆脱了稀缺。个体成员不必担心自己的生计；他们的基本生理与心理功能全都依靠科技。博格集合体不需要货币或市场机制来调节生产与交换。通过持续的监管与即时交流，它可以在任意时间知道哪颗博格行星、舰船或者个体成员需要什么，因此可以引导供需平衡。博格人不需要中央计划，只需要持续不断的反馈。从经济学上说，博格与星联唯一的不同在于它积累资本的方式：荒诞而暴力地吸收外来实体、知识和物质。尽管博格的最终目的是征服与掠夺——这与星联最高指导原则正好相反，但两者的行为强制模式却奇异地如出一辙。每个星联公民的耳朵里都时时回荡着道德义务的洪亮声响。星联是温和善良、高谈自由意志的笑面虎博格，但它仍然是博格。

博格的蜂巢思维让我们想到有关《星际迷航》信念的某个关键事物。在整部剧中，它都在强调工作的首要心理理念。《星际迷航》认为，人类的心理与行为，即我们为什么要做我们正在做的事情，是社会组织方式的产物。假定给我一个完全不存在稀缺的世界，一切经济需要都得到了满足；然后我就会构建出两个相互对立却非常相似的自我调控的社会与政治模型。其中一个是博格集合体，个体的行为与愿望全都被抹去，并归入一个普遍意志，而这一普遍意志还具有基于科技的实体形式；另一个是星联，它松散而又带有温和的无政府性质，对个人卓越的追求和持续的自我改进相结合，以期达到所有人共同受益与成功的目的。

《星际迷航》相信，物质条件是决定人的行为的首要因素。在星联的繁荣条件下，个人的需要、渴望、情感和行为被显著地转向并重新导向非经济性的目标。这就解释了为什么星联的居民看上去如此奇特、费解，甚至有时让人感到无聊。对于同样的东西，他们似乎完全不像我们那样在乎，主要是因为他们不需要在乎。而且这正说明，他们真的来自未来。

做正确的事

《星际迷航》相当合理地预测，无论用何种方式或者过程，一旦人战胜了贫困，通常随着贫困而来的大部分不妥行为与病态现象都会消失。饥饿、犯罪、战争，以及大部分社会动乱都会得到抑制。星联就是一个人们已然不知物质稀缺为何物的世界，它的公民在这样一个世界中成长，他们的工作富于成效，带来心理满足，他们也从不担心死亡，无论对自己或者对世界，他们的心情一片祥和。毫不奇怪，他们就像徜徉于星系中的小佛陀。

这样明显的结论还会让一些人扬眉惊讶，通常是那些称全民医疗保险为"奴隶制"的一批人。但这种说法完全不是什么新动向，或者是什么发明创造。如果保持当前的发展速率，经过3个世纪的积淀，我们就会知道《星际迷航》对未来的推断并不疯狂，更不是过分乐观。然而，这种对于生活质量、心理健康和人类道德观念一集接一集的连续展现，却让人感到深深的不安，甚至令人震惊。

这是有意为之并且贯穿连续剧始终的行为，甚至在罗登伯里去世后依然如此。这是整部电视剧保持的唯一最重要的特点，正是它将《星际迷航》的多个变种形态联系在一起。把这一点与J. J.艾布拉姆斯（J. J. Abrams）重启的《星际迷航》电影系列加以比较，你将会对这部电视连续剧的主题连续性有更高的评价。

这些时间线交替的新电影是完全不同的类型。它们把大批令人兴奋的情节堆砌在一起，遵循故事片特有的市场逻辑。他们未必关心保卫人类进步的某个特定的标准理想。人物和他们的动机都与我们当前的现实紧密联系，这使他们与普通观众联系得更为直接。星联主要人物本质上的奇特特性大不如前，取而代之的是老套的连环画式故事，将个人与世俗因素神化夸大：父亲早逝的柯克生性顽劣，从小爱惹事；史波克必须拯救在他幼时伤害过他的瓦肯人，因为他是人类和瓦肯的混血儿；博恩斯（Bones）是愤世嫉俗的酒鬼，但他有一颗金子的心；如此等等。所有这些笨拙夸张的人物构建更容易令人想起漫威连环画 ① 的黄金时代，而不是《惊奇科幻小说》。可以说这是审美的选择，但也可以说它是市场驱动的决定。它缺乏能够引人深思的东西，但它通过追求乐趣性与动作性补偿了这一缺点。

在 J. J. 艾布拉姆斯的影片中出现的人物，是《下一代》和《"深空"九号》中的人物的新版本，我们对新旧两个版本的人物的关心与认同方式完全不同。我们知道，皮卡德、西斯科、珍妮薇和舰员们总是会坚持正义，会做正确的事情。他们面临的内心冲突并非源于个人的喜怒哀乐。他们为之奔走的，是在一个不完美的世界和不可预测的环境中，维持他们的人道主义理想的道德挑战，而不是为了他们不在眼前的母亲。而对于他们那些不很严重的心理症状，星舰上那位一流的心灵治疗师会给予帮助。

社会经济决定论也没有在《星际迷航》中完全消失。许多科幻作者都使用这一理论来构建他们的理论世界，并用人物与错综复杂的情节充实这些世界。《星际迷航》和少数几部其他作品与大

---

①　漫威连环画（Marvel Comics），美国漫画系列。

多数科幻作品相比，独特的是坚定的乐观态度。如果星联的居民看上去全都是利他的、无私的、富于责任心的、理性的，而且心智（非常有必要提到这一点）多少有些钝感，这都直接源于他们生活的社会，这个社会改造了他们。在这个社会中，不仅犯罪与饥荒被根除了，同时被根除的，还有所有那些随着稀缺、贫困和不确定心理的焦虑而来的心理病态。《星际迷航》缺乏扣人心弦的戏剧性，这也许会让编剧感到遗憾。这部连续剧特别长，把人物写成这样必定有某种目的，最好这种目的是好的。

《星际迷航》不时给人一种印象，好像它是一种对公众话题的认真探讨，意在警示而非娱乐。有些人甚至认为它在说教或无病呻吟。我更愿意称它为过分真诚。《星际迷航》对它自己和它的政治极为认真。它确实信奉自己虚构出来的内容：史波克、皮卡德和西斯科的行为与思维都属于未来的居民，那时候凯恩斯的"经济问题"已经得到了解决。经济，或者更准确地说，星际迷航经济体系是他们具有吸引力的关键。

但对于那些不认同这种价值观，而且陶醉在稀缺和你死我活的经济竞争中的异族物种，他们又会怎么样呢？

第 8 章

星际资本家佛瑞吉人

The Ferengis, Interstellar Capitalists

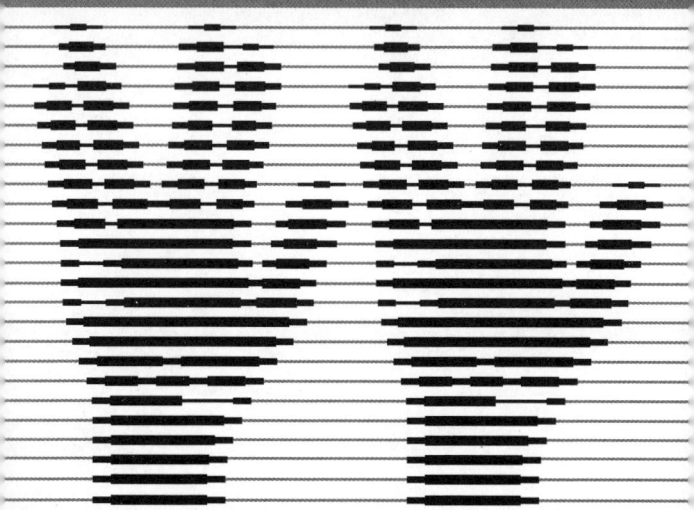

"永远不要担心误贴产品标签。"①

　　《星际迷航》中的佛瑞吉人是星系中有趣而疯狂的资本家。若要写一本地道的星际迷航经济学，我不该缺少关于佛瑞吉人的一章。

　　对这部连续剧一时兴起的人，或许在观看《星际迷航：下一代》的几集时，会对偶尔闯入的佛瑞吉人感到迷茫。他们很可能会觉得这伙人可笑又讨厌，随后便不再理会他们，把他们当成又一种化妆化砸了的丑陋外星人。想一想《星球大战》里小酒馆场景中的音乐表演者吧。就是这个水平。

　　平心而论，佛瑞吉人的外貌确实不让人赏心悦目。他们身材矮小，秃头上配着大耳轮和闪光的前额。他们的鼻梁隆起，耳朵超大。当他们停止用剌耳尖锐的声音说话时，他们会微笑着暴露出锋利的肉食类动物的牙齿。他们的眼神游移不定，走起路来弯腰驼背，他们的穿着乱七八糟。一句话，他们是一个外星杂交品种，

───────────
① 《星际迷航："深空"九号》，4×24："种族诅咒"。

是肮脏的爬行动物与耗子交配而成的。

然而，让观众感到倒胃口的与其说是他们像怪物一样的外貌，倒不如说是他们虚情假意的表现。佛瑞吉人是星系中的商人与店老板。他们的热情只与金钱与利润有关。为了赚到一枚铜板，或者更准确地说，赚到一块拉蒂锭，他们什么都干得出来。在追求财富的道路上，他们六亲不认，极其狂热。

在佛瑞吉人身上，这是一种无法否认的危险因素，或许也不完全是编剧有意为之。这个物种的贪婪本性，稀奇古怪、黝黑的外貌，对于异族女性展开不恰当的性追求的肤浅做法，有时候会令人很不舒服地想起由来已久的排犹的刻板印象。贪婪、夸张的外貌特征，还有身体上的畸形，这些因素统统植根于西方的象征文化中。

这些都没有真正让我感到苦恼。首先，这是科幻作品，而且没有谁会真正把《星际迷航》误认为是二战前煽动反犹思潮的《冲锋报》(Der Stürmer)那样的破烂货。而且，在整个《"深空"九号》的进程中，根据佛瑞吉人的表现来看，他们远非单纯的捞钱狂热分子与好色老矮人。我能够确切地理解历史学家和学者们对这种表现方式的反对，以及它对一些星际迷航迷的伤害。但如果人们对《星际迷航》有怨言，我认为这些怨言应该集中在24世纪的那种奇特而且突出的性别歧视上，而不是在佛瑞吉人身上。

因而，这里我要说的是：我崇拜佛瑞吉人。除了瓦肯人，他们是我最喜爱的《星际迷航》异族人。而且这不仅仅因为他们为《深

空九号》提供了必要的轻松娱乐，避免让它变成一部过于认真与
严肃的电视剧。我相信，在瓦肯人与混血的史波克之外，佛瑞吉人
是所有《星际迷航》物种中最有趣的。就是这样。我认为他们是对
《星际迷航》的乐观主义精神最真诚、最可靠的表达。瓦肯人是行
为楷模，因为他们已经得到了斯多葛派的智慧与启蒙。佛瑞吉人也
是行为楷模，因为在经历了许多不乐意的挣扎与反抗之后，他们
终于改善了他们的社会，尽管幅度还不是很大。佛瑞吉人看上去丑
陋，他们的行为甚至更丑陋，但他们的故事也证明，对经济政策
做一些小调整能够取得什么成果。这也许不怎么感人或者富有英雄
精神，但这正是问题之所在：来之不易的、让佛瑞吉妇女和佛瑞
吉工人的利益最大化的措施不应该是激动人心的。这是上不了台面
的脏活累活儿，而非光鲜亮丽的盛大工程。

　　然而，脏活累活儿正是我们在现实世界中的最大希望。于是，
我为自己设立了一项个人使命，要让仇恨者与怀疑论者醒悟。如
果你到了这一章结尾处还没有被我说服，还不认同佛瑞吉人在指
明《星际迷航》关于未来的观点中所起的作用，那这本书就没有价
值。那我就失败了。

▲

　　关于佛瑞吉人的一章，也是关于《"深空"九号》的一章，即

关于这部连续剧的第三个系列的一章（抱歉，1972—1973 年的动画连续剧不包括在其中）。这个系列粉碎了一切规矩，而且通过这样的做法，它同时也是向《星际迷航》宇宙输入新活力的一个系列。《"深空"九号》描述的不是一艘探索无人到达过的太空的星舰，而是在星联边境以外的一处前哨。前线仍然存在，但不是在浩瀚的虚空中运动着的抽象边界。它现在是一个具体的地点，一个天天都在那里的事物。《原初系列》与《下一代》探索的是新的生命和新的文明，而《"深空"九号》专注的却是面对这些新外星物种和新文化时可能遇到的挑战。这个系列的主题是关于其他种族的信仰和道德，以及星联这个乌托邦社会如何处理麻烦重重的不完美星系。

星舰舰长西斯科和他的舰员接到命令，要他们替贝久人管理这个空间站，后者不久前刚从他们的野蛮占领者卡达西人那里夺得了自由。在星际舰队的这支特遣队达到之后不久，一个直通星系另一端的虫洞在距离他们极近的地方打开了。一夜之间，贝久星与"深空"九号从无人问津的一潭死水，变成了整个宇宙最重要的地方。空间站成了重重阴谋与诡谲政治的中心，它是为控制虫洞而爆发的星系争夺战的主要战利品。

作为一个自由港，"深空"九号对一切来客开放：走私商贩、军火商、难民以及间谍。形形色色的人物聚集在夸克的酒吧兼赌场中。这个场所是 24 世纪的悦歌咖啡厅——影片《卡萨布兰卡》中的重要场所，聚集了各种身份的顾客，或好或坏。它也是整部作品的核心所在。

　　佛瑞吉酒吧老板夸克是个恶棍兼窃贼。然而我们却慢慢发现，在他冷酷的面孔下也隐藏了些亨弗莱·鲍嘉（Humphrey Bogart）的特质。我认为，夸克是这一季的关键人物。《"深空"九号》是他的成长故事，而且由此引申，它也是佛瑞吉人怎样通过与星联的接触以及在星联的渗透下，逐渐公开弃绝佛瑞吉传统中最臭名昭著与令人厌恶的那部分的故事。这是《"深空"九号》给我们的启示。就连生理上受到制约且因为遗传而一心一意追求财富的夸克也是能够改变的。

　　说到底，这说明了佛瑞吉人为什么对于《星际迷航》如此重要。除了讽刺和戏剧性调侃，他们在这一连续剧的叙述框架中的作用是对《星际迷航》的核心价值的揭示与赞扬。社会正义与良善治理确实能够实现，即使是在最粗俗、最贪婪的物种中间。而且，如果佛瑞吉人可以做到这一点……

侮辱与眼中钉

　　信不信由你，起初引入佛瑞吉人是为了代替克林贡人。当《星际迷航：下一代》于 1987 年开始播放时，它遇到了一个大麻烦。吉恩·罗登伯里确定，星联过去的死敌克林贡帝国已经不再是敌人了。克林贡人沃尔夫是皮卡德舰长的"进取"号上的舰桥驾驶军官。这位仪表堂堂的粗暴中尉在规定的星际舰队制服外面套上了精心裁剪的克林贡武士腰带。当时发现这一点的迷航迷们在愤懑之下恨不得吞了他们的三录仪。

在 1967 年越战与人权运动期间，让一位黑人女子和一位俄国人在黄金时间播出的电视中出场，这一行动自然非常大胆；与此相比，让一位克林贡人在舰桥上任职的大胆程度或许不如前者，但星际舰队出现了一位克林贡人军官已然是一份响亮的宣言。它清楚无误地大声宣告，在《原初系列》和《下一代》之间的岁月中，形势已经变好了。昔日的敌人现在是朋友了。任何事情都不是永恒不变的，即使冷战也是如此。正如充满威胁的俄国熊一样，克林贡人也不必继续躲藏在星际丛林中了。

星际关系状态一经改善，《星际迷航》的宇宙冲突便少了一大原因，但同时也掐断了一个故事来源。在某种程度上，《下一代》的头两季要为更老道、更自信的 24 世纪星联找到一个旗鼓相当的对手。无论是否冷酷，武士们必须为更加太平的 24 世纪的某种事物让路。于是，作为积极乐观而物质丰裕的星联的主要对手，一个善变无常而又风格怪异的狡猾守财奴种族不正是最好的选择吗？让佛瑞吉人当此重任非常合理，至少表面看上去如此。

但这是一次十足的灾难。编剧没能淋漓尽致地把佛瑞吉人转变为一个令人畏惧的物种。在《下一代》中，佛瑞吉人的地位始终没能超出一个小讨厌鬼的角色（有时候连讨厌鬼都不如）。与此相反，由于一批优秀而又恐怖的连续剧集以及影片《星际迷航：第一次接触》的登场，迷航迷们熟悉了博格人。这个半机械的集合体发出的战争召唤——"反抗无用"，远远超出了迷航迷的圈子，变成了一句流行名言，一个通俗文化基因。博格人如此臭名昭著，他们在荧幕反派名人堂中理所应当地获得了一席，并轻而易举地让人们忘记了星联头号敌人的其他候选人。

《"深空"九号》为佛瑞吉人的东山再起提供了一个始料未及的机遇。他们未能在《下一代》中跻身主要人物之列，但或许他们能够作为外围人物取得成功，尤其是在一部几乎完全专注于外围者的新系列中。这里给他们留下的空间不算大，因为《"深空"九号》中的主要人物全都是怪异的人，这本身就与《下一代》中的舰员有重大差异。皮卡德和他那伙高高兴兴的一流军官体现了星际舰队的最高水准。他们的使命是尽可能地展现星联的风采，不仅仅是对外族人和敌人，也是对观众。"进取"号－D 的舰员个个都是顶级好手：在星舰上服役的人都是有两把刷子的。

◄◄◄

《"深空"九号》肯定算不上什么旗舰。它那种服役场所，看上去就不像能让军官得到荣誉与赞美的快车道，至少在开始的时候如此。《"深空"九号》一改画风，将辉煌的太空探险变成了更标准的职场剧。在试播集中，西斯科明白地告诉皮卡德舰长本人，他对这份工作的方方面面都不满意，他觉得自己遭人陷害被打入了冷宫。这不仅仅因为这次任职无助于他的职业生涯，而且他是个单亲父亲，这样的边远前哨远不是养育一个青春期儿子的理想地点。①

　　心情不安的不止西斯科一人。每个人物都有必须对付的心魔。在巴希尔医生莽撞的年轻面孔后面，隐藏着他曾在孩提年代接受过基因改善的秘密（这是星联中仅有的几件罪案之一，见第 2 章）。空间站的科学官婕琪娅·戴克斯（Jadzia Dax）是一个楚尔人（Trill），被一个戴克斯共生体（Dax symbiont）所寄生。由于其体内的共生体，她携带着好几世的记忆。生性古怪、充满探险精神的她喜欢结交异族。她经常跟佛瑞吉人赌博，而且输赢的都是真正的金钱。她不是星际舰队中那种平淡无奇的科学官。

　　然后还有欧多（Odo），他是整个 α 象限中唯一的变形人（他的同胞们是充满威胁的自治同盟创始人，后来他们穿越虫洞开始捣乱，这时他才不再是唯一了）。他是首席保安，"深空"九号的安全总管。他是个性格孤僻的人，对公正的执着与对秩序的痴迷让他不断跟上级发生争端。还有裁缝加拉克（Garak），卡达西占领期结束后留在空间站的唯一的卡达西人。他是卡达西人的叛徒，

① 《星际迷航："深空"九号》，1×01："使者"。

也是一个职业杀手。作为占领军谍报机构的特务，贝久人惧怕他，痛恨他。讽刺的是，由于"深空"九号有星联的保护，也就成了他在整个象限中唯一安全的地方。

最后一点很重要的是，"深空"九号中的佛瑞吉人很可能是最真诚的异邦人。他们是星联生动鲜活的对立面。在某种意义上，他们根本不应该留在那里，但西斯科欢迎他们留下，因为他们能为经过空间站的无数外星人提供休憩场所与娱乐。尽管夸克的酒吧是"深空"九号的社会生活中心，但它同时也是星联的主要眼中钉，因为这个酒吧是对星联所代表的一切的侮辱。这座酒吧提供赌桌和用以满足人们性幻想的全息套间，还提供符合各种族口味的酒精饮料。夸克雇用接近全裸的女招待，以此让他的顾客对酒吧的兴趣不减。比这更糟糕的是，夸克的酒吧是从卡达西占领期一直开下来的。其他还有一些让人大倒胃口的细节："深空"九号易主之后，夸克只不过为新来的星联军官改变了菜单，又重新装潢了一下门面，其他的业务完全换汤不换药。这不是我们期待的那种《星际迷航》式英雄人物。

事实上，佛瑞吉人的异邦人身份可以从他们的名字中看出。"Ferengi"（佛瑞吉）在波斯语中的意思就是"foreigner"（外国人），而且具有深刻的商业起源。这个词是从阿拉伯语的"faranji"来的，英语直译为"Frank"或者"Frankish"，意思是在中东的欧洲商人。罗登伯里和他的编剧选了这个名字一点也不让人吃惊。

　　从他们与英雄相去甚远的长相，到他们取的名字，所有的一切都是为了树立夸克和佛瑞吉人作为星联的大对立面的形象。然而，他们的角色已经不再是《下一代》中的小讨厌鬼了，而是星际舰队不愁吃穿、利他主义的"活雷锋"们的复杂而微妙的对立面。

《获利守则》第10条：贪婪是永恒的

　　佛瑞吉人作为《星际迷航》乌托邦的反衬，突出表现在他们的神圣经典《获利守则》（*Rules of Acquisition*）上。这本守则与其中的规定是贯穿《"深空"九号》始终的笑料。对于每一种想象得到的情况都会有一条规定，而这个系列利用它们推进剧情。它们是佛瑞吉文化与社会的试金石。它们共有 285 条，"未经删节，带有全部 47 位评论家的注解，大小 900 个判断，所有10000 条经过深思熟虑的意见"，[①]囊括了佛瑞吉人社会生活的方方面面。它们杂糅了各种自助诀窍和义务条款，相当于《摩西十诫》（*Ten Commandments*）和《人性的弱点》（*How to Win Friends and Influence People*），但更为疯狂。[②] 透过《获利守则》，人们能够一瞥佛瑞吉人灵魂的独特真容。很多时候，它会让 21 世纪的人类读者感到很不和谐。

---

① 　《星际迷航："航海家"号》，3×05："不义之财"。
② 　Ira Steven Behr, *The Ferengi Rules of Acquisition, by Quark as Told to Ira Steven Behr* (New York: Pocket Books, 1995).

首先，《获利守则》是一部营销把戏。撰写这部文件的佛瑞吉人名叫金特，他想要找到一种卖出尽可能多的书的方法。他灵光一闪，把它们杜撰成"守则"。毕竟"守则"听起来要比"一位老佛瑞吉人对做生意的零星建议"冠冕堂皇得多。

这些"规定"包括诸如第 1 条这样的至理名言："一旦你拿到了他们的金钱，永远不要交回去"，或者"对待欠你钱的人如同家人，狠狠地剥削他们"，以及"只有傻瓜才买零售货物"。其中任何一条规定都不算很离谱或者文不对题。它们的喜剧效果完全来自这样一个事实，即如果把其辞藻包装得华丽一点（如"第 235 条：老婆是奢侈品，精明的会计是必需品"），那么这些规定听起来竟也有了些放之四海而皆准的味道。《获利守则》是真实世界中不那么令人愉快的一面，它们涌入《星际迷航》中那个思想崇高、如同幻梦世界般的宇宙，如同市场营销培训中打了鸡血的励志言论，一举摧毁了高贵的科幻盛宴。

然而，佛瑞吉人的低下品位也让我们质疑自己的假定：首先，如果我们真的衷心拥护星联关于容忍的道德标准，难道我们不应该约束自己不去评判他人的文化传统的表达吗？我们有资格居高临下地评判他人吗？

其次，佛瑞吉人的信仰体系与价值观是直接受我们自己的信仰体系与价值观启发而来的（尽管有一点夸张），所以我们到底在评判谁呢？当我们不赞同佛瑞吉人的时候，那些令人生厌、不讨我们喜欢的人又是谁呢？由于这个缘故，我认为这里的讽刺是成功的。

与他们在真实世界中的对应物非常相似的是，人们不能认为《获利守则》就是宗教。佛瑞吉人中没有宗教专家（或者叫教士）。《获利守则》并不是发源于一个有着完善组织与信条的宗教，背后也没有一整套超自然骗局与世界起源学说作为支撑。它更多的是一种公民宗教，它提供了各种公众仪式和强制行为，围绕这代代相传的共同价值观，增强社会凝聚力。这些展示佛瑞吉爱国精神（如果有这样的东西存在）的仪式，类似于在美国学校中背诵效忠誓言(*Pledge of Allegiance*)，或者在棒球赛场高唱《星条旗永不落》。

这些守则的哲学基础是非常合乎情理的：佛瑞吉人的生活目的是在大物质连续体中破浪前进，也就是说，做买卖、做交易、以货易货。它描述的正是亚当·斯密有关人类动机与社会基本机制的乐观前景。佛瑞吉人的基本信仰并没什么荒诞不经的，也没有任何可以苛责的地方。佛瑞吉人确实有着强有力的伦理核心：他们不奴役他人，他们不掠夺他人，他们也不征服他人。他们当然剥削工人、欺骗顾客，但这在某种意义上是可以预期的，可以尊重的。

佛瑞吉公民宗教如此有趣，你必须把佛瑞吉人作为20世纪的人类加以解读。他们可笑而又讽刺的信仰以利润与贪婪为中心，实际上正是当今资本家的一个生动注脚。但无可否认，这种注脚带有复杂性。佛瑞吉人的信仰并非全然是喜剧性的讽刺、逗乐子和游戏。他们对财神爷的崇拜有着认真与理想主义的一面。

《获利守则》是某种日常行为的准则，不妨认为它们与犹太律法相当。除此之外，佛瑞吉人也相信大物质连续体。诺格就曾这样对持怀疑态度的奥布莱恩首席官做过解释："这是让整个宇宙联结起来的力。"[1]奥布莱恩以几乎不加掩饰的《星球大战》式挖苦加以反驳："我在工程学院中肯定漏过了这一课。"诺格接着阐述："大物质连续体是真实的。你看，宇宙中有亿万世界，在每一个世界中，都可能出现某些东西太多、某些东西太少，而大物质连续体在所有这些世界中流动，像一条浩瀚的长河，从多的地方流向少的地方，周而复始。如果我们能够娴熟优雅地在物质空间内行驶，我们的船便会装满我们心中渴望的一切。"

诺格根据星系范围内的稀缺预言大物质连续体是真实的（某件东西在这里过多，在那里不足）。而星联的存在质问着人们对于大物质连续体理念与其物理构造的认知，这很像碳定年法测定最终粉碎了一切所谓造物主的创世神话一样。

让我们设身处地从一个佛瑞吉酒吧招待的角度想一想：他一定会觉得很难取悦这些星联人。首先，他们不图钱，因此他们对赌博几乎没啥兴趣。由于复制器的缘故，不管你带来什么好东西，在他们眼里都没啥特殊，不会花大价钱消费这些东西。对于他们，没有哪件东西是"不足"的。他们什么都有，你还能向他们兜售

---

① 《星际迷航："深空"九号》，7×06："叛变与忠诚"。

什么东西呢？你能弄出什么样的稀缺物——哪怕是人工制造的也好——来让他们上钩呢？在《"深空"九号》结尾的一集中，夸克在他的酒吧里举办了一次古董拍卖会。[①]　杰克·西斯科希望给他父亲买一件礼物，一张 1951 年的真品威利·梅斯棒球卡（他勒索他的朋友诺格，让他贡献出积蓄）。这个故事很能说明问题：对于星联公民来说，唯一真正值得拥有的，是具有特别意义的古董，而不是华丽的奢侈品或者昂贵的物品。你没法跟这批人做生意赚大钱。你必须跟他们打交道，因为他们是重要的星际强国，但这并不意味着你必须赞同他们的行事方式。

佛瑞吉人对人类（还可以拓展至他们的星联同胞）的看法很困惑，很鄙视。"如果你们这个物种决定摈弃以货币为基础的经济，而去搞什么自我改进的哲学，这关我啥事？"当杰克·西斯科要求诺格的经济支持，让他能去竞拍那张威利·梅斯的网球卡时，一向机敏的诺格如是说。同样，他的叔叔夸克也一直在抱怨，说星际舰队科学院"腐化"并"糟蹋"了诺格。在这些罕见但令人发笑的对话中，你能听到作者在其中暗示了对《星际迷航》的乌托邦信条的不安。不仅如此，有时这就好像佛瑞吉人站到了观众一边。和他们一样，我们也会对自己的信仰产生误解和依恋。像我们一样，他们无法理解，为什么整个种族、整个文明，会公开放弃对利润的渴望、交易的诱惑和市场的竞争。在他们看来，这些东西是每个

---

① 《星际迷航："深空"九号》，5×25："棒球卡"。

存在的本体特质。这就是《获利守则》第284条的真谛："在心灵深处，人人都是佛瑞吉人。"

《获利守则》第102条：自然会腐朽，唯有拉蒂锭永存

在不存在金钱的情况下，星联是如何与其他星系文明做生意的呢？《下一代》对此从来未加解释。在《原初系列》中我们可以窥得几丝真相。例如，一次围绕粮食的商业争执为关于毛球族的那著名的一集提供了背景铺垫。[1] 然而，正如我们已经从《星球大战1：幽灵的威胁》中知道的那样，商业争执作为背景故事往往是乏味无力的。

与此相反，《"深空"九号》把经济活动和经济激励视为其宇宙的组成部分。星联的乌托邦价值观和佛瑞吉的重商主义文化之间的对抗，推动了这一系列大部分剧集的进展以及总的故事叙述。而且，我们见证了经济交换、易货贸易、妥协，甚至贿赂。我们会看到星联军官们——天哪！——与拉蒂锭这类真实金钱打交道。

佛瑞吉人经营的是人们可以称之为非必需品的货物。除了酒类，夸克的酒吧还提供赌博和全息娱乐套间。然而，佛瑞吉人的活动或者兴趣远不止酒店业务。在整部《"深空"九号》中，我们能够看到的佛瑞吉人的商业活动范围远不止如此。他们经营着从软饮

---

[1]　《星际迷航：原初系列》，2×15："毛球族的麻烦"。

到酒水再到武器的全范围业务。基本上可以说，涵盖了任何可以低买高卖的东西。然而，通过聚焦于夸克的酒吧，编剧强调，在星系中，购买称之为奢侈品的东西是人们广泛喜爱的行为，甚至星联公民在有机会的时候也会沉湎其中。

在《"深空"九号》之前，《星际迷航》很少提及这一事实。但在《"深空"九号》中，星联内部确实存在奢侈品，而且星际舰队的军官们也消费了。空间站上的星联公民在酒吧中管理一个账房。我们多次看到他们按指印授权交易。这可以作为正面的证据，说明金钱在《星际迷航》中存在而且流动。考虑到星联已经取消了金钱，这种现象怎么可能发生呢？

这完全不像乍看上去的那么矛盾。显然，根据剧集本身，星联公民不但有能力处理金钱，而且在与异族打交道的时候有权使用金钱。按指印与酒吧账房说明他们确有个别账户存在，并且使用佛瑞吉人选择的货币，即无法复制的拉蒂锭。我们可以由此推断，星际舰队军官们会得到一笔津贴，让他们可以融入异族风俗。这或许对大多数人来说是一个古雅的仪式或者爱好，有点像一位形单影只的异教徒在参加逾越节① 晚宴。这种情况依稀有些熟悉——你并不完全明白会发生些什么，但你还是随大流行动。

由此可推论，星联拥有外汇储备以方便贸易。在《"深空"

---

① 逾越节（Passover），犹太历7月14日至21日，庆祝历史上犹太人在摩西领导下成功逃离埃及的节日。

九号》最好笑的一集中，我们发现，星联的成员星系伯里亚斯（Bolias）开办了一家银行，顾客可以在其中存入自己的拉蒂锭块。①

　　这与某些国家如苏联在昔日冷战中所做的事情没有根本的不同。比如，苏联的卢布无法自由兑换，他们更愿意直接交换大宗货物。当易货交易无法进行时，苏联就只能用硬通货购买商品。他们在国际市场上出售石油与黄金等商品取得硬通货，然后用所得收入购买其他货物。但是苏联没有大规模参与国际贸易，而且它的经济也没有建立在强大的出口经济或者"世界工厂"的基础上。因此，它对外国货币的使用相当有限。

　　星联使用类似的体系，但它在自己境内不使用任何货币，无论卢布或其他。因此这就让事情变得更复杂，或许也更矛盾。我们不妨思考一番：如果我们假定，星联已经差不多无限富裕了，它具有向星系市场倾销任何货物或者商品（包括金钱）的潜在能力，那么理所当然，获得硬通货对他们来说易如反掌。星联能够利用其庞大财富作为杠杆，在稀缺商品市场上欺行霸市。实际上，星联确实可以以任何价格购买任何东西，包括影响力与忠诚。它或许可以一举收买它的所有敌人，通过出借或者贿赂，一步步称霸整个星系。

　　理论上，一个享有终极丰裕的政治实体，可以借入数量无限

① 《星际迷航："深空"九号》，6×12："莫恩之死"。

的外国货币，向投资其政府债券的任何人提供无限担保。类似地，它也可以向其他国家或者文明出借数量无限的金钱，并且永远没有必要或者动机从对方那里收取利息。星联拥有无限的财富，所以它具有偿付债务或者吸收借款者的违约欠款的无限能力。它不必过分努力，便具有支持整个星系的经济与金融体系的潜在能力。它只要按下电钮，就可以帮助整个星系摆脱困境。星联发行债券的利息率必然为零，因为绝无违约的风险。风险溢价和贷款利率——星际经济的血液——必须依照星联的基准利率（也就是零）加以调整。尽管星联自身没有货币，但它依然统治着整个星系的债券市场。这种具有压倒优势的金融实力会带来深刻的经济与政治后果，而剧集没有对此做出完整的解释。

由此引发的一个结果是，剧集中佛瑞吉人选择的货币拉蒂锭远不如剧集所表现的那么重要。让它有价值的主要属性是它无法复制。它是金属货币的一种形式，是金币在24世纪的等价物。我觉得，像佛瑞吉人这样精明的资本家，使用这种陈旧而且低效的货币形式是极不可能的。话虽这么说，但如果佛瑞吉人事实上戏拟的是真实世界里的自由主义金本位支持者，那么他们使用这种荒谬绝伦的东西还是合乎情理的。拉蒂锭一定是佛瑞吉人的另一个聪明的花招，很可能是哪位佛瑞吉行为经济学家发明的，用来驱使顾客购买超过他们应该买的东西。在一个由计算机和复制器负责大部分工作的宇宙中，拉蒂锭仍然具有实际的货币价值，并能够将这种价值赋予它接触过的东西。它可以造成一种假象，让观众以为在星系中货物、物品和经验也都有价格，这些价格应该按照个人的财富与购买意愿进行分配。拉蒂锭是一种巧妙的手法，用以暗示观众星系中仍有市场存在，这样一来佛瑞吉人作为独特中间商的设定也就说得通了。

《获利守则》第19条：无法保证满意

佛瑞吉人代表了资本主义的理想。在一次独白中，夸克冲破表面的掩饰，对西斯科舰长推心置腹地说到了这一点，几乎打破了一切隐藏着的心理樊篱，就像戏剧艺术中经常说的那样，几乎打破了舞台与观众之间的"第四面墙"："根据我的观察，人类曾与佛瑞吉人非常相似——贪婪、对物质财富孜孜以求、一心牟取利润。我们的存在不断地提醒你们一心想忘掉的过去……但有件事你们忽略了。人类过去比佛瑞吉人坏得多——奴役、集中营、星际战争……与这种野蛮行径相比，我们做的事不过是小巫见大巫。我们根本不像你们，我们比你们强，对吧？"①

夸克说他的物种总的来说"高人一等"，这再直接不过地指向了"温和的商业活动"（doux commerce）。这个启蒙理念意在表示商业和贸易可以通过满足人们的需要而让人们愉悦（无论这些需要

---

① 《星际迷航："深空"九号》，2×26："詹哈达来袭"。

是重要的或是肤浅的），让先前野蛮的行为习俗变得温和而文明。事实上，"温和的商业活动"的理论假定了奢侈品的制造与消费具有直接、有益的政治影响。这种理论认为，如果公民被各种乐事与奢侈品包围，他们心中的尚武精神会越来越淡漠。"温和的商业活动"是要通过自由开放的贸易实现世界和平，它是现代市场的庞大工具，而不仅仅有利于个人的培养和教育。

这一理念的重要之处在于，它清楚地阐述了一个关键的看法：经济增长、消费和工业资本主义确实可以为人们追求幸福服务。在古典政治经济学理论的构建过程中，对奢侈的理解是重要组成部分。《星际迷航》通过佛瑞吉人直接探讨这个问题，我对此极为动容。在一个（大体上只能）架构于理论上的世界中，对奢侈品的消费其实不会损害社会，反而对社会的共同福祉有所贡献。

政治后果是双重的：一个将主要激情着眼于奢侈与消费的社会对战争的兴趣会小得多，相应地，它更可能会对得到这些奢侈品的最佳途径有兴趣，也即金融财富。顺便说一下，这就是在美国独立战争时期汉密尔顿和杰斐逊的争论焦点：美利坚合众国是要变成一个商业共和国，转向商业、制造与城市生活的乐趣，还是变成一个以罗马共和国为蓝本的农耕共和国，依靠大批衣衫褴褛的农民、士兵与垦殖者来支持大贵族与军方重将。

人们创造了奢侈品与"温和的商业活动"的理念，希望能够通过它来理解新世界中的经济力量和国家间的经济竞争。仅仅通过贸易取得异国产品（如蔗糖、咖啡、茶与烟草等）作为大众消费品，少数商人就能在如此之短的时期内积累如此之多的财富，当时的大多数人都对此感到大为震惊。这些大众消费品深受城市居民喜爱，在旧欧洲大城市中，居民的消费刺激了一间间咖啡馆和餐厅创办起来。这是现代的消费，现代的生活。所有这些新东西都与大部分人所知的世界背道而驰，特别是与所谓农业是财富与权力的主要源泉这一神话大不相容。亚当·斯密曾致力于解决我们今天正在经历的那种未来冲击。

这些乌托邦观点曾受启蒙时期的重要哲学家的辩护，但它们也有黑暗的一面。这些生活乐趣，从蔗糖到烟草，事实上都是奴隶们在遥远的殖民地生产的。欧洲及美洲垦殖者享受的相对和平与繁荣背后是三角贩奴、强制劳动、战争和种族灭绝。

将佛瑞吉人描绘成"温和的商业活动"的坚定分子，有助于方便地回避这一可怕事实。在这种意义上说，这正是佛瑞吉人的虚构一面有所突破的关键所在。尽管他们在许多方面代表了我们的观点，但他们也是纯粹启蒙资本主义的梦幻理想的戏剧化身，而且甩掉了资本主义在真实历史上的沉重包袱和实际罪恶。

那正是我们，21 世纪的人类。

《获利守则》第18条：
赚不到利润的佛瑞吉人根本不算佛瑞吉人

　　《"深空"九号》的主要故事是星联与它残忍而又老谋深算的敌人自治同盟之间的战争。与博格一样，自治同盟是一个帝国主义强国。它不择手段地把人民与行星纳入它的统治之下。战争延续了好几季，其中不乏悲剧和启示。在压力之下，星际舰队的军官们必须做出艰难的选择和道德意义晦涩难明的妥协。

　　这个系列的高潮一集，是对难以忍受的战争抉择的研究。[①] 它或许可以与"指挥系统"一起并列《星际迷航》的最佳剧集。西斯科舰长必须放弃他作为一名骄傲的军官发誓守护的所有或宏大或渺小的理想，以引诱善变的罗慕兰人站到星联一边反对自治同盟。你必须熟知剧集并理解《星际迷航》的知识体系，才能完全领会"魔鬼的手段"这一集的博大与深邃。西斯科阴谋杀害了一位著名的罗慕兰政治家，并把这次谋杀伪装成自治同盟的刺杀阴谋。更糟的是，整个事件是由卡达西裁缝、叛徒与幽灵加拉克一手策划的。西斯科把这件不道德的行为外包给了这位不那么细心的肮脏同伙。这次可怕的交易，用一个无辜者的生命交换星联的最后胜利，绝对是令人心神崩溃的。饰演西斯科的埃弗里·布鲁克斯（Avery Brooks）和饰演加拉克并曾因出演《肮脏的哈里》（*Dirty Harry*）

----

① 《星际迷航："深空"九号》，6×19："魔鬼的手段"。

闻名的安德鲁·罗宾逊（Andrew Robinson）在演出中表现了他们的最高水准，而由彼得·艾伦·菲尔茨（Peter Allan Fields）和迈克尔·泰勒（Michael Taylor）执笔的剧本也同属大师之作。

"魔鬼的手段"是《"深空"九号》中最富戏剧性、最激动人心的一集。这一集的精彩波折之一，是西斯科必须付封口费让夸克闭嘴。他不得不这样做，但这又是一次出于高尚得多的目的而忍受的耻辱。夸克几乎无法掩饰他的得意，这倒不是为了那笔小小的利润，而是他最终成功地胁迫了一位星际舰队军官，让他表现出了自己内心的佛瑞吉人本性，更不必说，被他胁迫的对象恰好是位舰长大人。

在星联与佛瑞吉这两个文明的碰撞中，夸克取得的这场小胜自然付出了极大的代价。这就是为什么这场胜利如此痛彻心扉。尽管星联方面不得不行贿，但佛瑞吉人最终还是输掉了。贯穿《"深空"九号》始终，这些诡计多端而又与非正义一方同流合污的逐利怪兽们，是对星联有关文化包容的绝对法令的持续挑战。我们在这个系列开始之初就看到，夸克的侄儿诺格想到人类在空间站开办的学校上学，夸克却极力阻挠。夸克坚信，到那所学校上学不仅是浪费时间，而且有悖佛瑞吉人的习俗。一位佛瑞吉男孩应该去的唯一的学校是锤炼他的社会。但诺格的理想不在于此。西斯科的儿子杰克最终为诺格的困境找到了一个解决办法，但对于更大的问题这几乎毫无作用。诺格只不过是一个佛瑞吉孩子而已，然而无论是星联的绝对不干涉政策，或是佛瑞吉的顽固传统，仍一切如旧，不曾动摇。

《"深空"九号》的倒数第二集结束了这场大战。被击败的自治同盟代表签下了和平条约，从沃尔夫到奥布莱恩首席官和欧多的好多人分道扬镳。[①] 就在人人都忙于庆祝与道别时，佛瑞吉联盟的领袖，伟大的内格斯泽克（Grand Nagus Zek）来到空间站宣布他的继承人。夸克很有把握泽克将提名他接任。然而，当他听到了即将离任的领袖颁布的新法律之后，他变得越来越担心了。佛瑞吉妇女现在可以穿衣服，可以加入劳动大军参与商业活动了。劳工改革和退休法也颁布了，而且由一个选举产生的经济顾问代表大会受权立法。更让夸克不安的是，佛瑞吉国提高了税率，用以为各种项目和社会安全提供资金。情况确实与以前不同了。尽管困难重重，佛瑞吉人成熟了，他们得到了启蒙，像社会民主人士那样行事。

这是怎样发生的呢？

《"深空"九号》逐年记载了这些逐渐发生的变化。一年又一年，我们见证了旧佛瑞吉价值的缓慢锈蚀。我们主要是通过诺格的眼睛看到这些的。夸克的侄儿是有史以来加入星际舰队学院的第一位佛瑞吉人。他成长为一位相当优秀的星舰少尉，在战争中用英雄行为赢得了军衔。

---

① 《星际迷航："深空"九号》，7×24："战死方休"。

　　然而，事情的转折点，也就是佛瑞吉人的叙事框架中的关键时刻，出现在较早时候的"酒吧协会"这一集中。[①] 在令人捧腹的剧目中，夸克的哥哥，酒吧雇员傻蛋罗恩，发起成立了一个工会，并接受了巴希尔医生和奥布莱恩首席官的建议，组织了一次罢工。在佛瑞吉语言中，"工会"或许是最肮脏、最禁忌的词了，无论是罗恩或是和他一样的佛瑞吉雇员都无法把这两个字说出口。

　　这一集中有一连串绝妙的喜剧讽刺段子，在其中的一个场景中，罗恩费力地研究劳工经济学，夸克走进他的房间，想给罗恩一份不小的贿赂，从而结束这次罢工。罗恩驳回了夸克的请求，他说："听着，我想要告诉你的只有这些：全世界无产者联合起来！我们失去的只有锁链。"是的，你没听错，《共产党宣言》的词句出现在黄金时段的电视剧里，出自一个面貌奇特的外星人之口。

　　正如我们过去见过的那样，罗恩绝非白痴。但在佛瑞吉人眼睛里他就是。他天生具有的机械才能、他的激情与慷慨，全都在他的社会中浪费了。在佛瑞吉人的社会里，对利润的渴望与获得利润的能力要比对科学的求索有价值得多。通过建立餐厅与赌场雇员联合会，并为取得更高报酬和更短工时而斗争，罗恩终于摆脱了他自己的文化、千万年的传统和习得行为对他的意识形态桎梏。他发现自己实际上有能力做这些事情，而且这样做也不会让他死，而是恰恰相反。

---

① 《星际迷航："深空"九号》，4×16："酒吧协会"。

　　夸克试图用他自己的全息版本来代替罢工的工人，它们有点像《"航海家"号》中的全息医生。但全息投影机和软件都有缺陷，结果那些虚拟侍者总是打碎玻璃杯。猥琐的布伦特（Brunt）是佛瑞吉商业管理会的清算人，他没有事先打招呼就进了酒吧，陪他一起来的还有两个气势汹汹的纳西卡人（Nausicaan，一个脾气暴烈的种族，常以雇佣兵的形象出现）打手。他的任务是破坏这次罢工。他威胁利诱集合起来的雇员，甚至声称佛瑞吉商业管理会愿意对他们宽大处理："佛瑞吉商业管理会认识到，生活在这个空间站中让你受到了腐蚀。"佛瑞吉工人们被"暴露在星联扭曲价值观的侵袭之下"。这就是说，这种暴露的重大意义得到了承认：一个人但凡跟乌托邦人民生活在一起，势必会对他们感到某种嫉妒或是受到启发。星联的价值观会传染，有威胁，因为它们更大地改进了人民与社会的整体福祉。

　　罢工最后胜利了。夸克接受了雇员的要求。但罗恩的最大胜利是在以后到来的。他为他的同志们赢得了更高的工资和更好的工作条件之后，便辞去了酒吧的工作，加入了空间站的工程部门，尽管地位不高。他的主要工作是在夜里清理废物回收利用系统。他为此骄傲激动，脸上红光焕发。他终于开始了真正的生活。他的弟弟咆哮叫骂：星联确实"腐化"了他。

　　在这最后一次波折中，我看到了一点《星际迷航》未曾明言的使命，这与青年艾萨克·阿西莫夫在其早期职业生涯中欣然采纳的完全一致:《星际迷航》与其他科幻作品的主要作用当然是娱乐受众,让观众吃惊并受到启发。但它们也很可能"腐化"与改变我们这些真实世界中的佛瑞吉人。

第 9 章

我们能到达《星际迷航》中的未来吗？

rospects for Trekonomics in the Real World

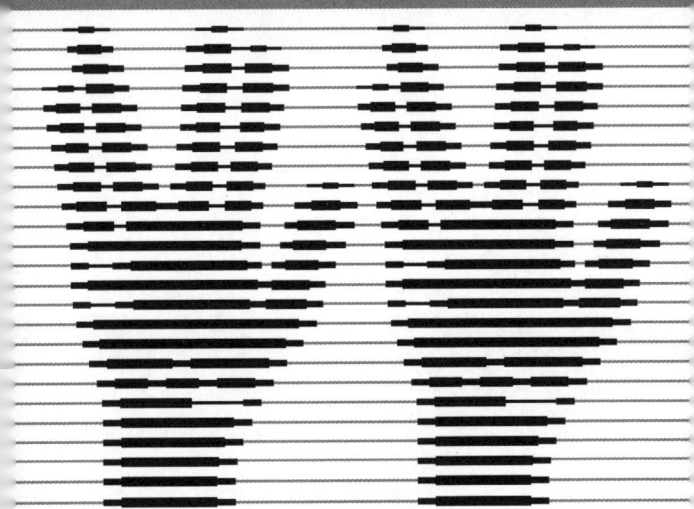

"我抱有这样的生活愿望：你终有一天会真正认识到宇宙究竟是什么……"①

而现在，我们面临的大问题，或许也是唯一真正重要的问题：星际迷航经济真的可能实现吗？我们需要怎样做才能在地球上实现《星际迷航》中的经济状态？星际迷航经济的前提条件是什么？

我们孙辈的经济可能性

当我们考虑星际迷航经济时，约翰·梅纳德·凯恩斯的幽灵就徘徊在附近。这或许是因为凯恩斯最能理解经济学与科幻作品是一对连体婴儿。它们涉及的都是未来，一般而言的未来，尤其是社会的未来。正因如此，凯恩斯本人也对科幻作品有所涉足，他曾对一位英格兰同胞提出过直接谴责，后者是通俗作家、现代科幻作

① 《星际迷航："深空"九号》，7×16："谍影迷踪"。

品的鼻祖、当初的激进分子 H. G. 威尔斯。直至今日，凯恩斯篇幅短小但确实有先见之明的文章"我们孙辈的经济可能性"，还在为这一争论设定条件。①

凯恩斯认为，他所称的"经济问题"② 不到 100 年就能得到解决。按照他的观点，面对稀缺被迫做出选择这一经济问题一直都是人类的大事。但由于人类经济的指数增长，社会将很快达到这样一种水平，即迄今无法想象的物质丰裕将成为常态，而不是少数人的特权。

凯恩斯有这样一种直觉，即我们的渴望、我们的需求、我们的动机，所有这些人类行为将因此发生深刻的变革。随着"经济问题"被克服，那些曾经全方位影响我们的经济行为，都将作为过时的老旧玩意儿被打入冷宫。乏味无趣的科学计算也不再会以市场的效用最大化和理性选择作为前提假定而存在。

由于这种人类学意义上的迈进，《我们孙辈的经济可能性》这篇论文可以被纳入科幻作品的范畴了。它在很大程度上描写了科幻作品中史波克这类人物的心理——与他缜密的逻辑相媲美的只有他的利他主义和对红尘乐事绝对的不屑一顾。对于史波克，经济竞

---

① 在这里引用的凯恩斯文章的版本重印于 Lorenzo Pecchi and Gustavo Piga, eds., *Revisiting Keynes' Economic Possibilities for Our Grandchildren* (Cambridge: MIT Press, 2008。

② Lorenzo Pecchi and Gustavo Piga, eds., *Revisiting Keynes' Economic Possibilities for Our Grandchildren* (Cambridge: MIT Press, 2008).

争毫无意义。他有更加有趣得多的人生使命，那就是探索星系。就人类而言，与《星际迷航》的后稀缺物质丰裕社会相比，凯恩斯的预言即使字面上有所不同，但其精神实质与之非常接近。换言之，他的预言与星际迷航经济体系非常接近。

如果我们暂时抛却好莱坞式太空旅行冒险故事中充斥的新鲜小发明和外星人，更加关注重点问题，我们或许就会十分不安地意识到，我们实际上已经生活在凯恩斯预言的丰裕之角中了，也就是《星际迷航》的丰裕之角。改写一下科幻作家威廉·吉布森（William Gibson）的说法，丰裕时代已经到来，我们只是没有均衡地分配丰厚的物质财富。

尽管《星际迷航》只是对凯恩斯的"经济问题"的科幻解决方案，但它在我们当前日常生活中有可能实现。当然，乍一看，它的社会组织原则似乎与这种说法相抵触。在《星际迷航》中，世界上的一切生活必需品与人类的创造性产品都免费提供，都作为非竞争性、非排他性的公共物品，我们离这样的世界还有相当漫长的路程要走。但《星际迷航》是科幻作品，仅此而已。通过它反映的未来图景——在可期的未来，当经济增长、生产率提高与自动化进步的积蓄效应驱使大多数物品的价格下降为零的时刻——我们可以反观现实。

然而，《星际迷航》的均衡分配与幸福的丰裕并不是全面自动化的唯一结果。令人鼓舞的隐喻是，复制器是最后来临的，而不是最先来临的。人们很容易犯的一个错误就是，误以为复制器是剧集中带来最终物质丰裕与人民幸福的催化剂。它出现在荧屏上，因此我们往往认为，它和它代表的一切都是《星际迷航》社会富足的必要科技前提。我们必须强调，复制器是个终点。尽管它是虚构的，具有相当大的假想性，但它也与该剧集的前提一致，它的存在标志着人类劳动的终结。

准确地说，复制器概括了漫长、艰辛的工业革命事业。就像阿西莫夫的机器人一样，复制器建立在纵观整个历史的基础之上。为了取代劳动力作为生产主要因素的地位，人类发明了越来越强有力的机械辅助装置，从蒸汽机到计算机。请不要被这些闪光的机器蒙蔽！让所有一切有所不同的是知识与科学的积累。正是这种积累的逐步积淀促成了发明和科技进步。我们称人类脑力的集合为文化，而它远远超过了它的所有各个部分的简单加总。这一点在经济学中体现得最为淋漓尽致。

我们可以用自己的眼睛观察这个社会过程，就像观察水滴石穿的过程那样。在《星际迷航》中我们能够看到，那时的世俗生活图景已天翻地覆，与我们当今所处的社会截然不同。

人类的脑力正在挤出并将最终取代产品生产中的体力劳动，

这一理念是《星际迷航》的核心，也是阿西莫夫的机器人小说的核心。而且，认识并估量知识对经济增长的贡献，是经济学研究中最为重要的课题。在发表于 1990 年的经典论文中，保罗·罗默教授以如下方式定义了知识的特殊经济性质："与其他经济商品相比，为指导原材料加工而发出的指令具有与生俱来的不同。一旦付出了创造一套新指令所必需的成本，这套指令可以重复使用而无须进一步的成本。开发更新更好的指令相当于付出固定成本。可以将这一性质视为科技的决定性特性。"①

罗默认为，从本质上说，知识是非竞争性的。这一相当抽象的定义成功地描述了经济生产中一个非常现实的方面。除非通过专利保护或者令使用者有偿获取（例如价格不菲的大学教育），知识，即所谓"一套新指令"，在流通与传播方面没有与生俱来的障碍。它当然有其物理限度：知识传播的手段并非一直像今天这样强大与即时。在网络和智能手机这个美丽新世界中，禁止与限制都源于政策规定。我们的成长远远超过了工业时代之初人们认为可能的界限，而做到这一点的秘诀，正是以多种形式存在的科学以及更普遍的文化。

在过去的 3 个世纪中，欧洲与北美逃脱了自然的暴虐。经济史学大师、诺贝尔奖得主罗伯特·福格尔（Robert Fogel）煞费苦

---

① Paul Romer, "Endogenous Technological Change," *Journal of Political Economy* 98:5 (1990): p. 72.

心地描述了逃离必然性的这一过程。他为此发明了一个词："技术
生理演化"（technophysio evolution）。[1] 福格尔收集了长期以来人
类身高与体重的数据。他的结论是，用科学与技术控制环境而实现
的不断繁荣，压倒了资源稀缺与恶化的自然条件带来的不良影响。
科学与机械装置极大地增强了人类劳动力，前所未有地改善了西
方世界人口的健康与寿命。为了更好地感知这一点，我们只需要看
一下韩国的例子。不到半个世纪，它便摆脱了最绝望的贫穷，变成
了世界上最先进、富有的国家之一。

　　无论是否受到限制，是否受专利或者知识产权保护，知识传
播的首要也是最重要的直接影响便在于生理方面。现在，对于世界
的一小部分人口而言，生存问题已经得到了解决。世界银行与美
国农业部的统计显示，在先进经济体中，家庭收入中用于食物开
支（无论在家中或在外）的份额显著小于贫穷国家，大约在12%
左右。在发达世界中，这些开支中有一半实质上属于随意开支，即
花费在餐馆、零食和含糖饮料上的开支。美国或者英国的每日人均
卡路里消费量远高于2000千卡的推荐量。

　　据美国农业部估计，1900年，41%的美国劳动力从事农业。
到2000年，这一数字跌至1.9%，而农业在GDP中的贡献从1930

① Robert W. Fogel and Dora L. Costa, "A Theory of Technophysio Evolution, With Some Implications for Forecasting Population, Health Care Costs, and Pension Costs," *Demography* 34:1 (Feb. 1997): pp. 49–66.

年的 7.7% 下降到 2002 年的 0.7%。[①] 现在，食物的生产在经济活动中所占的比重几乎可以忽略不计，但这并不意味着饥饿已经消失。令美国蒙羞的是，深受营养不良与食品安全问题折磨的家庭数量仍然惊人，占据全国总数的 1/6。[②] 然而这一问题无法归咎于产品稀缺，这完全是不良政策的结果。

美国农业的例子说明了科学对生产率的影响。这只不过是说明全球状况逐步改善的大量统计数据中的几个例子而已。贫困、儿童死亡率和文盲率都在下降，而预期寿命则在提高。

粮食供应与身体健康只是技术生理演化影响的近似指标。至少在发达国家中，我们当前物质丰富的状况已经远远超过了营养安全的水平。我们可以说，公共卫生与国家基础设施、教育、安全以及良善治理，是技术生理演化的直接结果。

尽管我们没有生活在乌托邦里，但我们确实生活在富足之中。

瓦肯人不会到来

让我们抛开这些有关宇宙的事。

① Carolyn Dimitri, Anne Effland, and Neilson Conklin, *The 20th Century Transformation of U.S. Agriculture and Farm Policy: Economic Information Bulletin Number 3* (Washington, DC: USDA/Economic Research Service, 2005), accessed February 25, 2016, http://www.ers.usda.gov/media/259572/eib3_1_.pdf.

② Feeding America, "Hunger and Poverty Facts and Statistics," *Feedingamerica. org*, accessed February 25, 2016, http://www.feedingamerica.org/hunger-in -america/impact-of-hunger/hun ger-and-poverty/hunger-and-poverty-fact-sheet.html.

如果你认为《星际迷航》是有关太空旅行的连续剧，那么你就被这个剧名的表面意思迷惑了。除非对自然定律做出极不可能的修改，否则不可能有超光速星际航行或者物质—反物质反应器。《星际迷航》不可能走出荧屏成为现实，我们也不会与尖耳朵的仁慈外星人发生第一次接触。

瓦肯人一定在什么地方存在着，这是统计学上的必然。但当前，无论他们或者我们，相互接触都超出了各自的能力。从实际情况看，我们在宇宙中孑然独立。瓦肯人不会到来。

《星际迷航》的传奇故事是根据某种错误理念的预言，即我们可以通过某种方式与瓦肯人邂逅，因为探索未知是人类物种的一个基本特征。人们有一种方便而且利己的说法，即探索未知的行为让人类变得高贵，对新生命与新文明的渴望过去是、现在也是、将来必定也永远是无私的，它受到假想中永无止境的好奇心的驱使。

这实在是一派胡言。这种说法毫无根据。实际上，查一下历史记录就会发现，事实与此恰恰相反。我们这个种族"宅"得令人难以置信。在瞬息万变的背景下，我们生活在微不足道的半径范围内。我们很少到离家或者工作地点几英里之外的地方探险。大多数时候，我们跨着同样的步子，走同样的通勤路线。是世界，携着它的机器、它的物品、它的信号，在绕着我们转。

除了个别古怪的例外，我们对新鲜事物的好奇心少得惊人。

作为一个物种，我们关心的主要是自己的日常事务、生计之类的事情，却搭着少数疯狂者的便车，倚仗他们的成就而沾沾自喜。只有当形势逼迫或者确知会得到宝藏的情况下，我们才会开始探索与发现之旅。而且首先，"我们"两字完全用词不当。伟大的发现之旅与改变世界的发明从来都不是慈善行为或者天赐人类的礼品，更不要说集体事业了。那不过是我们讲给孩子听的故事，而他们根本不会对其中任何一个故事信以为真，因为他们不像我们成人那样怀有错觉或者只考虑自己。克里斯托弗·哥伦布、麦哲伦、库克，他们都是这样那样的征服者。

我个人感到这一点很令人安心，甚至很温馨，因为那些伟大的探索者和发明家都是典型的人类。他们是奋斗者，是地位不高、固执己见的辛勤奋斗者。我喜欢这一点。这意味着他们与你我一样，只不过比我等多一丝疯狂，多几分运气。当然，被这些持枪探险者们"发现"的当地土著，不会和我一样对这些人的动机有如此善意的看法，而且他们自然是有道理的。只有古怪人物与不按常规办事的人才会参与殖民种族灭绝与奴役。他们是一批直言不讳、积极活跃的少数，但毕竟只是少数。

随着工业革命而来的发展和生活水平的显著提高，从事研发工作的人比例急剧上升。启蒙时代的文学界总共不超过几千名白人男子，他们的成就已经很辉煌了。今天，全世界有几千万在岗的科学家、工程师和哲学家。他们不必受制于缓慢的邮政服务和累赘的旅行安排。我敢说，他们现在还是少数，但要不了多久就会变成多数。

这一点告诉我，"勇敢地去往从未有人去过的地方"①这句名言更多的是表达一种抱负或者激励，而不是对人类行为的经验记录。如果我们真的要去往一个地方，原因通常很普通。现实中，"勇敢"要么出于异想天开，要么出于不得不为之。

我想要强调的是，我们不会"勇敢"前行，而《星际迷航》把整个过程说反了。在正典故事中，星际迷航经济体系似乎成了太空探索和与瓦肯人的第一次接触的产物。但我确信，真正的顺序应该与此相反，并且只能是反过来的顺序。根本没有什么星际探索的经济学原理，无论是有人探索或者是无人探索。成本实在太高了。星际距离让任何有关经济交流的想象都无法切合实际，甚至毫无意义，更不要说建立任何种类的帝国了。

此外，自给自足是行不通的：在一个相互联系越来越紧密的网络世界里，有人仍然梦想在敌对天体周围的遥远太空建立前哨基地，这一点实在令人困惑。生活在大城市中的好处已经是确证的已知事实，却被置于不顾，人们情愿做些太空神游的幻想。这就像埃隆·马斯克（Elon Musk）与他的那伙书呆子富豪们的鬼话：他们想要逃离历史的进程，认为人类只有通过垦殖其他行星才能免

---

① 这是《星际迷航：原初系列》开场导语中的一句，该句表明了"进取"号星舰的任务。完整的开场白由柯克舰长的扮演者威廉·夏特纳朗读。

于灭顶之灾。但到底是什么灭顶之灾？有一点是肯定的：埃隆·马斯克是一位具有非凡聪慧头脑的企业家。只要认准一个营销花招，他便能看到机会。

◤

自古以来，城市便是文明的熔炉，是人类聚集的交叉路口，是货物、想法和艺术产生与交换的地方。城市是专业技艺、趣味乐子与偶然遭遇融合最快的地方。大学都是围绕校园空间建立起来的，这是有原因的：有助于培养一种有张力的社会生活，这种社会生活是发明与进步的酝酿滋生地。城市也有同样的功能，但其范围更宏大、更多样化。此外，城市是作为更宽阔的网络的结点存在的，它们依赖劳动的空间分工，它们随着全球贸易和与其他城市的全球连接而繁荣。城市间交流的便捷、安全和交通的可靠性是绝对必需的，是经济增长与繁荣的前提。我们所知的有关大城市和大国的历史都告诉我们，没有任何东西能够比得上贸易。有鉴于此，在遥远的世界建立一个极小的前哨基地，没有大气层，也没有磁层阻挡致命的太阳辐射，我们只能像耗子一样躲在地下。这完全是白痴的做法。如果一个轨道空间站真的能生产一些可交换的产品，设立这样一个前哨基地的想法或许就没有如此可笑。但如果它只是为了收集能量传给地球，那为什么要花费精力设立一个完整的永久性居住点呢？建一个基本维修中心或者让一个机器人看守岂不是更划算？

我不想给航天迷和我在航天界的朋友泼冷水，但现实地说，在我们有生之年，任何人都不会看到一个太空码头或者一个太空电梯的建立，也不会有月球基地，更不用说火星垦殖了。至于300年内会有"进取"号问世的说法？拜托，别逗了。

我确实可以理解那些主张太空探索的人的动机，他们想把它作为团结整个世界的一种方式，想要通过工程技术，为和平开展一次文化改革运动。他们很高尚。那么，何不利用我们的资源，首先让10亿人摆脱贫困？这些人中有多少个爱因斯坦或者冯·诺依曼？见鬼，我们甚至不需要爱因斯坦，只要在这10亿人之中培养三四千万工程师、程序员和医学科学家就行了。这部分精英也只是其中的4%。没有任何人能够预言，依靠这些原始人力资本的增加，我们能够成就何种事业。知识的回馈积累速度将无与伦比。

鼓舞人心是一个正当的理由。但走向星空之路始于地球，始于课堂或研究机构。可以说，这并不是优先事项或者资源分配问题，而是理解历史物理学的问题。征服太阳系然后征服星空，这是一个耗资巨大的项目，它需要的资源要比我们现有的大好多个数量级。为了这样一个项目，人类的富裕程度需要指数级的增长。

这就是我说《星际迷航》把顺序弄反了的原因。《星际迷航》正典描绘了所谓的新世界经济的到来，说它是曲速航行发明的后果。在曲速航行探索中，我们与仁慈且富于逻辑的瓦肯人相遇，于是我们的一切经济问题都解决了。好吧，并非完全如此，但那是一般的故事推进过程。真够奇怪的，在《星际迷航：第一次接触》中，曲速引擎看上去像是由一伙衣衫褴褛但雄赳赳的登山家拼凑起来的，这伙人刚好在退役的核导弹的仓库不远处搭营。实际上这就是一伙侥幸活下来、在浩劫之后深受贫困袭扰的北美酒鬼。这种大规模的工程努力，难不成真的可以由这么一群人完成吗？

即使是一个十分有限的太空计划，都需要凝集大学、工业公司和各种各样的专家的努力。简言之，需要一切相关的人和机构，并得到一个大而富裕的政府的完全信任和财政支持。抱歉，即使当今的豪门巨富也去不了火星。

更进一步地说，对于任何文明的一切可以想象的努力来说，超光速旅行和星际垦殖都是最不经济的。你无法像17世纪的荷兰或者英格兰商人为海船提供赞助那样为它们提供资金。这没法让你致富。无论是在天狼星或沃尔夫359星，都不会有白银或者蔗糖，或者胡椒植株上的珍贵果实，更不要说人们称之为火星的那个藏污纳垢之所。

要做到星际垦殖，一定不能以赚钱为目的。顺便说一句，理论上它是可以成功的：数学模型告诉我们，即使以光速的许多分之一的速度航行，也可以在不到100万年的时间内周游银河系。但这在达到星际迷航经济状态之前不可能实现，因为这种旅行要烧的钱实在多得要命！作为一项投资，它的风险报酬率实在惨不忍睹。

即使我们有一天发展到了有充足财力开展这样一项疯狂探险，我们还需要正视科幻作家大卫·布林强调的进步悖论。每一代星舰，无论有人驾驶还是无人驾驶，都必须比它的上一代更快。那么，什么时候开始发射就会变成一个严肃的问题，因为当第一艘星舰还在向下个星系飞行的时候，它就一定会被第二艘星舰超越；而第二艘又会被第三艘超越……以此类推。正像布林指出的那样，关于旅行者号探测器和《星际迷航：无限太空》的前提最有意思的事情是，一台旅行者号探测器会遭遇的第一个星际文明很可能是我们自己。

除此之外，如果我们达到了某种形式的《星际迷航》式最终富裕，我们将很难找到志愿者愿意在狭窄的舰船上飞行几十年，飞往被人遗忘的小行星。谁知道呢？也可能是我这番言论太过悲观。

为了在星际空间漫游，一个物种必须首先达到经济逃逸速度。对于费米悖论（Fermi paradox）的阐释众多，我在这里也提一种新观点。星际探索本身并没有内在的经济价值，因此在有可能进行这种探索之前，社会必须富裕到没有任何人会为追求基本经济需要而浪费时间。这是个简单的资源分配问题。当资源达到了接近无限的时候，我们将能够在建造阿库别瑞（Alcubierre）引擎[①]飞船上抛洒难以置信的时间与人力资本。

如果有一颗行星达到了星际迷航经济状态，人们或许不会选择离开，尤其是考虑到离开这颗行星便意味着，他们将不得不在一种物质财富不那么丰富的新环境下重新开始。或许，后稀缺状态会移除扩张的障碍，但同时也会消解人们对扩张的渴望。[②]

与此同时，人们做的真正的《星际迷航》式的事情，也就是最符合罗登伯里的想法的事情，是要在我们这颗苍白的蓝色小行星上努力工作，改善自身的环境。地球上闪光的城市是我们的救生艇，是未来的空间站和前哨基地。

是结束那些太空垦殖的胡言乱语的时候了！坦白地说吧，这只不过是失败主义的论调，暗示这里是没有出路的，而所谓"这里"就是地球以及地球上生活着的人类。这就是过去的那种陈腐的前驱幻梦。让我们乘着太空五月花号，离开这个不幸的罪恶之地吧。这种言论既轻率，又对人有误导。

无论如何，在很长一段时间内，人类除了在地球上，在居住了80%的人类的城市中，没有别的前途。经济学家罗宾·汉森

---

① 阿库别瑞引擎（Alcubierre metric）是一种时空数学模型，在《星际迷航》中称为"曲速引擎"，作为超光速星际旅行的工具。

② 见 W. R. Hosek, "Economics and the Fermi Paradox," *Journal of the British Interplanetary Society* 60 (2007): pp. 137–141.

（Robin Hanson）的论点让我折服。他认为，自给自足不过是海市蜃楼。人类和地球之所以能独树一帜，是因为人类拥挤在地球上，人类必须在这弹丸之地打出一片天地。但这也显现出巨大的优势：历史上，思想与知识的高速交流以及劳动和专业的分工，一同促进了巨大的社会进步。

瓦肯人并没有到来。可以说，我们就是瓦肯人。或者不如说，我们必须成为瓦肯人：寡欲、理性、无私。我认为，这才是《星际迷航》给我们上的最重要的一课。

不管你喜不喜欢，在可以预见的未来，星舰不会越出地球。

机器人正在到来

机器人正在到来。事实上它们已经来临。与太空旅行不同，我相信《星际迷航》在这方面的推断确实是正确的。在机械性工作方面，机器人将进一步取代我们，这是不可避免的，因为这一点镌刻在过去300年工业革命本身的逻辑与运行轨迹上。

人们对自动化有相当大的忧虑，这一点是很有道理的。从工业革命曙光初现的那一刻起，这种忧虑便伴随着我们。然而，越来越强大的计算能力、不断发展的编程技术，以及所谓大数据的出现，它们汇集在一起，促进了人们在经济各部门中越来越多地引入自动化。当初的"傻瓜型"机器人只能根据一套固定的指令，将汽车车身焊接到一起，现在我们已经超越了这一阶段。除了制造业与物流，自动化已经取得了越来越大的领地。算法或又称软件机器人，它们已能胜任法律、医学、犯罪、保险等领域的文法或数据分析任务。

这或许完全不像听起来那么严重，至少《星际迷航》就持有这样的观点。机器人的来临未必会导致技术改进与工人失业。无论是体力劳动还是脑力劳动，把大部分重复与乏味的工作从人类手中转交给机器人，可能是对人类的解放。在一个劳动已经不再强制的世界中，这一点必定会证明其真正意义。

在经济过渡时期，制造产品——也就是工业——的成本多多少少与今日的农业类似，它雇佣的人很少，在 GDP 中占据的比率很低。施行恰当的政策，发达国家能够顺利地完成这种过渡。它们过去经历过这种情况，因此我们可以很有把握地假定，它们将来也很可能会成功完成这种过渡。这并不意味着我们不会遭遇脱节与冲突，但我们确实拥有旧有的既定体系，如政府、媒体、公共领域等，它们可以让我们逐步解决这样的冲突，让我们大家得到最大的利益。

真正的挑战存在于我们能够顺利把控的范围之外，即在发展中国家。在 19 世纪的欧洲与 20 世纪的亚洲，国家的发展都遵循一种类似的模式。人们在工业与服务业中寻找报酬更高的工作，从农村向城市中心迁移。先前提到的韩国就是这样一个令人惊讶的发展案例，它从一个贫穷的农业国家起步，在不到 50 年的时间内，变成了一个后工业时代的高度城市化的经济强国。这一过程如此迅速，以至于过去大部分可见的痕迹都被抹去，甚至被人们遗忘。在首尔的韩国国立中央博物馆中有一个真实尺寸的 20 世纪 50 年代的首尔街道复制品，看到它们就如同身处其间，但它表现的是当年的殖民地时代。中国也走上了这条强国之路，发展速度甚至更为迅捷。30 年间，5 亿在贫困中挣扎的人民变成了中产阶级消费者。

然而，制造业的地位沦为与农业等同，虽然是高度理性的现象（雇用更少的人），但此类发展事例将不会再度发生。韩国与中国走过的经济发展与繁荣之路是历史证明的通衢大道，但这种机遇可能已经无法被其他国家复制。这正是让许多经济学家夜不能寐的原因。机器人的崛起或许会减少新兴国家的经济机遇。在发达世界中，我们有资源和机构来实现经济基础的那种转变。而一些你很少听说的国家，如乌干达和坦桑尼亚，它们的人口将在 21 世纪末分别达到 2 亿与 3 亿人口。如果制造业变成了微不足道的自动化、低回报产业，这些人便会因此找不到工作赚不到钱，那在他们身上会发生什么呢？他们不可能每个人都能在星巴克找到工作，无论他们的城市有多大。

于是，《星际迷航》畅想的重新发明工作，以及随之而来的社会调整，将不仅仅是取悦某些脑满肠肥的西方上层阶级观众的哲思空想。在一个机器以极低的成本生产大部分产品的世界中，对于即将出生的数十亿人来说，一个公正恰当的资源分配方案具有生死存亡的重大意义。

发达国家或许会，也或许不会在自动化持续发展的情况下重新制定分配政策。应该采取的对应措施是广为人知的，从累进税制到全民医疗，从免费教育到无条件现金援助（即所谓基本收入）。我们拥有稳定的政府机构与财富，可以恰当地处理这些问题。发展中国家则不行。我们正跑步奔向普遍自动化，他们将追不上我们的步伐。

确实有免费午餐

机器人正在到来。免费物品也同样如此。

具有讽刺意义的是，罗纳德·里根给世界留下的最重要的遗产其实是《星际迷航》，而不是"星球大战"。不是《星际迷航》电影，也不是《星际迷航：下一代》（尽管它们是同一代的产品），而是星际迷航经济体系，至少是它的前身之一和它在真实世界中的基石。

星球大战计划即假想的空间导弹拦截系统，尽管里根大肆鼓吹，但这一计划从来没有取得任何成效。我们现在知道，在大吹大擂地宣布了这项计划的 40 多年之后，工程师和军事承包商们还无法有把握地击落一枚正在飞行的火箭。而且今天一切组件与计算技术都有了极大的进步。至于在近地轨道上部署的激光，那些东西不提也罢。里根的"星球大战"不过是个宣传噱头，它不但把苏联人吓得魂不附体，而且也给大幅增加国内军费开支找到了合理的借口。尽管它可能在现实生活中不具有多大意义，但它显然借助星球大战计划重提了战争这一主题。

出于偶然，罗纳德·里根引领了星际迷航经济时代的开始。1983 年 9 月 1 日，苏联国土防空军的一架苏 -15 战斗机在日本海上空击落了大韩航空公司的一架波音 747 航班，机上有 269 位乘客。无人生还。

由于苏联领空管制非常严格，当时从美国大陆飞往亚洲的航班无法走西伯利亚的便捷航线。为此，大型客机不得不在阿拉斯加州的安克雷奇降落加油，然后才能沿另一条较长的路线飞越北太平洋。此外，越过阿留申群岛最后一座岛屿后的某一个航路点，民用航班将会发现，它们已经离开了美国地面信标的范围。可以说，一旦独自置身于不友好的天际，最重要的是保持正确的航向，以免小心侵犯苏联领空，因为苏联人对于这种冒犯不会等闲视之。而且他们这样做也是可以理解的。今天人们已经很难记得，1983 年的时候，美国战略空军载有十亿吨级当量核弹头的 B-52 战略轰炸机每时每刻在苏联领空周边巡航。自从斯坦利·库布里克（Stanley Kubrick）的《奇爱博士》上映以来，事情并未发生任何变化。

这架大韩航空公司的航班自动导航装置出现了一个小故障，

航班的路线因此略微偏离了规定飞行计划。这架被宿命诅咒的飞机进入西太平洋海域上空，离开美国中继站信号之外，并且最初的微小偏离已经大大扩大。它偏离预定航线超过 180 海里。这架巨大的喷气机已经在驾驶员没有注意的情况下侵犯了苏联领空。韩国机组成员没有发现他们正在飞越堪察加半岛，也未能觉察危险，没有与苏联空中交通管理部门联系。与此同时，当天苏联正进行一次导弹试射，因此苏联空军紧急出动战斗机，拦截这架胡乱飞行的航班。苏联空军确认对方抱有敌意，因为它在未经通报的情况下在禁飞领空飞行，而且它似乎对多次警告性射击毫无反应。据苏联飞行员事后回忆，他们当时开火 200 多次，但也承认凭肉眼很难观察弹迹。

大韩航空公司 007 号航班在库页岛海岸线以外的空中被击落。两枚导弹在它的机身附近爆炸，令客舱迅速解体。飞行记录仪显示，飞行员在此后的 12 分钟内仍然控制着飞机，但最终在莫涅龙岛附近坠毁，地点在北海道以北仅 50 英里。人们不完全清楚，飞行员是否知道自己是被苏联战斗机击落的。

这次发生在冷战时期的事件只是一长串悲剧性致命灾难中的一个。你或许会疑惑，它怎么会引入星际迷航经济或者成为它的伏笔的。实际上，二者关系确实很大。

在飞机被击落之后没多久，人们便很清楚，这是因一连串小失误与仪器失灵造成的灾难性后果。然而，根源非常简单：大韩航空公司的飞行员无法确定飞机的位置，因此无法做出必要的航线修正。理所当然，罗纳德·里根对这一事件大为震惊与不快，他要保证这类事件再也不会发生。他向公众公开了美国海军的卫星导航新系统。一夜之间，我们今天所知的导航星全球定位系统（Navstar GPS）或简称 GPS，便成了第一套全球性的人造公共物品。

在那之前，没有任何覆盖全球的免费科技或者服务。尽管我努力地做了搜索，但仍然未能发现任何哪怕与 GPS 略微相近的东西。根据其本身的性质，水域、能源、卫生保健、道路、通信系统，这些都是局域服务。在许多情况下，它们是由私营垄断公司为公众经营的，就像过去的美国电话电信公司（AT&T）。当地政府会把这些服务交给单独一家私营企业管理。这种独断意味着市场控制，作为回报，专营公司同意服务所有人、控制价格并支付基础设施维护的费用。在其他情况下，如普通道路与高速公路，大部分所需费用过去都是由税收支付的，无论是在城市范围或是全国层次，而且直到现在，大多数情况下依旧如此。

GPS 是由中地球轨道上的 32 颗人造卫星组成的，这些轨道距离地表大约 13000 英里。每颗卫星持续发射它们各自的轨道位置以及其他 GPS 卫星的位置，同时带上非常准确的时间标识。由于天体力学定律，这些卫星能够确定自己的位置，于是它们便能保持轨道轨迹恒定。至于时间，每颗卫星都装备着原子钟。

为确定自己的位置，接收装置单元需要将可观测到的 4 颗卫星的位置与时间信号结合起来。导航方程则可以直接由现代半导体装置轻而易举地处理。GPS 芯片现在已经微型化到了这样一种程度，可以作为子系统植入手机与手表里。作为一种更便捷的解决方案，智能手机中的接收器也使用手机信号塔的位置与时间数据（这些数据也来自 GPS 卫星）。

公众能够得到的是粗略信号，而高分辨率的数据是加密的，只允许军方使用。信号的技术指标对所有制造厂商公开，确定位置所必需的导航算法也同样如此。对捕捉信号不设限制，也不存在已知的可能干扰（除非美国海军刚好关闭了系统）。

当罗纳德·里根向全世界开放 GPS 系统的民用使用时，该系统还处于测试与原型机阶段。到了 1995 年，它才臻于完善，并由克林顿政府完全实践了里根的诺言。时至 2016 年，估计有 30 亿台接收装置在全球运转，包括导航设备、手机，以及军用与民用的先进航空电子设备。整个系统仅仅由 32 颗卫星组成，年维护费用在 10 亿美元以下。[1] 法律规定了 GPS 是一种军民两用的双轨系统。美国国防部受权保持 GPS 正常工作，为每个人服务。

---

[1] "Fiscal Year 2016 Program Funding," GPS.gov, accessed October 12, 2015, http://www.gps.gov/policy/funding/2016/

　　GPS 就是经济学称为正外部性的一个绝佳例子。正如前文提到的，所谓负外部性，例如污染，是第三者因非自愿卷入的事务或者行为而遭受的损失。正外部性则恰恰相反：它指同一个第三者因他并未选择参与的事物或者行为而受益。正外部性包括能够增进整个社会福利的公共投资，如卫生保健、教育和基础设施。

　　现在我们来对比地方投资建设的道路与 GPS。两者都是工程奇迹。人们都可以免费使用，而且个人使用不会妨碍其他人同时使用（高峰期交通拥挤的情况除外）。但你能注意到两者之间的差别：不必置身某个特定国家的边界线之内，你就可以享受 GPS 的服务。GPS 全球可用，只要你拥有一台有效的接收器即可。

　　道路与 GPS 之间的关键差别是服务范围。GPS 是全球性的，它可没有边界线。而它的主要目的是让任何人在世界的任何地方都能够知道自己的准确位置。不仅如此，GPS 还是历史上第一个非竞争性、非排他性的基础设施发明。

　　GPS 就是复制器在真实世界中最直观的对应物。显然，这两种奇妙装置的设置是不同的。《星际迷航》曾经成功地预测了手机问世，但《星际迷航》从来没有以任何方式、形态或者形式预言过 GPS。在《星际迷航》中，没有任何东西看上去像 GPS。去往特定行星或是执行外派使命，"进取"号的乘员能够立即通过某种方式知道该向什么坐标位置派遣红衫战士。

　　《下一代》可能抄袭而不是预言了 GPS 这个创意，或者至少它从里根政府的政策选择上得到了启发——这是艺术对真实生活的模仿，而且是从罗纳德·里根那里模仿的。它从中得出了只有科幻作品才能得出的极端逻辑结论。这部剧集的出发点是一个政治方案，而且现实世界中已有类似的方案。从这种意义上说，复制器的存在是一个政治决策，它让关键性技术成为公共物品，为每一个社会成员免费所用，而不是某种一厢情愿的乌托邦设施。

考虑一下 GPS 带来的便利。地图绘制与远程遥感，深化了我们对于世界的认识。它让我们更方便地监测各种事物，从农业收成到野生动物的数量，从洋流到全球气候变暖。同样，它让汽车开得更快，也因此减少了车辆污染；它让航海与航空旅行变得更安全、更有效。它是在自然灾害发生后提供救援的关键工具。它是大受欢迎的服务如谷歌地图、位智地图（Waze）和优步的核心。它让自动驾驶汽车成为可能，并引发了个人出行的深刻变革。GPS 的应用远远超过了飞行定位。它对世界的最大贡献，是它促进与加速了有用知识的产生与分享。

在 GPS 的引导下，世界范围的"免费午餐"方兴未艾。过去就有许多服务和基础设施是免费的，但从来没有推广到如此大的范围，而且价格如此低廉——每台接收器每年只要 33 美分，而它能达到的范围并不限于得克萨斯州的艾尔帕索或者密歇根州的苏圣玛丽。此外，与道路不同的是，不需要附加成本，GPS 使用就能加倍或翻三倍。

不要再想未来每件东西都免费了。今天，GPS 是我们生活脉络的一部分，其方式与互联网及其令人吃惊的一系列免费服务相同。经济学家、作家杰里米·里夫金（Jeremy Rifkin）提出的"零边际成本的社会"已经成为现实。尽管它还不是经济互动的主要形式，但它确实与利润导向的部门同步繁荣，并不断向其中注入生机。

尽管 GPS 是首个全球性公共物品，但又出现了别的事物。互联网与万维网本质上与 GPS 十分相似。首先，它们都是冷战的产物，是美国国防部机密的臭鼬工厂①的公共副产品。顺便说一句，人们把这个网络的主要支柱变成了全球可用、共同管理的公共物品，它还具有非常有趣的自主治理模式，即互联网名称与数字地址分配机构（Internet Corporation for Assigned Names and Numbers，简称 ICANN）。

GPS 和那些存在于互联网上的服务都是全球公共物品，它们有一个共同点——通过对网络联结范围的极大拓宽，它们加强了人类脑力的可及范围与可能功用。今天，你能把全世界积累起来的

①　臭鼬工厂（Skunk Works）是洛克希德·马丁公司（Lockheed Matin）高级开发项目的官方绰号，位于美国加利福尼亚州棕榈谷。臭鼬工厂以承担秘密计划研究为主，研制了洛马公司的许多著名飞行器产品，包括 U-2 侦察机、SR-71 黑鸟式侦察机以及 F-117 夜鹰战斗机等。

知识放进口袋里。这实在令人难以置信，特别是对像我这样较为年长的人来说。我仍然记得我孩提时期的第一本百科全书。那是一套神奇而又令人愉悦的书籍。它共有 10 册，重达 60 磅。欧洲活字印刷术发明者古登堡（Johannes Gutenberg）完全无法想象，他的发明将会以何等程度在全世界引发震动。同样，这类神奇产品长远的社会和文化后果难以预测。

至少我们能够看到，在组成经济活动的复杂组合中，这些新工具有利于人力资本。在生产中，知识是和机器、金钱同样重要的因素。正如《全球概览》（*Whole Earth Catalog*）的出版者斯图尔特·布兰德（Stewart Brand）的著名论述，知识不仅有被免费使用的渴望，而且由于互联网，它已经大体上免费了。一旦得到释放，它便像水那样流动，渗入每一个角落。没有人能够收拢它，阻挡它。魔鬼走出了瓶子，他就不会再回去了。

全体失业

我们从来不需要亲自生产我们消费的东西。市场可以满足任何人的需要或者渴望的东西。只需要到云端的大百货商店去一趟就行了。那里有世界上的一切商品，从平淡无奇的物品到性命攸关的东西，应有尽有。甚至还有现金。没钱？没问题！有种机构，它们的唯一功能就是放贷，可以让你尽情购买从住房到教育再到隆胸手术的任何商品。这种机构叫作银行。

虽然表面上我们的欲求还会受到金钱交易的限制，但各种重要的东西对我们大部分人来说已经近乎免费。当你犹豫是购买存储空间更大的新 iPhone 还是汽车装饰服务时，你的 99 个问题中只剩下了最后几个小问题尚待解决了。总而言之，除了几个小瑕疵之外，全球经济已经像一个庞大的复制器那样在工作了。

如果我们顺着这一逻辑思考并导出结论，我们便不需要对现在正在做的事情进行任何根本性的改动。我们只需要身子靠后坐好，放松身心，观望科技进步在今后 300 年中把所有人都提高到后工业时代的丰裕水平就行了。市场上什么都有，人人都有好日子过！

就我而言，我认为这种事不可能发生。通过观看《星际迷航》，我学到的一件事就是，后稀缺并非某种自然现象或者气象事件。它不会从天上掉下来。它不是注定会实现的。

后稀缺是一套政策选择的结果。工业革命指向最终替代人力劳动力。它的逻辑是必要的，但不是充分的。科技进步与经济增长无法自行为我们带来乌托邦。发明凭空产生。它们是社会的人工造物，它们回应人们的需要（needs），有时回应的是则是需求（demands）。我们无法要求机器为我们平均分配经济资源。

尽管事实证明，凯恩斯的经济预言基本正确，但另一方面，他针对社会问题的观点听起来仍然像《星际迷航》那样遥远、不切实际。尽管物质财富已经极大丰富，但凯恩斯所说的那种"对金钱的挚爱""令人厌恶的病态"和"半犯罪、半病态"[1] 的情感并没有完全消失。它仍然在驱动着革新、创业精神以及效率较低的资本积累形式一起前进。进步成果的分配仍然面临着深刻的不均衡。

有关复制器、无处不在的机器人和广泛自动化的愿景并不是一个工程技术问题，而是一项政治挑战。这一部分归结于我们自身。如果确实像亚瑟·C. 克拉克调侃的那样，我们"未来的目标是全体失业，这样我们才能享乐人生"[2]，那我们便需要想象一下我们应该对这样一个世界做点什么。这就是科幻作品的领域了。我们必须组织起来，迎接后稀缺时代。我们必须在自己的生活中进行实践。我们必须准备好接受它的喜悦与严酷。我们必须身体力行，互相严格要求，为后稀缺时代的到来做出牺牲。

需要做些什么？

《星际迷航》并不是有关人类的星际未来的电视连续剧，它是一部战后社会民主的探险传奇，脱胎于现实背景；它从我们所处的这个历史背景中得出信念，认为社会有能力做出改善。这些改进是具体的。《星际迷航》为我们勾勒出了 20 世纪后期美国与欧洲的理想图景，或者说它预期中的发展轨迹。公民享有的政治权利得

①　Pecchi and Piga, *Revisiting Keynes' Economic Possibilities*, p. 24.

②　Gene Youngblood, "Free Press Interview: Arthur C. Clarke" in *The Making of "2001: A Space Odyssey,"* ed. Stephanie Schwam (New York: Modern Library, 2000), pp. 258–269.

到扩大，并且由于理性的福利政策，贫困与犯罪已经隐退，人民终于可以无虞地享受生活。

在某种意义上说，两者相差不大，但有一个重大的不同：在《星际迷航》中，由于普遍的自动化，工作已经变成了可做可不做的事了。于是，从出生的那天起，星联中绝大多数人便过着无忧无虑的创造性的生活，与挪威或日本的退休人员生活极为相似。并非每个人都忙于在丽莎欢乐行星观光，或者从事义务劳动，或者在攻读另一个博士学位。在星际迷航经济体系中，也有新兴企业家与永不满足现状者的一席之地。星际舰队是他们的家，是他们能够在其中考验自己并为公众承认而竞争的一个机构。

在《星际迷航》中，工作的可选性实际上是问题的关键，或者说是政策挑战。现在我们假定，从工厂的车间到实验室，自动化和人工智能生命确实将成功取代大多数人类劳动力。有薪工作便不会再是供养自己的实际可行的选择。《星际迷航》显示，经济与科技进步的逻辑是要把我们带往一个物质极大丰富的世界，一个各种东西、产品和经验的丰裕之角，而且那里没有有偿的工作可以让人们赚得资源以满足自己的消费欲望。你是不是美共成员，你是否相信贪婪是好事，这些都不重要。但你必须考虑到这个矛盾：有太多的好东西需要消费，太多的幸福时光可以感受，而你却享受不了，因为用以赚得消费资源的有偿工作已成为多余。

这样一个世界会是什么样子，我们现在已经可以看到一些暗示。

你只要参考一下牛津大学经济学家麦克斯·罗瑟（Max Roser）汇编的数据，看看市场水涨船高的上升态势就可以了，各大洲都是如此。从拉各斯（尼日利亚首都）和内罗毕（肯尼亚首都）的街道，到中国和马来西亚闪闪发光的城市，一个全球中产阶级群体正在兴起。

这是一项引人注目的新成就。自文艺复兴与征服美洲以后，享受经济繁荣的仍然是同一批国家。直到今天，核心的欧洲强国仍然是地球上最繁荣的国家。在短时期的沉沦之后，中国和印度已经重新取得了它们理所应当的高位。这更多的是回归历史的平均值：自从罗马帝国的时代起，中国和印度就是世界上领先的经济强国。太阳底下无新事。

在最近 100 年间，除了中国与印度再创辉煌以外，最令人感到有希望的巨大新发展，是原有核心以外的那些国家的兴起。它们中有些建筑在古老王国与文化的基础之上，如埃及、尼日利亚和泰国；而另一些则是殖民者的创造，如巴西、智利或者南非。

综合起来，这些国家差不多代表了一半的人类，而且这一比例还在上升。然而，它们新近创造的繁荣似乎重复了我们在西方见过的不平衡。经济的不平等依旧大行其道，财富正增速流向顶层。

金权政治经常会带来令人生厌的政治后果，而财富集中在少数人手中更让人担心，因为在这个世界中，自动化与软件正在取代那些过去工薪拿得不低的人。说真的，在一个工作岗位逐渐消失的世界里，我们如何才能让人民活下去？这样的问题远非发达国家独有。这不是一个富裕世界的问题。如果我们不希望断送人们已经取得的进步，让扩大的繁荣走进世界的每个角落，我们便无可避免地需要在整个地球上广泛地重新分配财富，同时通过地方民主机构实施这样的计划。

一言以蔽之，这就是《星际迷航》的社会民主的传奇故事。星联可以让每个人的财富最大化，无论他们的出身、天赋或品位如何，因为它已经做出了决定，让大部分服务与产品成为公共物品。将大部分物品与服务公有化，这就是《星际迷航》解决无业可做与过度丰裕之间矛盾的方法。

这样的世界却不一定会出现。在公共物品与物质丰裕扩大的同时，经济的不平等也在扩大。我们需要客观的努力、智慧与合作，才能引导社会走上一条新路，这样才能适应机器人的崛起。我们中间最富有的人将不得不把他们的大多数财产重新给予社会。事实上他们已经在这样做了，因为许多成功的企业家和资本家意识到，当积累超过了某个层次之后，他们的金钱无论对他们自己或对这个世界都毫无意义。

我们将需要更多的公共物品和更多的正外部性。《星际迷航》教导我们，人类的神奇发明只有在能够自由分享时才能发挥最大的潜力。

正如"进取"号即将开始新征途的时候皮卡德舰长说的那样："乘风破浪，更待何时？"

结　论

　　"生生不息，繁荣昌盛。"①

　　我们的《星际迷航》经济探秘之旅已经接近尾声，但还有一个问题尚未得到解答。瓦肯人打招呼的那句话，"生生不息，繁荣昌盛"，究竟何解？

　　这句短语加上那个手势，是《星际迷航》最富特色的标志。如果你问任何人，他知道而且记住了《星际迷航》中的什么东西，他们通常会举起一只手，分开五指，做出希伯来文字母 w 的样子。他们或许不知道那是个希伯来字母，也不知道它的宗教意义，甚至不知道它直接来自伦纳德·尼莫伊的虔诚童年。但这个手势在他们的头脑中萦绕不去。它是振臂一挥的象征，是《星际迷航》哲学与价值观的精华。伦纳德·尼莫伊的定格画面是《星际迷航》的大众招牌，是它的良心所寄。瓦肯人的这个招呼是有关《星际迷航》的一切美好、希望与人道的象征。

———————————

① 《星际迷航：原初系列》，2×01："瓦肯发情期"。

一些最伟大的造物造就了美国的文化、喜剧、音乐；是的，其中也包括科幻作品。这些伟大造物在航船到达美国海岸时得到了救赎。它们来自涅槃重生的生命，经历过大屠杀或三角贸易。它们来自西非地区以及东欧的犹太人小镇（Shtetl）。它们是我们的祖先跨越时间的回响和苦难的倾诉。就这样，它的意义远超出某个大众文化的有趣意象，这种来自古代的公共仪式并指向未来的象征符号流传至今，就像荒凉之处的悠远回声。

瓦肯人的手势代表的这一缕人道精神是对《星际迷航》的核心概括。它保证了古老的意第绪（Yiddish）传统得到持续传承。而传承的代价是它原初的意义丧失殆尽。

让我们再听听伦纳德·尼莫伊对它的来历的解释吧（来自 *Stratrek.com* 的帖子）：

> 我在波士顿市区的街区长大。人们叫那里"西区"，而且写在一本题为《都市村民》（*Urban Villagers*）的书里面。那是人们喜欢居住的地区，因为从那里走路就可以去市中心和波士顿公园，而且还坐落于查尔斯河的河岸上。
>
> 那里的居民大多是移民。大约70%是意大利人，25%是犹太人。我们一家在一个正统犹太会堂里做礼拜。我们特别重视两个最重要的节日，犹太人的新年哈桑纳节（Rosh Hashanah）和赎罪日（Yom Kippur）。

我因为有点音乐天分，年幼的时候就被选去合唱队里参加节日表演，这让我亲身经历了所有这些仪式。我还清楚地记得我第一次看到人们伸出手指分开的双手，在集会中表达祝福时的情景。

集会上，总有五六位男子对着会众激动地高声吟唱着希伯来语的祝福词。这些话可以翻译成"愿主祝福你，庇护你"，等等。

我爸爸说："别看。"

后来我才知道，人们相信，在做这种祷告时，"上帝"的女性一面"舍克海娜"（Shekhina）会来到教堂祝福教众。神明的光辉可能让人难以承受。于是大人教导我们，为了保护自己，要闭上眼睛。

我悄悄地眯眼偷看。

当我看到这些人分开手指的手势时……我被迷得神志恍惚。我学会了这种手势，因为它似乎魔力十足。

大约是在25年后，我把这个手势作为瓦肯人的祝福引入了《星际迷航》，从那时起，它就在全世界迷航迷的心中引起了共鸣。这让我觉得非常幸福，因为它毕竟是一份祝福。①

---

① Leonard Nemoy, "Guest Blog: Leonard Nimoy On The Vulcan Salute," *Startrek. com*, September 16, 2012, accessed September 7, 2015, http://www.startrek .com/article/ guest-blog-leonard-nimoy-on-the-vulcan-sa lute.

这个手势给我们讲述了一个很不一样的美国故事，这是那些受到迫害、漂洋过海而来的可怜移民的胜利凯歌。刚刚下船时，他们住在道路或者河流较为贫困的一侧，在公寓房里安身。长期以来，就像其他外乡人一样，他们还保留着他们的母语意第绪语以及他们的宗教习惯。但不可避免地，他们的孩子成长得更像美国人而不是犹太人。我看着这个瓦肯人的手势，这份来自伦纳德·尼莫伊幼年时代的犹太教堂的秘密祝福，它洋溢着诗意，就像艾萨克·阿西莫夫的《日暮》。它们是文化的偷渡品：一个异邦人的地方习语，在主流社会的语言与符号中传播与繁荣。

◀

除了手势的意义与历史，瓦肯人的问候语"生生不息，繁荣昌盛"也有其渊源，它有不同的来源。它是由科幻作品大师西奥多·斯特金发明的，他写下了"瓦肯发情期"（Amok Time），这句问候语在这一集中第一次出现。在这一集中，史波克经历了瓦肯人的发情期蓬发（Pon Farr），他必须跟他的另一半特佩尔（T'Pau）重新聚首。于是，开始时这个问候看上去像是普通的瓦肯人礼节，就好像我们人类碰面时会说一句"你好"或者"身体怎么样？"一样。这似乎只不过是异族社会中一种带有异国情调的礼节性问候而已。

当然，这句问候的意思不可能是"活得长，发大财"的意思。如果这本书中有任何东西值得记忆，那就是《星际迷航》的社会，特别是瓦肯人完全对积蓄个人财富无动于衷。

人们可以推断，瓦肯人对于繁荣的理念与成就和服务有很大关系，对科学与智慧的贡献才能使人繁荣昌盛。你的成功是无形的，它反映在你与他人的交流中，存在并积累在他人眼中。瓦肯人的繁荣理念是一种你可供评估自己的尺度，但它不是在银行账户有多少存款这种客观的东西，而是你的亲戚、朋友、同伴对你的赞扬与尊重，也就是整个社会对你的赞扬和尊重。在这种意义上说，它总是没有定论。就像公民的美德一样，它必须用行为一次又一次地加以证明。

因此，"生生不息，繁荣昌盛"暗示着另一种兴盛，不是以往由贪欲驱动的追名逐利，而是由心灵教化而生发的向善追求。

这是一个主动句。它不是"长寿又多财"（long life and prosperity），而是一个在语法上目标指向说话对象的祈使句。长寿与成功不会从天而降，它们不是投胎彩票的随机结果。你会活得长久，那是条件。这并不意味着你会发达。你可能成功，也可能不成功。史波克的父亲是沙瑞克大使，人们认为他比许多瓦肯人同胞更长寿而且成功，但人们还是对他使用这个问候语。工作与挑战一直伴随着生命，从不会停止。

在《星际迷航》的世界中，繁荣昌盛的意义发生的改变与工作非常相似。它变得更接近于斯多葛派的哲学理想。对于瓦肯人而言，理性与知识是道德的基础。成功取决于灵魂的培育，取决于人们在世界上的行为正义性。或者，就像塞内加（Seneca）写的那样：重要的是你如何生活，而不是你活得多长（*Quam bene vivas refert, non quam diu*）。

致　谢

这本书的起源应该追溯到很早以前，我与已故的罗伯特·福格尔教授在银河星系中某个遥远地方的一次偶遇。

我曾在网上参与了一次活跃而极有趣的讨论，当时杰出的里克·韦伯（Rick Webb）、马修·伊格莱西亚斯（Matthew Yglesias）和乔舒亚·甘斯（Joshua Gans）都曾参加。这次讨论为本书提供了最初的启发。

就其最后的完稿来说，《星际迷航经济学》是晚些时候的另一次偶遇的结果。我永远感谢克里斯·布莱克（Chris Black），他鼓励我不妨写出来看看结果如何。事实证明，他有关《星际迷航》的独特观点具有难以估量的价值。他对《星际迷航》正典的贡献不言而喻。只要再去看一遍"碳溪"① 即可。

如果没有互联网带来的现代通信友情，这本书的出版是不可能实现的。我们有线上的文坛圈子，而菲力克斯·萨蒙（Felix Salmon）是其中最无畏、最奇特的成员之一。他对我的著作给予

① 《星际迷航："进取"号》，2×02："碳溪"。

了重大帮助，我对此无以为报。

　　让自己心目中的英雄阅读自己的作品是一次令人感到渺小的经历：

　　J.布拉德福德·德隆教授是《星际迷航经济学》的一位早期支持者。他践行了《星际迷航》的价值观，毕生为创建更美好、更平等、更理性的世界而奋斗。没有他的帮助与智识上的慷慨分享，这本书将不会问世。

　　类似地，作为艾萨克·阿西莫夫的终生作品迷，保罗·克鲁格曼教授阅读了本书的初稿。他的建议和智慧让内容大为改观。

　　我以同样谦卑的心情，感谢那些成就远超于我的作家与思想家们的建议，我从中受益匪浅。他们是：安娜丽·内维茨（Annalee Newitz）、查理·简·安德斯（Charlie Jane Anders）、大卫·布林、马克·里佐（Mark Rizzo）、德米特里·李普金（Dmitry Lipkin）、艾伦·希尔（Aaron Hill）、本·卡夫卡（Ben Kafka）、朱莉·科伊（Julie Coe）、阿诺什·特尔加尼亚（Anoush Terjanian）、安·哥德堡（Ann Goldberg）和达纳·西蒙斯（Dana Simmons）。

　　我有幸参加了在加州大学河岸分校举办的有关科学、技术和科幻作品研究组的讨论。我特别感谢雪莉·文特（Sherryl Vint）教授，她对科幻作品的贡献一直给我灵感，并让我时刻牢记，要让这些灵感成为现实。

　　我也要深深地感谢加州大学河岸分校的莎拉·斯蒂雷（Sara

Stilley），她允许我在伊顿藏书库著名的科幻作品馆藏中撷取了最精华的作品。

英克舍尔斯出版公司和皮珀尔图书出版社（Inkshares and PiperText）的联合创建人拉里·列维茨基（Larry Levitsky），他让这本书开花结果。这本书的各种版本他都有阅读，每一次他都能以出版人的锐利眼光看出缺点。这本书既是我的孩子，也是他的孩子。

利用互联网的威力来集体助力一部有关《星际迷航》的经济学著作是合乎逻辑的。事实上这是唯一合乎逻辑的事情。在自己不可思议的技术平台上，英克舍尔斯的团队让本书的出版变成了轻而易举的事情。我特此向杰里米·托马斯（Jeremy Thomas）、亚当·哥莫林（Adam Gomolin）、泰德·伍德曼（Thad Woodman）、马特·凯伊（Matt Kaye）和阿瓦隆·拉迪斯（Avalon Radys）致以深深的谢意。英克舍尔斯正在引领出版事业走向光明的未来。

深深地感谢我的编辑马修·帕丁（Matthew Patin），他帮助我将手稿变成了真正的书本；感谢布列塔尼·道达尔（Brittany Dowdle），他编辑了本书；感谢约翰·鲍威尔（John Powers）的艺术工作与詹尼弗·波斯提克（Jennifer Bostic）的封面设计；也感谢组织了这一切的艾米丽·扎克（Emily Zach）。

感谢我在巴黎最老、最忠实的朋友劳伦特·佩罗（Laurent Perreau）。

感谢我在夏威夷的另一位老朋友马努·格雷夫（Manu Greif）。

感谢我在美国首都华盛顿的朋友奥里莉亚·安东涅蒂（Aurelia Antonietti），她正在环球旅行。

感谢我在特拉维夫的父亲约西（Yossi）。

感谢在戴维斯和剑桥的西蒙斯一家（the Simmons）。

感谢旧金山的简·巴苏和巴萨博·巴苏（Jan and Basab Basu）。

感谢圣地亚哥和伯克利的狄龙一家（the Dillons）。

感谢洛杉矶的达纳·西蒙斯和拉扎尔·西蒙斯 – 萨阿迪亚（Lazare Simmons-Saadia），我希望拉扎尔最终也将成为一位迷航迷。

感谢在 *Inkshares.com* 上预订了这本书的全球读者，他们让本书的问世成为可能。

最后，我必须感谢我的另一位英雄，苏嘉达·巴利加（Sujatha Baliga）。她不惜从自己更为重要的工作中抽出时间阅读了我的手稿。她为重申公正不倦地奔走，让《星际迷航》在此时此地成为真实。史波克活在我们每个人心里，她就是一个明证。

生生不息，繁荣昌盛。

洛杉矶、巴黎、希洛

2014 年 3 月至 2016 年 1 月

拓展阅读材料

经济学与政治学

Brynjolfsson, Erik, and Andrew McAfee. *The Second Machine Age: Work, Progress, and Prosperity in a Time of Brilliant Technologies*. New York: W.W. Norton, 2014.

Deaton, Angus. *The Great Escape: Health, Wealth, and the Origins of Inequality*. Princeton: Princeton University Press, 2013.

Fogel, Robert W. *The Escape from Hunger and Premature Death, 1700–2100: Europe, America, and the Third World*. Cambridge: Cambridge University Press, 2004.

Fogel, Robert W., and Dora L. Costa. "A Theory of Technophysio Evolution, With Some Implications for Forecasting Population, Health Care Costs, and Pension Costs." *Demography* 34:1 (Feb. 1997): pp. 49–66.

Ford, Martin. *Rise of the Robots: Technology and the Threat of a Jobless Future*. New York: Basic Books, 2015.

Hardin, Garrett. "The Tragedy of the Commons." *Science*, n.s., 162:3859 (Dec. 13, 1968): pp. 1243–1248.

Hirschmann, Albert O. *The Passions and the Interests: Political Arguments for Capitalism before Its Triumph*. Princeton: Princeton University Press, 1977.

Hosek, W. R. "Economics and the Fermi Paradox." *Journal of the British Interplanetary Society* 60 (2007): pp. 137–141.

Nordhaus, William. *The Climate Casino: Risk, Uncertainty, and Economics for a Warming World*. New Haven and London: Yale University Press, 2013.

Ostrom, Elinor. *Governing the Commons: The Evolution of Institutions for Collective Action*. Cambridge: Cambridge University Press, 1990.

Pecchi, Lorenzo, and Gustavo Piga, eds. *Revisiting Keynes' Economic Possibilities for Our Grandchildren*. Cambridge: MIT Press, 2008.

Piketty, Thomas. *Capital in the Twenty-First Century*. Translated by Arthur Goldhammer. Cambridge: Belknap Press, 2014.

Polanyi, Karl. *The Great Transformation: The Political and Economic Origins of Our Time*. New York: Farrar and Rinehart, 1944.

Pomeranz, Kenneth. *The Great Divergence: China, Europe,*

and the Making of the Modern World Economy. Princeton: Princeton University Press, 2000.

Popper, Karl. *The Open Society and Its Enemies*. 5th ed. Princeton: Princeton University Press, 1966.

Romer, Paul. "Endogenous Technological Change." *Journal of Political Economy* 98:5 (1990): p. 72.

Schumpeter, Joseph A. *Capitalism, Socialism, and Democracy*. 3rd ed. New York: Harper and Brothers, 1950.

Skidelsky, Robert. *John Maynard Keynes: 1883–1946; Economist, Philosopher, Statesman*. New York: McMillan, 2003.

Terjanian, Anoush Fraser. *Commerce and Its Discontents in Eighteenth-Century French Political Thought*. Cambridge: Cambridge University Press, 2012.

Veblen, Thorstein. *The Theory of the Leisure Class*. New York: B.W. Huebsch, 1924.

Von Neumann, John, and Oskar Morgenstern. *Theory of Games and Economic Behavior*. Princeton: Princeton University Press, 1944.

关于《星际迷航》电视连续剧

Clark, Mark. *Star Trek FAQ 2.0: Everything Left to Know About the Next Generation, the Movies, and Beyond.* New York: Applause, 2013.

Cushman, Marc. *These Are the Voyages: TOS Season One.* With Susan Osborn. San Diego: Jacobs/Brown Press, 2013.

—— *These Are the Voyages: TOS Season Two.* With Susan Osborn. San Diego: Jacobs/Brown Press, 2014.

—— *These Are the Voyages: TOS Season Three.* With Susan Osborn. San Diego: Jacobs/Brown Press, 2015.

Erdmann, Terry J. *The Star Trek: Deep Space 9 Companion. With Paula M. Block.* New York: Pocket Books/Star Trek, 2000.

Hurley, Maurice. "The Neutral Zone." Unpublished script, 2nd rev. final draft. March 17, 1988.

Gerrold, David. *The World of Star Trek,* Rev. Ed. New York: Bluejay, 1984.

Gross, Edward, and Mark A. Altman. *Captains' Logs: The Unauthorized Complete Trek Voyages.* New York: Little Brown & Co., 1995.

Roddenberry, Gene. "Star Trek: The Next Generation Writer/ Director's Guide." Unpublishedmanuscript. March 23, 1987.

Roddenberry, Gene, and Gene L. Coon. "The Star Trek Writers/ Directors Guide." Unpublishedmanuscript, 3rd rev., April 17, 1967.

Ruditis, Paul. *The Star Trek: Voyager Companion*. New York: Pocket Books/Star Trek, 2003.

Sternbach, Rick, and Michael Okuda. *Star Trek The Next Generation Technical Manual*. New York: Pocket Books, 1991.

有关《星际迷航》的著作

Behr, Ira Steven. *The Ferengi Rules of Acquisition, by Quark as Told to Ira Steven Behr*. New York: Pocket Books, 1995.

Decker, Kevin S., and Jason T. Eberl. *Star Trek and Philosophy: The Wrath of Kant*. Chicago: Open Court, 2008.

Kraemer, Ross, William Cassidy, and Susan L. Schwartz. *The Religions of Star Trek*. Boulder, CO: Westview Press, 2001.

Krauss, Lawrence M. *The Physics of Star Trek*. New York: Basic Books, 2007.

Pearson, Roberta, and Maire Messenger Davies. *Star Trek and American Television*. Los Angeles: University of California Press, 2014.

Nemecek, Larry. *The Star Trek: The Next Generation Companion*. Rev. ed. New York: Pocket Books, 2003.

回忆录，传记

Asimov, Isaac. *The Early Asimov; or, Eleven Years of Trying*. New York: Doubleday, 1972.

Alexander, David. *The Authorized Biography of Gene Roddenberry*. New York: Penguin, 1995.

Fern, Yvonne. *Gene Roddenberry: The Last Conversation*. Los Angeles: University of California Press, 1994.

Meyer, Nicholas. *The View from the Bridge: Memories of Star Trek and a Life in Hollywood*. New York: Viking, 2009.

生态环境

Alliance Commission on National Energy Efficiency Policy. *The History of Energy Efficiency*. Washington, DC: Alliance to Save Energy, 2013. Accessed March 2, 2016. https://www.ase.org/sites/ase.org/files/resources/Media%20browser/ee_commission _history_ report_2-1-13.pdf.

Ehrlich, Paul. *The Population Bomb*, Rev. Ed. Rivercity, MA: Rivercity Press, 1975.

Klein, Naomi. *This Changes Everything: Capitalism vs. the*

Climate. New York: Simon & Schuster, 2014.

Kolbert, Elizabeth. *The Sixth Extinction: An Unnatural History*. New York: Henry Holt, 2014.

Larivière, Vincent,Éric Archambault, and Yves Gingras. "Longterm patterns in the aging of the scientific literature, 1900–2004." In *Proceedings of the 11th International Conference of the International Society for Scientometrics and Informetrics (ISSI)*, edited by Daniel Torres-Salinas and Henk F. Moed, 449-456. Madrid: CSIC, 2004. http://www.ost.uqam.ca/Portals/0/docs /articles/2007/ISSI_ Aging_1900-2004.pdf.

Meadows, Donella H., Dennis L. Meadows, Jørgen Randers, and William W. Behrens III. *The Limits to Growth: A Report for the Club of Rome's Project on the Predicament of Mankind*. New York: Universe Books, 1972.

Oreskes, Naomi, and Erik M. Conway. *Merchants of Doubt: How a Handful of Scientists Obscured the Truth on Issues from Tobacco Smoke to Global Warming*. New York: Bloomsbury Press, 2010.

Sabin, Paul. *The Bet: Paul Ehrlich, Julian Simon, and Our Gamble over Earth's Future*. New Haven: Yale University Press, 2013.

Smil, Vaclav. *Cycles of Life: Civilization and the Biosphere*. New York: Scientific American Library, 1997.

对未来的预测

Asimov, Isaac. *Foundation*. London: Folio Society, 2012.

——— *Robot Visions*. New York: Roc, 1991.

Bould, Mark, and Sherryl Vint. *The Routledge Concise History of Science Fiction*. New York: Routledge, 2011.

Diamandis, Peter H., and Steven Kotler. *Abundance: The Future Is Better Than You Think*. New York:Free Press, 2012.

Drexler, K. Eric. *Engines of Creation: The Coming Era of Nanotechnology*. New York: Doubleday, 1986.

Kotler, Steven. *Tomorrowland: Our Journey from Science Fiction to Science Fact*. New York: New Harvest/Houghton Mifflin Harcourt, 2015.

Lafargue, Paul. *Le Droit à La Paresse*. Paris: François Maspéro, 1969 (original, 1880).

McCray, W. Patrick. *The Visioneers: How a Group of Elite Scientists Pursued Space Colonies, Nanotechnologies, and a Limitless Future*. Princeton: Princeton University Press, 2012.

Newitz, Annalee. *Scatter, Adapt, and Remember: How Humans Will Survive a Mass Extinction*. New York: Doubleday, 2013.

Rifkin, Jeremy. *The Zero Marginal Cost Society: The Internet of*

Things, the Collaborative Commons, and the Eclipse of Capitalism. New York: Palgrave/MacMillan, 2014.

Smith, George O. *Venus Equilateral.* New York: Prime Press, 1947.

Stephenson, Neal. *The Diamond Age.* New York: Bantam/Spectra, 1995.

Toffler, Alvin. *Future Shock.* New York: Bantam, 1970.

Vint, Sherryl. *Bodies of Tomorrow: Technology, Subjectivity, Science Fiction.* Toronto: University of Toronto Press, 2007.

Von Neumann, John. *Theory of Self-Replicating Automata.* Edited and completed by Arthur W. Burks. Urbana and London: University of Illinois Press, 1966.

Youngblood, Gene. "Free Press Interview: Arthur C. Clarke." In *The Making of "2001: A Space Odyssey."* Edited by Stephanie Schwam. New York: Modern Library, 2000.

书中援引过的《星际迷航》电视剧集

贯穿全书，我使用以下标记法说明节目中的各集：按照播出日期排列的"季"×"集号"。

《星际迷航：原初系列》

1×18："竞技场"（*Arena*）（第 1 季，第 18 集，下不再说明）

1×26："仁义之师"（*Errand of Mercy*）

2×01："瓦肯发情期"（*Amok Time*）

2×15："毛球族的麻烦"（*The Trouble with Tribbles*）

2×24："终极计算机"（*The Ultimate Computer*）

3×17："无菌行星"（*The Mark of Gideon*）

《星际迷航：下一代》

1×01："远点遭遇战，上集"（*Encounter at Farpoint, Part I*）

1×02：“远点遭遇战，下集”（*Encounter at Farpoint, Part II*）

1×04：“荣誉守则”（*Code of Honor*）

1×26：“中间地带”（*The Neutral Zone*）。

2×03：“基本演绎法，亲爱的‘数据’”（*Elementary, Dear Data*）

2×09：“人的测度”（*The Measure of a Man*）

2×11：“传染病”（*Contagion*）

3×04：“监管者由谁监管”（*Who Watches the Watchers*）

3×19：“舰长的假期”（*Captain's Holiday*）

3×21：“空洞的追求”（*Hollow Pursuits*）

4×02：“家庭”（*Family*）

4×11：“‘数据’的一天”（*Data's Day*）

5×07：“统一，上集”（*Unification, Part I*）

5×08：“统一，下集”（*Unification, Part II*）

6×09：“生活质量”（*The Quality of Life*）

6×10：“指挥系统，上集”（*Chain of Command, Part I*）

6×11：“指挥系统，下集”（*Chain of Command, Part II*）

6×12：“瓶中船”（*Ship in a Bottle*）

6×20：“追逐”（*The Chase*）

7×09：“自然之力”（*Force of Nature*）

7×15：“下层甲板”（*Lower Decks*）

7×20："旅途的终点"（*Journey's End*）

7×24："先发制人的打击"（*Preemptive Strike*）

《星际迷航："深空"九号》

1×01："使者"（*Emissary*）

2×20："马基叛军，上集"（*The Maquis, Part I*）

2×21："马基叛军，下集"（*The Maquis, Part II*）

2×26："詹哈达来袭"（*The Jem'Hadar*）

3×03："夸克的宫殿"（*The House of Quark*）

3×11："黑暗年代，上集"（*Past Tense, Part I*）

3×12："黑暗年代，下集"（*Past Tense, Part II*）

3×14："铁石心肠"（*Heart of Stone*）

4×11："国内战线"（*Homefront*）

4×16："酒吧协会"（*The Bar Association*）

4×22："正当理由"（*For the Cause*）

4×24："种族诅咒"（*Body Parts*）

5×05："恶魔任务"（*The Assignment*）

5×07："令其成为无罪者"（*Let He Who Is Without Sin...*）

5×09："登山记"（*The Ascent*）

5×13："制服与荣耀"（*For the Uniform*）

5×16："我觉得是巴希尔医生"（*Doctor Bashir, I Presume*）

5×21："荣誉之火"（*Blaze of Glory*）

5×25："棒球卡"（*In the Cards*）

5×26："召唤武器"（*A Call to Arms*）

6×07："诚挚地邀请你"（*You Are Cordially Invited*）

6×09："必然的偶然"（*Statistical Probabilities*）

6×12："莫恩之死"（*Who Mourns for Morn*）

6×13："梦中人"（*Far Beyond the Stars*）

6×15："盗亦有道"（*Honor among Thieves*）

6×18："判官"（*Inquisition*）

6×19："魔鬼的手段"（*In the Pale Moonlight*）

7×06："背叛与忠诚"（*Treachery, Faith, and the Great River*）

7×16："谍影迷踪"（*Inter Arma Enim Silent Leges*）

7×24："战死方休"（*The Dogs of War*）

《星际迷航："航海家"号》

1×11："内忧外患"（*State of Flux*）

3×05："不义之财"（*False Profits*）

5×15："暗黑前线，上集"（*Dark Frontier, Part I*）

5×16："暗黑前线，下集"（*Dark Frontier, Part II*）

6×10："寻路者"（*Pathfinder*）

6×24："生命线"（*Life Line*）

7×20："一代文豪"（*Author, Author*）

《星际迷航："进取"号》

1×25："两天两夜"（*Two Days and Two Nights*）

2×02："碳溪"（*Carbon Creek*）

书中援引的《星际迷航》影片

《星际迷航：无限太空》（*Star Trek: The Motion Picture*）

《星际迷航 2：可汗怒吼》（*Star Trek II: The Wrath of Khan*）

《星际迷航 4：抢救未来》（*Star Trek IV: The Voyage Home*）

《星际迷航 6：未来之城》（*Star Trek VI: The Undiscovered Country*）

《星际迷航：第一次接触》（*ST: First Contact*）

作为拓展阅读材料的科幻小说

在此我并不会给出一份详细的书单，而是鼓励读者自行阅读下列作者的小说。他们的著作代表着科幻作品中的乌托邦潜流，因此与《星际迷航》有着极深的渊源。

H. G. 威尔斯（H. G. Wells）

艾萨克·阿西莫夫（Isaac Asimov）

亚瑟·C. 克拉克（Arthur C. Clarke）

阿卡迪·斯特鲁伽茨基和波利斯·斯特鲁伽茨基兄弟（Arkady and Boris Strugatsky）

厄休拉·K. 勒奎恩（Ursula K. LeGuin）

约翰·布鲁纳（John Brunner）

伊恩·M. 班克斯（Iain M. Banks）

金姆·斯坦利·罗宾逊（Kim Stanley Robinson）

奥克塔维亚·巴特勒（Octavia Butler）

塞缪尔·R. 德拉尼（Samuel R. Delany）

查理·斯特罗斯（Charlie Stross）

赞助者名单

本书得以问世的部分原因，是以下各位重要资助者在 *Inkshares.com* 网站上的预定。本人在此深表感谢。

艾伦·W. 西摩（Aaron W. Seymour）

亚当·德雷克（Adam Drake）

亚当·哥莫林（Adam Gomolin）

亚当·莱博维茨（Adam Lebovitz）

阿兰·西米洛（Alain Cimino）

亚历克斯·罗萨恩（Alex Rosaen）

亚历山大·D. 黑德（Alexander D. Head）

安迪·沃尔特斯（Andy Walters）

安东尼·阿达缪克（Anthony Adamiuk）

安东尼·伊凡（Anthony Ivan）

B. J. 墨菲（B. J. Murphy）

比尔·毛雷尔（Bill Maurer）

布兰迪·R. 希尔（Brandy R. Hill）

布列特·约瑟夫·艾林森（Brett Joseph Ellingson）

布莱恩·布莱斯（Brian Blaisse）

布莱恩·瑟克尼基（Brian Cechnicki）

布鲁斯·哈尔（Bruce Hall）

巴斯特·基南（Buster Keenan）

卡尔·贝尔（Carl Bell）

切尔西·罗尔（Chelsea Lohr）

克里斯托弗·维彻尔（Christopher Weiture）

达门·达什（Damon Dash）

达纳·西蒙斯（Dana Simmons）

丹尼尔·西蒙斯和沙林·西蒙斯（Daniel and Charlene Simmons）

丹尼尔·卡特莱特（Daniel Cartwright）

丹尼尔·哈桑（Daniel Hahesy）

丹尼尔·简森（Daniel Jensen）

达瑞尔·R. 沃尔克（Darryl R. Walker）

戴维·R. 伯克（David R. Burke）

戴维·亚罗（David Yarrow）

亚罗·德罗赫（Yarrow De Loach）

唐·J.（Don J.）

道格尔·里奇提（Dougall Liechti）

埃里克·卡胡恩（Eric Cahoon）

埃里克·简森（Eric Jensen）

弗兰克·哈姆（Frank Hamm）

弗雷德·比戈（Fred Vigot）

弗鲁泽法尔·泽尼（Furuzonfar Zehni）

盖尔·斯托克维尔（Gail Stockwell）

杰弗里·伯恩斯坦（Geoffrey Bernstein）

格雷德·蒂奇亚（Greg Dizzia）

余功润（Gyoung Yoon）

哈米什·休斯（Hamish Hughes）

哈里·A. 雷曼（Harry A. Layman）

亥姆霍兹·沃特森（Helmholtz Watson）

伊恩·肯利（Ian Kenley）

J. B. 菲利皮（J. B. Filipi）

詹姆斯·雷恩斯里（James Rainsley）

詹姆斯·S. 谢弗（James S. Schaefer）

詹森·德兰尼（Jason Delaney）

杰斯珀·斯特奇（Jesper Stage）

吉姆·莱利（Jim Reilly）

乔·帕克（Joe Park）

乔尔·诺布尔（Joel Noble）

约翰·科利（John Colley）

乔纳森·阿伦德·史密斯（Jonathan Arrender Smith）

约瑟夫·特尔奇瓦（Joseph Terzieva）

乔舒亚·加拉维（Joshua Gallaway）

朱迪丝·莫尔斯（Judith Moores）

杰斯蒂·伯迪克（Justy Burdick）

凯·厄利克·Kai-Erik Thomenius

凯文·康明斯（Kevin Cummines）

凯文·P. 希尼（Kevin P. Heaney）

科迪·斯通（Kody Stone）

拉里·列维斯基（Larry Levitsky）

劳拉·霍恩（Laura Horn）

劳拉林·罗杰斯（Lauralynn Rogers）

丽莎·K. 里托（Lisa K. Little）

洛克·麦克沙恩（Lock McShane）

马科斯·C. S. 卡雷拉（Marcos C. S. Carreira）

玛丽安·列维斯基（Marianne Levitsky）

马克·迪伦（Mark Dillon）

马克·里佐（Mark Rizzo）

马歇尔·科特里尔（Marshall Cottrell）

马丁·梅乌涅尔（Martin Meunier）

玛丽安·霍尔斯曼（Maryann Hulsman）

马特·列文（Matt Levine）

马修·R. 古尔斯比（Matthew R. Goolsby）

马修·罗西（Matthew Rossi）

马修·伊格莱西亚斯（Matthew Yglesias）

梅根·K. 洛夫（Meghan K. Love）

迈克尔·凯利·奥克斯福德（Michael Kelly Oxford）

迈克尔·罗伯特·米尔斯（Michael Robert Miles）

迈克尔·韦德（Michael Wade）

罗州·曼彻里尔（Naju Mancheril）

帕特里克·L. 杰里尼（Patrick L. Gerini）

帕特里克·赖安（Patrick Ryan）

里奇·王（Rich Wong）

理查德·奥斯特拉姆三世（Richard Austrum III）

罗伯特·E. 史密斯三世（Robert E. Smith III）

罗杰·索恩希尔（Roger Thornhill）

露丝玛丽·克里姆贝尔（Rosemary Krimbel）

罗斯·克罗弗德 – 德霍伊兹（Ross Crawford-d'Heureuse）

夫·威廉姆斯（Steve Williams）

斯蒂芬·比恩·沙米拉（Steven Bien Samera

斯蒂芬·德波尔克（Steven De Birk）

斯蒂芬·罗德（Steven Rod）

斯蒂芬·硕恩（Steven Schohn）

苏珊·麦克尤恩（Susan McEwen）

撒迪厄斯·伍德曼（Thaddeus Woodman）

蒂姆·罗伯特逊（Tim Robertson）

特里阿·拉布拉达（Trea La Brada）

扎克·米勒（Zac Miller）

图书在版编目（CIP）数据

星际迷航经济学 /（法）马努·萨阿迪亚著；李永学译 .-- 成都 : 四川人民出版社，2020.5
ISBN 978-7-220-11783-1

Ⅰ.①星… Ⅱ.①马… ②李… Ⅲ.①经济学—研究 Ⅳ.① F0

中国版本图书馆 CIP 数据核字 (2020) 第 041014 号

四川省版权局
著作权合同登记号
图字：21–2019–595

XINGJI MIHANG JINGJIXUE
星际迷航经济学

著　者	［法］马努·萨阿迪亚
译　者	李永学
选题策划	后浪出版公司
出版统筹	吴兴元
特约编辑	方　丽
责任编辑	罗　爽　邵显瞳
装帧制造	墨白空间·曾艺豪
营销推广	ONEBOOK
出版发行	四川人民出版社（成都槐树街 2 号）
网　址	http://www.scpph.com
E - m a i l	scrmcbs@sina.com
印　刷	北京天宇万达印刷有限公司
成品尺寸	143 毫米 ×210 毫米
印　张	10.75
字　数	203 千
版　次	2020 年 5 月第 1 版
印　次	2020 年 5 月第 1 次
书　号	ISBN 978-7-220-11783-1
定　价	49.80 元